Styling e criação de imagem de moda

Dados Internacionais de Catalogação na Publicação (CIP)
(Simone M. P. Vieira – CRB 8ª/4771)

 Styling e criação de imagem de moda / Organização de Astrid Façanha e Cristiane Mesquita. – 3ª ed. – São Paulo : Editora Senac São Paulo, 2022.

 Bibliografia.
 ISBN 978-85-396-3523-8 (impresso/2022)
 e-ISBN 978-85-396-3524-5 (ePub/2022)
 e-ISBN 978-85-396-3525-2 (PDF/2022)

 1. Moda 2. Imagem pessoal (Moda) 3. Consultor de imagem 4. Comunicação e imagem pessoal (Moda) I. Façanha, Astrid. II. Mesquita, Cristiane.

22-1608t	CDD – 391.6
	391
	BISAC DES005000
	CRA009000

Índice para catálogo sistemático:
1. Moda : Consultor de Imagem   391.6
2. Estilo : Moda : Costumes   391

ORGANIZAÇÃO
ASTRID FAÇANHA
CRISTIANE MESQUITA

Styling e criação de imagem de moda

3ª EDIÇÃO

Editora Senac São Paulo – São Paulo – 2022

ADMINISTRAÇÃO REGIONAL DO SENAC NO ESTADO DE SÃO PAULO
Presidente do Conselho Regional: Abram Szajman
Diretor do Departamento Regional: Luiz Francisco de A. Salgado
Superintendente Universitário e de Desenvolvimento: Luiz Carlos Dourado

Editora Senac São Paulo
Conselho Editorial: Luiz Francisco de A. Salgado
              Luiz Carlos Dourado
              Darcio Sayad Maia
              Lucila Mara Sbrana Sciotti
              Luís Américo Tousi Botelho

Gerente/Publisher: Luís Américo Tousi Botelho
Coordenação Editorial: Ricardo Diana
Prospecção: Dolores Crisci Manzano
Administrativo: Verônica Pirani de Oliveira
Comercial: Aldair Novais Pereira

Assistência à Organização: Flávia Calloni
Edição de Texto: Vanessa Rodrigues
Preparação de Texto: Thelma Guimarães (Engenho e Arte Editorial)
Coordenação de Revisão de Texto: Janaina Lira
Revisão de Texto: Globaltec Editora Ltda., Juliana Muscovick
Coordenação de Arte, Projeto Gráfico e Capa: Antonio Carlos De Angelis
Editoração Eletrônica: Fabiana Fernandes, Flávio Santana
Coordenação de E-books: Rodolfo Santana
Impressão e Acabamento: Arte Impressa

Proibida a reprodução sem autorização expressa.
Todos os direitos reservados à
Editora Senac São Paulo
Av. Engenheiro Eusébio Stevaux, 823 – Prédio Editora
Jurubatuba – CEP 04696-000 – São Paulo – SP
Tel. (11) 2187-4450
editora@sp.senac.br
https://www.editorasenacsp.com.br

© Editora Senac São Paulo, 2022

Sumário

Nota do editor 9

Agradecimentos 10

Apresentação 13
 Astrid Façanha e Cristiane Mesquita

PARTE I – Criação de imagem e pesquisa em styling

Styling: mapeando o território 21
 Cristina Frange

Para além do design: styling e criação de imagem de moda 39
 Cristiane Mesquita

Pesquisa e criação de imagem de moda: uma abordagem metodológica 51
 Marilia Fanucchi Ferraz

Projeto laboratorial em criação de imagem 63
 Astrid Façanha

PARTE II – Imagem de moda: experiências, linguagens e conexões

Tecendo imagens do tempo vivido: o design de imagens do corpo 89
 Kathia Castilho

Divagações sobre impermanências, imanências e representações 101
 Beatriz Ferreira Pires

Pantone® Orange 21 C   113
Carol Garcia

O desafio da criação de imagem de moda em um mundo global   125
Patricia Sant'Anna

PARTE III – Imagem pessoal

Personal styling e os serviços de consultoria de imagem   147
Ilana Berenholc

Mudar, parecer e seus possíveis desígnios   163
Rosane Preciosa

PARTE IV – Comunicação e imagem

Contribuições da semiótica para a fotografia de moda   175
Daniela Bracchi

História da imagem publicitária feminina na moda   189
Priscilla Tesser

A comunicação do intangível: análise do elemento imaterial da marca   213
Luciane Adário Biscolla Robic

PARTE V – Styling por criadores e stylists

As ideias e as imagens: entrevista com Karlla Girotto   233
Suzy Okamoto

Styling ao pé da letra: entrevista com Márcio Banfi   241
Astrid Façanha

O stylist na moda masculina   255
Mário Queiroz

Styling de desfiles: entrevista com Maurício Ianês   263
Mariana Rachel Roncoletta

O oxigênio da generosidade: uma conversa com
Ronaldo Fraga sobre sua relação com o stylist Daniel Ueda   277
Biti Averbach

PARTE VI – Styling por especialistas em styling

Zeitgeist nas viradas dos séculos XX e XXI   287
Bernardo de Aguiar Pereira Filho

A realidade na fotografia: o estilo realista e a obra de
Corinne Day   309
Fabiana Ruggiero

artISTaSTYlist   323
Thais Graciotti

Sobre os autores   335

Nota do editor

A presente coletânea de artigos visa atender à crescente demanda por uma educação formal do stylist. O amplo mercado de atuação – que abrange coordenação e assessoria de equipes para desfiles e editoriais fotográficos, composição de grupos ligados a trabalhos de visual merchandising, desenvolvimento de produto e personal styling, dentre outras atividades – pede uma literatura que subsidie esse profissional cada vez mais requisitado e valorizado.

Styling e criação de imagem de moda mescla opiniões de especialistas, métodos de pesquisa, relatos de experiências e entrevistas com profissionais da área. Em linguagem acessível, os textos mostram como a moda tem aproximado seus parâmetros de criação e comunicação com os campos das artes plásticas, da fotografia, do design gráfico e do design digital.

Uma contribuição do Senac São Paulo para a formação de stylists críticos e conscientes do poder de sua atuação e, também, uma leitura prazerosa a todos que se interessam pelo envolvente tema da construção da imagem pessoal.

Agradecimentos

⁂

Nosso superagradecimento:

a Marta Magri, pela presença sempre estimulante e por acreditar no projeto do curso, quando tudo parecia ser apenas mais uma imagem;

a Flávia Calloni, pela colaboração generosa e pela dedicação atenta no percurso de organização;

aos autores dos artigos, pela contribuição, pela persistência e pela paciência;

a Vanessa Rodrigues, por conduzir generosa e precisamente a materialização deste trabalho.

Com carinho,

Astrid Façanha e Cristiane Mesquita

AGRADECIMENTOS

୨୫

Agradeço a todos que contribuíram para a realização deste livro: coautores, Editora Senac São Paulo e, em especial, Cristiane Mesquita, que desde o começo abraçou o projeto. Gratidão, principalmente, à eterna inspiração da estilosa, inteligente e enigmática Leonor Maria Maia Sampaio, minha mãe (*in memoriam*). Por último, gostaria de agradecer a todas as modelos com as quais tive a oportunidade de trabalhar e que continuam leitoras ávidas desta obra, assim como aos meus alunos, que não apenas acreditaram em projetos ousados como os tornaram reais.

Astrid Façanha

୨୫

Meu agradecimento especial à companheira Astrid, parceira na árdua e longa empreitada que é reunir fragmentos para uma tessitura de pensamentos que, acreditamos, abrirá conexões para outras e outras criações e imagens. E a todas as pessoas envolvidas na autoria e na multiplicação destas páginas, desde o início. Meu agradecimento muito especial à Baby Mesquita (1943-2022), mãe inspiradora, pela elegância exercitada na escrita, na dança, na vida. No apagar das luzes, tinha um livro nas mãos. Segue como potência de vida, palavra encantada.

Cristiane Mesquita

Apresentação

Astrid Façanha e Cristiane Mesquita

Uma década e muitos acontecimentos após o lançamento da primeira edição deste livro, em 2012, é interessante perceber o quanto as questões colocadas naquele momento, em que a hegemonia da imagem era anunciada, tornaram-se pertinentes na atual realidade pós-pandêmica, quando passamos a coabitar em um mundo híbrido, isto é, presencial e representacional. Durante a pandemia de covid-19 e o isolamento social, os profissionais que atuam com desfiles, campanhas publicitárias, editoriais de moda e *fashion films* viram-se obrigados a migrar para a plataforma digital, o que, por outro lado, democratizou o acesso ao que é mostrado nas passarelas e incentivou a colaboração a distância e o DIY (*do it yourself*). Com a retomada das atividades presenciais, os recursos de criação e produção de imagem para as plataformas digitais nunca mais foram abandonados, pelo contrário, passaram a influenciar a própria produção, disseminação e fruição da moda. Enquanto redigimos esta apresentação, em maio de 2022, entramos de forma sincrônica (*on real time*) nos desfiles da Semana de Moda de São Paulo, um espaço de legitimação comprometido com a produção e a difusão da imagem de moda no país.

Se nas edições anteriores deste livro já havíamos chamado a atenção para o excesso de consumo e descarte de imagens, de diversas naturezas, que circulam nas redes sociais, na imprensa digital e em outros escoadouros, agora temos de lidar cada vez mais com sintomas da própria natureza da imagem, tais como as fake news e o metaverso.

O grau imensurável de reprodutibilidade da imagem, sua obsolescência efêmera ou programada e a irrelevância da autoria eram questões que já nos incomodavam à época da primeira edição, quando deixamos claro que uma imagem corre o risco de ser apropriada, transformada ou deslocada à revelia das intenções iniciais de quem a criou.

A visibilidade de uma imagem pode durar apenas alguns segundos, porém sabemos que seu potencial de disseminação é incalculável. Portanto, a atividade de styling afeta definitivamente o produto ou o sentido que se pretende expressar e divulgar, seja de teor estético, poético ou político. O profissional stylist, sem dúvida, alcançou um lugar de predominância no sistema da moda, mas ainda há um vasto campo sobre a criação de imagem a ser investigado por pesquisadores de diversas áreas. Vale lembrar que a moda expressa muito mais do que a aquisição de produtos, sendo hoje um elemento relevante na cultura digital e nas redes sociais, onde se apresenta como lugar de representação coletiva e de compartilhamento de valores. Nesse contexto, é notável que as imagens produzidas nessa seara ganham em amplitude e no engajamento com questões relevantes ao meio ambiente, à inclusão social e a outras vozes coletivas, como as lutas minoritárias, as chamadas pela diversidade e pela igualdade de direitos.

Não é preciso dizer que a criação de imagens de moda, assim como outras atividades de produção e circulação de sociabilidades, deixou de ser uma prerrogativa de profissionais especializados e de marcas, ganhando o domínio individual e popular. O uso das imagens, como forma de estratégia, visibilidade e relevância, colabora para construir e expressar subjetividades. Por outro lado, artistas e estilistas contemporâneos, assim como seus interlocutores, experimentam as possibilidades de trabalhar com a imagem estática e/ou em movimento na produção desmaterializada em NTFs (*tokens* não fungíveis), os quais, paradoxalmente, reafirmam a autoria e a exclusividade da obra. Sendo assim, ainda que a visibilidade de uma imagem seja contingente, não se pode ignorar seu potencial de retenção, ou de produzir uma imensa e veloz taxa de rejeição. Nesse contexto de cacofonia e imagens am-

APRESENTAÇÃO

bulantes, o que se revela não é apenas um mero decalque, um signo desencarnado, um referente sem semântica; portanto, não é exagero dizer que stylists não apenas criam imagens, mas flanam pelo mundo e se constituem nos referenciais imagéticos que se apresentam para nós como constituintes da imagem.

Nesta terceira edição, é importante reforçar a ampliação do campo do styling de moda, com o lançamento de outros títulos sobre o tema e com sua incorporação na formação acadêmica, o que oferece novas possibilidades de especialização, de produção de artigos científicos e de trabalhos de conclusão de curso e de pós-graduação. Algumas das questões abordadas nos artigos desta obra não apenas continuam relevantes e pertinentes, como também se tornaram indispensáveis ao debate crítico da área. Além disso, metodologias de criação de imagem propostas pelos autores dos capítulos foram apropriadas para o ensino da prática e incorporadas ao *modus operandi* de profissionais. Daqui para frente, estaremos atentos tanto às novas tecnologias que ampliarão ou transformarão a criação, a recepção e o compartilhamento de imagens, quanto às novas formas de inclusão e compartilhamento social.

Continuamos acreditando no que afirmamos nas edições anteriores: esta publicação, que aborda produções teóricas e empíricas, segue cumprindo sua proposta de contribuir para o campo de estudo e para as práticas em criação de imagem e styling de moda. A convergência de perspectivas acadêmicas, metodologias científicas, relatos de experiências e entrevistas com profissionais da área faz deste livro um material com panorama diversificado, que se estabeleceu como fonte de consulta para a pesquisa e a atuação profissional, sem deixar de ser uma leitura instigante sobre um campo criativo e de produção de valor intangível.

A organização do livro teve como diretriz as temáticas contempladas na grade curricular da pós-graduação em Criação de Imagem e Styling de Moda no Serviço Nacional de Aprendizado Comercial, Senac-SP, unidade Lapa Faustolo. Foram convidados para fazer parte desta publicação alguns dos professores, palestrantes e alunos que passaram pelo curso desde seu lançamento, no ano de 2003. Os 22 textos apontaram os caminhos para a edição final, organizada em seis partes. Cada uma das partes estabelece diferentes olhares em torno do campo de investigação.

A parte I, "Criação de imagem e pesquisa em styling", apresenta abordagens que apontam para os contornos que definem a prática profissional do styling e inclui a apresentação de perspectivas metodológicas e práticas.

A parte II, "Imagem de moda: experiências, linguagens e conexões", traz visões fragmentadas sobre a amplitude da imagem de moda, que se relaciona a discursos, representações e subjetivações, entrelaçadas a instâncias como o corpo, as marcas e a globalização.

Na sequência, a parte III, "Imagem pessoal", aborda a articulação e a legitimidade da atividade de consultoria de imagem, além de remeter a alguns aspectos do exercício da profissão. Paralelamente, instiga reflexões sobre o imperativo do estilo pessoal na sociedade contemporânea.

A parte IV, "Comunicação e imagem", apresenta possibilidades de interfaces entre o campo da criação de imagem e as áreas da comunicação e da semiótica, principalmente no que diz respeito à análise do discurso midiático.

Quatro entrevistas com stylists e designers sobre seus processos de criação de imagem, além de um relato de experiência, completam a parte V do livro, intitulada "Styling por criadores e stylists".

Finalmente, a parte VI, "Styling por especialistas em styling", é composta por três artigos derivados de monografias de conclusão de curso, assinados por ex-alunos da pós-graduação em Criação de Imagem e Styling de Moda no Senac-SP. Os artigos apontam diferentes olhares e investigações acadêmicas ligadas às linhas de pesquisa que permeiam a área.

Com essa configuração, acreditamos que a publicação potencializa uma visão ampliada para o campo de criação de imagem e styling de moda e consolida-se como investigação pioneira em torno da área, tanto nas perspectivas teóricas como nas ações práticas e profissionais, apontando caminhos de reflexão e atuação.

PARTE I
Criação de imagem e pesquisa em styling

Styling: mapeando o território

Cristina Frange

Resumo

O artigo apresenta didaticamente a profissão do stylist, o universo a seu redor e a importância da pesquisa permanente para a criação da imagem de moda. Mostra com clareza e objetividade uma forma de criação, oferecendo um *start* para que cada (futuro) profissional encontre seu próprio jeito de criar imagens de moda.

Introdução: a profissão de stylist

Stylist é o profissional responsável pela criação e pela organização de uma imagem de moda. Essa imagem pode ser dinâmica – em desfiles, publicidade, cinema, televisão, no guarda-roupa de uma pessoa – ou estática – impressa em *outdoors*, fotografias para catálogos e campanhas publicitárias, editoriais de moda para revistas ou meios digitais, o que inclui desde um aparelho de celular até a própria internet.

Ele é o produtor (criador) da imagem de moda. Sua função é dar vida a essa imagem e enriquecer sua figuratividade, formando looks e transmitindo ambiências em conformidade com as temáticas abordadas pelo estilista ou pela marca e, assim, estabelecer um padrão de uso, conhecido como tendência. Hoje, o como vestir-se é muito mais importante do que o que vestir.

É o stylist que cria um conceito (o styling), uma linguagem com códigos semióticos que serão interpretados pela sociedade. Esse conceito é uma amarração de elementos que vão criar a imagem de moda. O stylist conta uma história por meio dessa imagem, a qual tem como objetivo chamar a atenção do público-alvo, do leitor, e, assim, despertar o desejo de compra, o desejo de pertencimento àquela marca, o desejo da fantasia com aquele look. Além de contar a história, o stylist organiza a forma com que ela será contada. Sua função é agregar valor àquela roupa, uma linguagem, um contexto que ajudará a (re)conhecer a roupa como sendo daquela marca ou estilista e pertencendo a determinado tempo. É essa linguagem que nós chamamos de imagem. O styling deve criar uma ligação entre o público, a representação e a realidade, mesmo que esta seja completamente desvinculada do âmbito corporal, estabelecida no imaginário.[1]

Criar imagens de moda para quem?

Tomemos como exemplo um desfile de lançamento de coleção. Nesse caso, o stylist tem dois públicos-alvo: de um lado, o estilista e/ou a marca que o contratou para criar uma imagem na passarela e mostrar seu produto e a forma com que ele (o estilista) interpretou as tendências de moda e, de outro, a clientela, o *target* de mercado que se pretende atingir; em outras palavras, o consumidor final das roupas, dos perfumes, dos acessórios.

Assim, o stylist deve conhecer bem a coleção dessa marca, seus tecidos, cores, estampas, volumes, cortes, ou seja, a forma com que as tendências de moda daquela estação foram interpretadas por aquele estilista e pela coleção criada. Além disso, o stylist deve conhecer a marca em si, sua história, seus desfiles anteriores, suas outras coleções, suas campanhas publicitárias, a fim de criar uma imagem de moda coerente com o posicionamento e a identidade da marca no mercado – a menos, é claro, que a marca esteja passando por um reposicionamento e deseje mudar sua imagem perante o público-alvo.

Para compreender a importância da construção de uma imagem no valor de uma marca ou, mesmo, sua relação com a saúde financeira da empresa, vejamos um exemplo. Há alguns anos, uma

---

[1] Com relação ao termo realidade, tomamos como ponto de partida o trabalho do semioticista Ivan Bystrina (1995), o qual propõe a existência de duas realidades simultâneas. Resumidamente, na chamada *primeira realidade* se estabelecem as relações fundamentais das necessidades corporais (o alimento, o sono, a proteção física da roupa, o abrigo), vinculadas à própria manutenção da vida. Na *segunda realidade*, nas mesmas estruturas, sobressaem os valores advindos da cultura. Neste contexto, não se trata do suporte físico em si, mas dos aspectos simbólicos a ele relacionados. Recentemente, com o avanço das ferramentas eletrônicas de comunicação, a percepção cultural da realidade cada vez menos depende do corpo e dos aspectos físicos da vida. Esta situação é denominada, nos atuais estudos de comunicação, de imaginário.

marca brasileira que sempre trabalhara com uma clientela mais conservadora e mais velha resolveu mudar seu *target* de mercado e contratou uma agência de consultoria de imagem (um dos locais onde o stylist pode trabalhar). Aquela era a primeira coleção para um público mais novo, bem mais jovem e mais, digamos assim, "descolado". Nesse mercado, o espaço teria de ser disputado com marcas jovens e consolidadas.

Um reposicionamento de marca geralmente é feito em doses homeopáticas, para não assustar a clientela cativa e, ao mesmo tempo, conquistar paulatinamente novos clientes. Era o que deveríamos esperar daquela marca já tradicional no mercado paulista. No entanto, ela veio com força total para a reformulação: contratou um fotógrafo norte-americano extremamente ousado, que trabalha com sexo em uma estética *trash*, e uma modelo brasileira que estava despontando após uma campanha de refrigerante na TV.

O resultado foi um catálogo que mostrava uma coleção nem tão ousada assim, seguindo a linha das doses homeopáticas mencionada anteriormente – ou seja, embora a campanha focasse um público mais novo (o que ficava visível nas fotos, em que a modelo aparecia com microssaias e *tops* insinuantes, segurando pela coleira dois moços lindos e nus, em pose de cachorro...), as roupas foram feitas ainda para o público mais velho –, porém recheado de fotos para lá de chocantes, com alusões ao mundo sadomasoquista e ao sexo grupal. Foi um escândalo geral e a clientela antiga se perdeu completamente, não se identificando com a imagem da marca naquela estação. A clientela jovem, por sua vez, adorou a campanha, mas nas lojas o conceito era outro, outra música, outro clima, outros vendedores, e as roupas com produções bem distantes da ousadia mostrada na campanha publicitária.

A marca amargou um período de prejuízos até se reerguer novamente. As vendas caíram 20% naquela coleção. Esse é um bom exemplo de como a imagem da marca e o conceito que ela veicula estão diretamente relacionados às vendas.

Compre a imagem e... leve o produto de brinde!

Você já ouviu falar que vendemos (e compramos) primeiro a imagem e depois o produto? Ou que compramos a imagem e ganhamos de brinde os produtos? As marcas estão à nossa volta, criando imagens seguidas de imagens. Compramos a etiqueta, a marca, que vem acompanhada de sua imagem de sedução, de *status*, de demonstração de saúde financeira, de poder, na medida em que nos mostramos aptos a usar algo endossado por modelos famosas e celebridades. Por isso, é de responsabilidade do stylist criar uma imagem que esteja de acordo não só com a coleção, mas com a marca em si e, principalmente, com os clientes que a consomem.

Esses clientes desejam e anseiam novidades o tempo todo. Não há pausa para reflexão. Eles precisam ser seduzidos não mais por um jeans com a camiseta branca, e sim pela história dessas peças de roupa que foi contada no comercial de TV, nas publicidades dentro das revistas e até mesmo na mala direta que eles recebem digitalmente. Claro que o jeans e a *t-shirt* (os produtos) são importantes, mas quem os veste, como os veste, a trilha sonora de quando os veste, enfim, todo o contexto que circunda a forma de vestir essas peças de roupa é criado pelo stylist.

Reproduzimos a seguir, para exemplificar melhor, um trecho em que o antropólogo Massimo Canevacci relembra o *storyboard* de um comercial de TV norte-americano:

> Um casal, num carro da década de 1960 – acompanhado por uma música rock que enfatiza a época –, encontra-se em dificuldade numa estrada do Faroeste; o homem, tipo classe média, procura abrir a tampa do radiador, mas

> se queima. Chega um jovem solitário e de boa aparência, vestindo jeans: retira o lenço do pescoço, abre a tampa e se percebe que a gasolina acabou. Então, este jovem tira as calças, e a moça, bonitinha, mas não vistosa, demonstra uma visível curiosidade de olhar o rapaz de cuecas. Este amarra a parte de baixo de uma das pernas das calças ao para-choque do carro dele e a outra ao carro sem gasolina. A estrada sobe, e por isso a moça sobe no primeiro carro, dirigido pelo jovem de cuecas, e no outro [carro] fica o seu companheiro "com cara de bobo". Os jeans se esticam e enquadrados no primeiro plano conseguem evidentemente suportar o esforço de arrastar o outro carro. Mas o jovem inventor do sucesso não se conforma com este primeiro resultado "material" e acelera subitamente: o carro dele dá um pulo para a frente, os jeans resistem amarrados ao para-choque, enquanto o outro para-choque vai cedendo, separando-se do carro, onde fica praguejando impotente somente nosso cidadão médio. (Canevacci, 2001, pp. 99-100)

Esse comercial de uma marca consagrada de jeans consegue condensar em 60 segundos, com pouquíssimas imagens, sem nenhum comentário externo, uma história exemplar em que, por causa do jeans, a relação entre os personagens muda. No fim, o carro sai estrada afora e aparece o *slogan* "Separates the men from the boys" ("Separa os homens dos meninos").

Muitas vezes pensamos que as grandes imagens de moda necessitam de muita produção, de locações inesquecíveis, de *übermodels*, ou seja, de tudo que há de mais *high profile* no mundo, certo? Nem sempre. É perfeitamente possível criar imagens de moda a um custo baixíssimo, utilizando simplesmente a criatividade – e isso move o mercado de moda hoje. Existe uma equação perfeita para o stylist: o máximo de criatividade ao mínimo de custo.

Infelizmente existe a crença de que uma imagem de moda deve ser cara para ser glamourosa, rica, sofisticada. Daí partirmos literalmente para uma *tour* mundial ao criar um editorial de moda: voamos com toda a equipe – modelos, fotógrafo, assistente do fotógrafo, maquiador/cabeleireiro (também chamado de beauty artist), seu assistente e obviamente nós, stylists – para Paris, Londres, Tóquio, Milão, Egito, Marrocos, buscando fotografar as top models em meio a pirâmides, no deserto, com camelos, dançando tango, lendo jornal em uma praça famosa sob o sol de uma manhã de domingo...[2] São vários dias de viagem com todas as roupas, acessórios e uma equipe gigantesca – incluindo a camareira, imprescindível para as intermináveis passagens de roupa.

Mesmo com as cortesias das companhias aéreas em troca de créditos na revista, o mercado editorial já não comporta projetos desse porte desde meados da década de 1980. Os motivos são óbvios: custos altíssimos, gasto excessivo de tempo e, em contrapartida, resultados muitas vezes comuns. É claro que existem exceções à regra, com imagens de tirar o fôlego que nos prendem em uma viagem imaginária, parados, perplexos diante de simples páginas de revista.

Contudo, de modo geral, a orientação é explorar ao máximo os componentes da imagem de moda, reduzindo custos e tempo.

Modalidades de styling

O sytlist pode exercer seu papel em cinco modalidades básicas:
1. STYLING PARA DESFILE – O desfile serve para o estilista mostrar seu trabalho de criação, de modo que posteriormente seus produtos possam ser encomendados pelos lojistas e vendidos aos consumidores. Esse tipo de evento é importante para implantar, reforçar e expandir a imagem de uma marca dentro de um mercado. Perceba que os desfiles hoje são, em sua grande maioria, performáticos, uma vez que é por meio deles – o que acontecerá nas passarelas, o local do desfile, quem estará na primeira

---

[2] Essas superproduções podem ser vistas em revistas de moda da década de 1980 e do início dos anos 1990, principalmente as internacionais.

fileira, quais top models desfilarão... – que a mídia vai divulgar a marca no mercado, nas revistas especializadas, na TV.
2. **STYLING PARA IMAGEM FOTOGRÁFICA** – Nessa modalidade, o stylist presta serviços para revistas (capa, editoriais de moda, *portraits*) e participa da produção de books e sessões fotográficas (fotos de moda, comportamento, beleza, decoração, arte, arquitetura, fotos *still*).[3]
3. **STYLING PARA CAMPANHAS PUBLICITÁRIAS** – Nessa modalidade, os produtos finais são *outdoors*, *building lights*, *back lights*, *banners*, catálogos, malas diretas, rótulos e embalagens de produtos, entre outros. Aqui, o stylist geralmente já recebe um *briefing* da agência de publicidade, e seu papel é vestir (ou despir) os personagens que vão vender determinados produtos.
4. **STYLING PARA CINEMA E TELEVISÃO (FIGURINO)** – Stylist e figurinista são profissões separadas por uma linha muito tênue. Na verdade, o figurinista atua como stylist, e vice-versa... O figurinista é responsável por toda a indumentária dentro da televisão, por exemplo. Ele ajuda, por meio dos trajes, a contar a história, seja ela qual for. Para entender isso melhor, podemos pensar em alguns tipos de programas que a TV nos oferece: telejornais, programas humorísticos e novelas ou minisséries. O âncora de um jornal televisivo precisa estar vestido de acordo com certos padrões sociais, pois mais importante do que o próprio apresentador e sua roupa é a notícia que ele traz. Sua vestimenta deve transmitir seriedade, confiança.

---

[3] Damos o nome de *still* às fotografias estáticas que focalizam objetos, como um par de calçados, uma joia, uma poltrona. Esse tipo de fotografia exige muito cuidado com os objetos a serem fotografados, que precisam estar em excelente estado, limpíssimos, sem arranhões nem marca de digitais, pois qualquer detalhe aparece nas fotos. Os fotógrafos especializados em *still* têm um kit especial de limpeza, que inclui pincéis, toquinhos de madeira e acrílico (que podem levantar os objetos e captar ângulos diferentes, sem aparecer na foto), esponjas, flanelas, fitas adesivas e químicos para limpeza, entre outros itens.

Para tanto, precisa ser formal, sóbria, sem chamar a atenção para nenhum detalhe. Joias, penteados e cores[4] devem ser discretos. As marcas, obviamente, não podem aparecer. Já nos programas humorísticos, a regra é oposta: tudo é válido e possível. Todas as loucuras são bem-vindas – cores, formas, exageros, combinações *nonsense*... Nas novelas e minisséries, por sua vez, todo detalhe é pouco para caracterizar a época e os personagens. A minúcia desse trabalho é extremamente importante: detalhes de unhas, brincos, sobrancelhas, cores e corte dos cabelos, perucas, etc. Cada personagem ganha um "mural", um quadro com seu estilo de vida, suas cores, o estilo das roupas que vai usar. Também é importante uma pesquisa histórica para que a produção seja a mais fiel possível à época retratada. O figurino é de extrema importância, pois ele é a "pele" do ator, é o primeiro passo para que ele encarne o personagem. Fora da TV, o figurinista pode atuar no teatro, na dança ou no cinema. Vale lembrar que esse profissional não está mostrando a roupa, a coleção, ele está criando um estilo para o personagem juntamente com o ator. Para trabalhar como figurinista, no entanto, é necessário na maioria das vezes criar as roupas, ou seja, desenhá-las, escolher tecidos e complementos e confeccioná-las de acordo com o corpo de cada ator ou bailarino. É preciso saber coordenar uma equipe de costureiras e fazer parcerias com estilistas, além de conhecer a fundo a história da moda, pois muitas vezes os figurinos são de época.

5. **PERSONAL STYLING OU CONSULTOR DE IMAGEM PESSOAL** – Nessa modalidade, o stylist tem como objetivo vestir uma pessoa de modo a favorecer seu biótipo, a cor de sua pele e de seus cabe-

---

[4] A esse respeito, ver Luciano Guimarães, *As cores na mídia: a organização da cor-informação no jornalismo* (São Paulo: Annablume, 2003).

los, sem deixar de respeitar seu estilo de vida. O interessante desse ofício é que o personal stylist, em conjunto com o cliente, lapidará a aparência deste, o que afetará (e muito) seu eu interior, sua personalidade. Cursos de colorismo e visagismo[5] reforçam o repertório desse profissional.

Os componentes da imagem de moda

O stylist deve atentar a cada um dos componentes da imagem de moda, para que juntos eles transmitam o clima, a sensação para o cliente. Uso o termo *componentes* apenas didaticamente e os separo para aprendermos a construir uma imagem de moda. Porém, na prática profissional, já pensamos em todos eles atrelados, unidos.

Assim, para fins meramente analíticos, podemos desagregar a imagem de moda nos seguintes componentes:

- LOCAÇÃO – É o local escolhido. Exemplos: a praça ao entardecer, a parede de azulejos coloridos, o helicóptero, o estúdio com fundo de certa cor, o quarto de dormir, uma pedreira inativa...
- CENÁRIO – São os elementos que compõem a cena. Por exemplo, na locação da praça ao entardecer, precisaremos de um banco de madeira para um casal, flores no canteiro e cata-ventos ao fundo. Precisaremos de vento também, então locaremos alguns ventiladores potentes e extensões, que obviamente não aparecerão em cena, mas ajudarão a compor o ambiente.
- ILUMINAÇÃO – É de responsabilidade do fotógrafo, mas podemos propor novas luzes, novas nuances (trabalho em equipe!). Nós explicamos como gostaríamos que fosse composto

---

[5] A esse propósito, merecem atenção os livros de Philip Hallawell, *Visagismo, harmonia e estética* e *Visagismo integrado: identidade, estilo e beleza* (São Paulo: Editora Senac São Paulo, 2001 e 2010).

o clima romântico, por exemplo, do entardecer na praça, com uma luz suave e aconchegante. Mostramos referências de iluminação e, assim, com a troca de experiências, chegamos a um resultado que será criado, tecnicamente, pelo fotógrafo e por seu assistente, seja com luz natural e rebatedores ou com geradores artificiais de luz.

🔸 LINHA ESTILÍSTICA DO FOTÓGRAFO – O "olhar" do fotógrafo é extremamente importante. É ele quem verá as cenas através de sua máquina fotográfica. Mesmo com a equipe trabalhando unida, na hora do clique é ele quem enquadra, quem mede a luz, quem ajuda a dirigir a cena, a historinha. Assim, cada fotógrafo cria um estilo de fotografar que, sem dúvida, vai influenciar a criação da imagem de moda. Costumo dizer que eles são "nossos olhos".[6]

🔸 CASTING – São os modelos ou manequins, figurantes, atores, enfim, as pessoas que aparecem nas imagens de moda. Ainda pensando no exemplo da praça, supondo que precisamos de apenas uma mulher, de cabelos pretos, longos e tez bem branca, contatamos a agência de modelos e passamos um *briefing* de como queremos a modelo. Geralmente, a agência nos envia alguns *composites* que usamos para fazer uma pré-seleção, depois observamos seus books e, se for o caso, agendamos horários com os modelos, para observarmos altura, peso, pele, cabelo, ângulos do rosto, proporção do corpo e atitude. Podemos também optar por não trabalhar com modelos, e sim com pessoas comuns, dependendo da proposta. Essa escolha pode ser feita juntamente com o fotógrafo.

---

[6] Pesquise o estilo de alguns fotógrafos, como o irreverente David Lachapelle, o *trash* Terry Richardson, o polêmico Erwin Olaf, o sensual Herb Ritts, o fascinante Helmut Newton, entre outros. Você perceberá que, com o tempo e com a "bagagem mais carregada", será capaz de distingui-los pelo jeito como olham a imagem de moda, ou seja, como fotografam, além de enriquecer seu repertório.

🌶 **MAQUIAGEM E CABELO** – Existem agências de beleza em que contratamos profissionais dessa especialidade – os beauty artists – para trabalhar conosco (geralmente pagos por diárias). Eles também podem ser especializados em fotos, desfiles, personal, TV, pois uma maquiagem para uma foto é completamente diferente de uma maquiagem para um evento, por exemplo.[7]

🌶 **TRILHA SONORA** – Já imaginou um desfile sem trilha sonora? Tudo bem, pode não haver música, melodia, pode ser o silêncio absoluto, mas pode também ser o som dos pássaros, uma cantora na passarela cantando ao vivo, o som de um bate-estaca, um barulhinho bom... Ela, a trilha sonora, cria a ambiência do desfile. Até mesmo em outras modalidades de styling uma trilha ajuda a modelo (e toda a equipe) a entrar no clima...

🌶 **EDIÇÃO DO PRODUTO** – É a forma com que as roupas, acessórios, calçados, enfim, os produtos são separados, agrupados e combinados para criar looks que irão para as passarelas, para os editoriais, para o guarda-roupa do cliente. A edição não é o que usamos para criar a imagem de moda, e sim como o usamos.[8]

🌶 **COR** – É um fator de extrema importância em todos os elementos mencionados. As imagens de moda podem ser criadas de acordo com nuances de cor, com *ton sur ton*, com cores complementares, cores opostas, com uma só cor, ou seja, existe uma infinidade de possibilidades para trabalhar com a cor. Mas perceba que ela influencia todos os componentes da imagem de moda.[9]

---

[7] Tenha na estante o livro de Duda Molinos, *Maquiagem* (São Paulo: Editora Senac São Paulo, 2000).
[8] Saia um dia munido de uma máquina fotográfica e visite diferentes lugares, fotografando como as pessoas se vestem. Treine seu olhar para esse tipo de observação, pois isso vai ajudá-lo a criar um repertório de moda. Você também pode ver, ver, ver, ver e ver revistas de moda do mundo todo, de locais diferentes, para públicos diferentes.
[9] Ver Luciano Guimarães, *A cor como informação* (São Paulo: Annablume, 2002). Não é um livro específico de styling, mas é fundamental para entender os diversos cenários que podemos criar modificando

🙞 **CONCEITO** – A junção dos elementos citados cria uma unidade, chamada de conceito para a imagem de moda. Esse conceito pode ser criado antes ou no decorrer do processo. Por exemplo: no caso da imagem da mulher de cabelos negros sentada no banco de madeira da praça, com cata-ventos ao fundo e os cabelos voando ao vento, podemos pensar em todos os elementos antes do conceito, como fizemos agora. Aos poucos, vamos construindo a imagem e chegamos ao conceito desejado. Mas isso também pode ser feito ao contrário. Veja: antes de pensar em cada elemento que compõe a imagem, já temos em mente o conceito que queremos, então o "decompomos" para facilitar a organização do processo de produção. Cada um trabalha da maneira que achar mais conveniente. O importante é não perder de vista que o conceito é a identidade da imagem.

Lembra-se do desfile primavera/verão 2005 de Jum Nakao,[10] apresentado na São Paulo Fashion Week? Esse desfile foi extremamente conceitual, pois não apresentou o produto que seria vendido nas lojas dessa marca. Em vez disso, propôs uma pausa para a reflexão e trouxe questões contemporâneas a serem debatidas, pensadas. As modelos entraram vestidas com roupas de papel, com trabalhos altamente tecnológicos (como o corte a *laser*) e, ao final do desfile, rasgaram suas roupas. Mas... o que o consumidor dessa marca encontraria nas lojas? Roupas de papel? Encontraria roupas de tecido mesmo, comerciais, porém com o conceito do desfile. O que o estilista quis mostrar foram as questões com que a marca dele – e obviamente ele – se preocupam.

---

apenas as cores e suas combinações, ou seja, as cartelas de cores das imagens de moda. As cores estão ligadas a simbologias arcaicas ainda muito presentes no mundo contemporâneo.

[10] Ficha técnica do desfile: direção – Kiko Araújo; stylists – Jum Nakao e Lelê Nakao; cabelo e maquiagem – Fernando Andrade; trilha – Paulo Beto; assessoria de imprensa – Na Mídia.

Perceba que a "historinha" do desfile é recheada de referências, um *pot-pourri* de vários períodos históricos, que podem ser percebidos na própria roupa e enfatizados com o styling: perucas, maquiagem, um macacão preto (do pescoço aos pés), a forma de andar, de se comportar (na passarela), o material usado na passarela, a iluminação, a trilha sonora e mesmo o barulho dos papéis sendo rasgados diante da incrédula e hipnotizada plateia – tudo isso cria uma ambientação para que o desfile ocorra.

O trabalho em equipe

Nenhum stylist trabalha sozinho. Ele troca o tempo todo informações com sua equipe, sabe ouvir, falar, argumentar e ponderar ideias suas e alheias. É um profissional que trabalha com pessoas: o fotógrafo, a modelo ou atriz (iniciante ou famosa), os beauty artists, o diretor da revista, o editor, o estilista, a passadeira, o motorista (que conhece todos os endereços e tem paciência infinita com o trânsito), os bookers, o assistente do fotógrafo, os vendedores das lojas onde escolherá os produtos, os profissionais da assessoria de imprensa,[11] os jornalistas de moda, enfim, uma variedade de profissionais.

Para isso, ser organizado é imprescindível. O stylist é a base operacional de apoio, ou seja, ele concentra as informações e a organização para que tudo dê certo na hora e no momento certo. Ele é responsável por agendar a prestação de seviço dos profissionais envolvidos no projeto e também para que tudo corra de acordo com o programado. Devemos aprender a trabalhar com situações inusitadas que acontecem durante

---

[11] A assessoria de imprensa é um escritório, geralmente de jornalistas de moda, responsável por "colocar" na mídia especializada os produtos daquela marca. Para tal, dispõe de um mostruário da coleção ou, muitas vezes, das peças daquela coleção e as empresta às revistas e programas de TV em troca de créditos. No desfile, a assessoria faz a marcação das cadeiras, dos locais onde os jornalistas e celebridades estarão posicionados para assistir ao evento – tudo em nome da imagem de moda que se deseja ver repercutida. Uma assessoria de imprensa tem vários clientes da área de moda e beleza.

a execução das tarefas e ter criatividade, segurança e bom humor para resolvê-las: e se chove no dia em que preciso de sol? E se a roupa solta um fio na hora H? E se alguém dentro do estúdio se machuca? E se o cachorro que está na passarela começar a latir e não quiser acompanhar o modelo? E se a calça não servir na modelo na hora da sessão de fotos? São os mais diversos "e se…"

Stylist ou produtor de moda?

Vamos fazer um pequeno parêntese agora: cabe falarmos da diferença existente entre um stylist e um produtor de moda no Brasil. Na verdade, no mercado internacional não existe essa subdivisão: o produtor é o stylist. Na tradução literal do inglês para o português também. Mas na prática é diferente: em nosso país existe uma pirâmide hierárquica na qual o stylist é o criador do conceito da imagem de moda, e o produtor de moda é o profissional que vai para as ruas, que encontra as peças e as coordena. Após passarem pelo crivo e pela edição do stylist, essas peças serão finalmente utilizadas, seja para fotos, seja para desfiles ou outros eventos. É também um trabalho em equipe, ou seja, stylist e produtor trabalham juntos o tempo todo, cada um com suas responsabilidades.

Agenda

Cada profissional tem sua agenda ou *mailing*: quanto mais completa, melhor. É bom que contenha todos os contatos necessários para as situações "e se…". Você deve ter sua agenda por perto caso precise, pois trabalhamos sempre com prazos curtos. É legal organizar a agenda por tópicos: agências de modelos, agências de beauty artists, agências de publicidade, assessorias de imprensa e as respectivas marcas com que trabalham, empresas de alimentação, empresas de passadoria e camareiras, empresas de transporte e motoristas, empresas de produtos de beleza, fotógrafos, marcas de roupas e acessórios, produtores de filmes, revistas especializadas em moda...

Após as reuniões de pauta você deve montar um mapa de trabalho, indicando o que se decidiu fazer, e usar sua agenda para telefonar e agendar visitas e horários da equipe.

Considerações finais

No início, falamos que stylist é o profissional que faz styling, lembra? Pois é de extrema importância que o stylist esteja completamente "antenado" com o mundo a seu redor e apaixonado pela vida. Assim, ele estará o tempo todo atento ao que acontece à sua volta, no mundo, e será capaz de imaginar, fazer mil conexões, adentrar no imaginário das pessoas, em seus sonhos, fantasias, e ser capaz de levá-las em uma viagem onírica de sensações, cores, texturas. Ler, escrever, conversar, assistir a filmes, antigos e novos, viajar, observar, vivenciar novas experiências e fruir as imagens que nos rodeiam é tarefa diária para esse profissional. A cada dia, com um repertório mais extenso, você será capaz de criar, criar, criar...

BIBLIOGRAFIA

BAITELLO Jr., Norval. *A era da iconofagia: ensaios de comunicação e cultura*. São Paulo: Hacker, 2005.

BARROS, Fernando de. *O homem casual: a roupa do novo século*. São Paulo: Mandarim, 1999.

BAUDOT, François. *Moda do século*. São Paulo: Cosac & Naify, 2000.

BENSIMON, Gilles. *Beauty Spirit Style*. Londres: Mitchell Beazley, 2002.

BOURDIN, Guy. *Exibit A: Guy Bourdin*. Boston: Bullfinch, 2001.

BYSTRINA, Ivan. *Tópicos da semiótica da cultura*. Pré-print. Trad. Norval Baitello Jr. e Sonia B. Castino. São Paulo: Centro Interdisciplinar em Semiótica da Cultura e da Mídia – PUC/SP, 1995.

CANEVACCI, Massimo. *Antropologia da comunicação visual*. Rio de Janeiro: DP&A, 2001.

CODDINGTON, Grace (org.). *Thirthy Years of Fashion at Vogue*. Paris: 7L, 2002.

COTTON, Charlotte. *Imperfect Beauty: The Making of Contemporary Fashion Photographs*. Londres: V&A, 2000.

EWIN, William. *Blumenfeld: A Fetish for Beauty*. Londres: Thames & Hudson, 1996.

FAUX, Dorothy Schefer. *What Is Beauty?: New Definition from the Fashion Vanguard*. Londres: Thames & Hudson, 1997.

GAN, Stephen. *Visionaire's Fashion 2000: Designers at the Turn of the New Millenium*. Nova York: Rizzoli International Publications, 1997.

JOFFILY, Ruth. *O jornalismo e produção de moda*. Rio e Janeiro: Nova Fronteira, 1991.

JONES, Terry. *Catching the Moment*. Londres: Booth-Clibborn Editions, 1997.

_____. *Fashion and Style: The Best from 20 Years of i-D*. Colônia: Taschen, 2001.

_____. *Fashion Now: I-D Selects the World's 150 Most Important Designers*. Colônia: Taschen, 2003.

KISMARICK, Susan et al. *Fashioning Fiction in Photography Since 1990*. Nova York: The Museum of Modern Art, 2004.

LACHAPELLE, David. *Hotel Lachapelle*. Boston: Bulfinch, 1999.

LAVER, James. *A roupa e a moda: uma história concisa*. São Paulo: Companhia das Letras, 2001.

LEITE, Adriana & GUERRA, Lisete. *Figurino: uma experiência na televisão*. São Paulo: Paz e Terra, 2002.

LOVATT SMITH, Lisa. *Fashion Images de Mode*. Gottingen: Steidl Verlag, 1996.

MALOSSI, Giannino (org.). *The Style Engine: Spetacle, Identity, Design and Business: How the Fashion Industry Uses Style to Create Wealth*. Nova York: The Monacelli Press, 1998.

NEWMAN, Cathy. *Fashion*. Washington: National Geographic Society, s/d.

PRECIOSA, Rosane. *Produção estética: notas sobre roupas, sujeitos e modos de vida*. São Paulo: Anhembi-Morumbi, 2005.

REMY, Patric & LOVATT-SMITH, Lisa. *Fashion Images de Mode n. 2*. Göttingen: Steidl Verlag, 1997.

SCAVULLO, Francesco. *Scavullo: Photographys 50 Years*. Nova York: Harry N. Abrams, 1997.

SEELING, Charlotte. *Moda: il secolo degli stilisti, 1900-1999*. Hagen: Könemann Verlagsgesellschaft, 2000.

TUCKER, Andrew. *The London Fashion Book*. Nova York: Rizzoli International Publications, 1998.

WESTERBECK, Colin. *Irving Penn: A Career in Photography*. Chicago: The Art Institute of Chicago, 1997.

Para além do design: styling e criação de imagem de moda

Cristiane Mesquita

Resumo

Este artigo explora alguns aspectos da pesquisa realizada para o desenvolvimento do projeto pedagógico do curso de pós-graduação *lato sensu* em criação de imagem e styling de moda, instituído em 2003 na unidade Lapa Faustolo do Senac São Paulo. Esta breve abordagem enfoca componentes do contexto da moda contemporânea, tais como a força da imagem, a ampliação do leque de atuação do profissional dessa área e algumas de suas interfaces. Além disso, apresenta os objetivos e o perfil profissional contemplados pelo curso.

PARA ALÉM DO DESIGN: STYLING E CRIAÇÃO DE IMAGEM DE MODA

Introdução: a ampliação do contexto da moda

No início do século XXI, diversas variáveis surgidas nos anos 1990 consolidaram-se como vetores significativos no jogo de forças das engrenagens da moda. Considera-se que a evolução desse sistema, desde sua instauração no século XIV, entrelaça-se com mudanças socioeconômicas, políticas, culturais e tecnológicas. Nesse sentido, entendemos que as transformações vividas no século XX, principalmente aquelas ocorridas após a Segunda Guerra Mundial, alteraram profundamente os paradigmas que imperavam até então, modificando a forma de inserção da "máquina moda" (Mesquita, 2000) nos modos de existência sociais e individuais.

Vale rever alguns fatores e momentos pontuais. A partir da década de 1950, com a ascensão e a consolidação do sistema prêt-à-porter, várias das lógicas de funcionamento da moda são alteradas. Um exemplo disso é o surgimento do **estilista industrial** – profissional que vai trabalhar nos modelos do design, sem deixar de conferir estilo à roupa produzida em série nas confecções industriais. Desde então, os focos de referência de estilo e moda multiplicaram-se e diversificaram-se. Passaram a ser predominantemente pautados pelos lançamentos dos criadores e entrelaçados ao conceito de **estilo de vida**, em conjunção com a gradual consolidação dos paradigmas de uma sociedade midiatizada e profundamente amparada pela produção e pelo consumo de imagens.

A moda, pautada por valores como a efemeridade, o esteticismo, o individualismo e o consumismo (conforme apontado por Lipovetsky, 1989) – todos intensamente presentes na sociedade contemporânea –, vai ganhando espaço cada vez mais ampliado, como se seus domínios pudessem retratar toda uma realidade social e subjetiva. Ocorre uma dilatação do sistema em sentidos diversos, em suas relações, vetores e campos de ação.

A partir da década de 1990, a informação de moda amplifica-se atingindo um número maior de pessoas simultaneamente e incluindo culturas e classes sociais que, até então, vinham funcionando à parte da máquina. Adentra revistas de reportagens semanais, deixa de habitar apenas os suplementos femininos e passa a dividir espaço nos cadernos de cultura dos principais jornais do mundo com o cinema e as artes plásticas. Invade a TV em todos os segmentos, inclusive o jornalismo diário, mesclando-se com diferentes setores na produção de imagens e na divulgação de ideias. A internet e outros avanços tecnológicos que ampliam redes de informações multiplicam ainda mais intensamente a incorporação do assunto em veículos de imprensa que tratam de comportamento, política e economia, entre outros.

Paralelamente, a sistematização do ensino e a organização de um calendário de eventos que agrega feiras, desfiles e lançamentos geram fenômenos como a criação de cursos e escolas em diversos segmentos, o aumento do número de publicações sobre o tema e a ampliação do público envolvido em eventos, assim como do contingente atingido pela cobertura de imprensa. A São Paulo Fashion Week,[1] por exemplo, noticiou em sua 15ª edição (julho de 2003) o envolvimento de cerca de 3.500 profissionais e a participação direta de um público de 90 mil pessoas, que por sua vez amplificam as informações a outros tantos milhares de participantes indiretos. Essa audiência também era multiplicada pela cobertura de imprensa (1.600 credenciados, entre re-

---

[1] Maior evento de lançamento de coleções do país. Desde 1996, organiza um calendário de desfiles que congrega designers e marcas de peso e conta com ampla cobertura da imprensa nacional e internacional. Informações atualizadas sobre o evento disponíveis em http://www.ffw.com.br (acesso em 11-5-2012).

pórteres, fotógrafos e equipes de TV),[2] mantendo a indústria da moda brasileira cada vez mais acesa no imaginário do consumidor final e reforçando o grande interesse profissional e acadêmico pela área.

Moda, atitude e imagem

Em consequência das mudanças nos pressupostos lógicos da moda, seus campos de atuação também se viram alterados. Uma explosão de demanda nos mercados profissionais ligados à imagem gera novas necessidades de formação da força de trabalho, força essa que se amplia quantitativa e qualitativamente. Assim como outros setores ligados ao design e à criação, a moda conectada ao conceito de estilo de vida convida os participantes de seu campo a repensá-la de forma mais claramente vinculada à cultura. Exige de seus profissionais um exercício de compreensão dos mecanismos subjetivos que regem a criação, a produção, a comunicação, o consumo e, principalmente, a concepção de suas imagens.

Nesse sentido, percebemos que a moda aproxima seus parâmetros de criação e comunicação das artes plásticas, da fotografia, do design gráfico, do design digital e da música. Dialoga e interage intensamente com esses campos em intersecções diversas e criativas, mudando o grau de protagonismo de designers de moda e estilistas. Todos os outros personagens envolvidos na construção da imagem ganham espaço e extrema importância, pois a qualidade da comunicação com o consumidor define-se pela força da imagem transmitida e, quanto mais especialistas contribuírem com sua *expertise*, mais intensa será essa força. Logo, faz-se necessário que a formação nesse campo se amplie e contemple a integração de áreas como estética, comportamen-

---

[2] Dados fornecidos pela PressCode, a assessoria de imprensa do São Paulo Fashion Week naquela época (julho de 2003).

to, semiótica e marketing e, ainda, que estimule a criação da imagem em si, para além do produto.

As lógicas da mercadoria – que, mais do que nunca, funciona como espetáculo – e seus mecanismos de produção estão se tornando muito mais complexos. A sociedade de consumo acaba por determinar que somente aquilo que muda permanece em voga. Mesmo que se trate apenas de uma ilusão de mudança (nova embalagem, cores diferentes, "de cara nova", etc.), os produtos precisam seguir a intensa velocidade do tempo.

As engrenagens da moda confundem suas diversas etapas de funcionamento, mesclando aquilo que se constitui como seu produto principal com outras tantas forças imateriais. Na prática, criações e propostas de passarela não são mais as principais disseminadoras de tendências e modismos e, juntamente com os fenômenos midiáticos –advindos de editorias, figurinos, publicidade e outras manifestações visuais –, dividem a responsabilidade pela propulsão não linear das ideias e propostas dos designers e marcas.

Em seu constante movimento de renovação, a moda passa a se ligar cada vez mais estreitamente à noção de estilo ou à ideia de atitude. O campo se move em torno dessa abstração, de modo que suas engrenagens não se limitam a reinventar produtos, mas precisam ampliar inovações no sentido de uma comunicação integral de **conceitos** – sejam eles de marca, de tendência, de proposta editorial ou individual –, visando atingir o consumidor por meio de ligações subjetivas. Moda é **imagem**, constrói **imagens**, confunde-se com as **imagens da mídia**, dialoga com as **imagens da arte** e se mistura com as **imagens de marketing**.

Criação de imagem e styling de moda

As áreas de atuação no campo da moda sofreram diversas alterações no decorrer da segunda metade do século XX. Especialmente na década de 1990, ganharam destaque os profissionais ligados a criação/concepção e realização da imagem de moda em diversos campos. Desde então, o trabalho colaborativo que envolve profissionais de design, programação visual, direção de arte e marketing vem definindo as diretrizes das imagens de marcas e propostas estilísticas.

O termo "styling" – apropriado da língua inglesa – é utilizado em diversas combinações, tais como "fashion styling", "house styling", "food styling" ou "personal styling". Designa a criação/concepção de imagens que traduzam abrangente e subjetivamente um estilo de vida, um perfil de consumo ou ainda uma proposta estilística, seja ela de um designer, de uma marca, de uma revista ou ainda de um produto. No campo da moda, o stylist pode atuar em projetos variados, como editoriais fotográficos, campanhas publicitárias, catálogos promocionais, desfiles, consultoria pessoal e figurino (Dingemans, 1999).

A profissão vai ganhando importância nos polos mundiais de lançamento de moda. No Brasil, é possível comprovar a atuação desse tipo de profissional pelas fichas técnicas de desfiles, catálogos e editoriais fotográficos para revistas, especialmente a partir de 1997. Desde essa época, alguns stylists assinam desfiles de eventos como a Morumbi Fashion Week,[3] o Phytoervas Fashion e a Semana de Moda – Casa de Criadores, assim como editoriais de revistas como a *Vogue Brasil* e a *Revista da Folha*. A partir de 1999, praticamente todos os desfiles realizados no Brasil incluem o trabalho desse profissional e publicações como *Simples*, *Elle*, *TPM*, *Trip* e *OnSpeed* realizam cada vez mais editoriais com concepção de imagem assinada.

No início, algumas grandes marcas brasileiras, tais como Forum, Zoomp e M.Officer, utilizaram-se de profissionais vindos da Europa e dos Estados Unidos, enquanto alguns stylists brasileiros autodidatas consolidavam suas carreiras atuando em eventos, agências de publi-

---

[3] Atual São Paulo Fashion Week.

cidade, desfiles, publicações e na preparação de figurinos. Em 2000, a categoria integrou o rol de prêmios concedidos pela Associação Brasileira da Indústria Têxtil e de Confecção (Abit),[4] dentro do evento Prêmio Abit Fashion Brasil, realizado anualmente. Da mesma forma, integrou as categorias premiadas em algumas edições do evento Semana de Moda – Casa de Criadores,[5] que se propõe a revelar novos talentos nas diferentes áreas profissionais de moda.

O profissional da imagem passou a ser extremamente valorizado, o que gerou, a partir dos anos 1990, uma alteração no *status* de quem define e elabora as coleções: o designer foi cedendo espaço de criação a fotógrafos, maquiadores, cabeleireiros, diretores de arte, programadores visuais e webdesigners. Novas carreiras são procuradas, novos campos de ação são sistematizados. Segundo Caixeta (2000), produtores de moda, stylists, especialistas em *visual merchandising*, coordenadores de camarim e diretores de desfile são algumas das profissões surgidas na esteira de eventos promovidos pela moda.

O stylist de moda é o profissional que comanda o ciclo de criação da imagem, desde a pesquisa, a concepção de projeto e sua realização, até a chamada pós-produção ou finalização. Esse processo inclui etapas iniciais de definição estilística e estratégias de criação e segue com possibilidades diversas de atuação, que variam de acordo com a área de trabalho em questão. Por exemplo, no caso de editoriais impressos e campanhas publicitárias, o stylist define a linha estilística e temática do trabalho e os profissionais envolvidos, bem como acompanha sessões de fotografia, a edição e a proposta de publicação; em desfiles, o stylist trabalha junto ao designer para definir a temática do trabalho e realiza a edição de peças, além de assessorar as decisões em termos de cenografia, maquiagem e cabelo, trilha sonora e iluminação; no caso de figurinos ou consultoria pessoal, o stylist pode dirigir

---

[4] Os vencedores foram David Pollack (2000) e Paulo Martinez (2001 e 2002).
[5] http://www.casadecriadores.com.br (s/d do acesso).

a aquisição ou execução de peças e a coordenação de maquiagem e cabelo, entre outras funções.

Para estar apto a coordenar o processo de transformação de uma ideia em imagem final, o stylist deve conseguir circular em um abrangente campo de conhecimento, que inclua metodologia de pesquisa criativa, pesquisa de tendências de moda e comportamento, amplo repertório de história e cultura, teorias estéticas e noções de produção, comunicação e marketing, além de saber dialogar com áreas como design digital, fotografia e artes plásticas.

O curso de pós-graduação *lato sensu* em criação de imagem e styling de moda

O desenvolvimento e a diversificação do ensino no setor de moda buscam suprir as necessidades crescentes do mercado, além de reforçar a formação de um profissional que deve estar preparado para a realidade da área. Assim como os cursos de graduação, os cursos de especialização – pós-graduação *lato sensu* e MBA – também se multiplicaram em diversas regiões do país, sendo muitas vezes oferecidos em função da demanda de profissionais autodidatas que buscam a educação formal, assim como da demanda por atualização e especialização nas diversas empresas do setor. Nesse contexto, quase todas as escolas que oferecem cursos técnicos, de graduação e especialização mantêm seus cursos em pleno funcionamento e adentram alguns novos horizontes.

Constatados o surgimento e a ampliação da atuação do profissional de moda no campo da imagem, a equipe de desenvolvimento de produtos de moda da unidade Lapa Faustolo do Senac São Paulo,[6] juntamente com alguns de seus colaboradores, detectaram uma la-

---

[6] Na ocasião, composta por Marta Magri, Wilson Ramalho e Tatiana Oliveira Putti.

cuna a ser preenchida: uma linha de pesquisa que contemplasse especificamente a concepção e a criação de imagem – em perspectiva teórica e prática – e que qualificasse o profissional para atuar nesse segmento. Com o objetivo de formar esse profissional – o stylist de moda –, sistematizar seu conhecimento e/ou aprimorar sua prática, e em sintonia com o quadro produtivo e educacional do setor de moda na época, nasceu a proposta do curso de pós-graduação *lato sensu* em criação de imagem e styling de moda.

O projeto pedagógico do curso explora aspectos do universo da imagem de moda contemporânea – da concepção à interpretação – em perspectivas teóricas e práticas. Pretende introduzir a abordagem de mecanismos subjetivos, entrelaçados à cultura, que geram a produção da imagem de moda, por meio de estudos teóricos, análise de material imagético de diversas naturezas e desenvolvimento de projetos práticos de concepção de imagem. Tais práticas funcionam como facilitadores para a apreensão do conteúdo do curso.

Ao contemplar mais especificamente a concepção e a criação de imagem, o curso pretende formar, desenvolver e aprimorar o profissional capacitado como stylist de moda, preparado para o contexto do mercado de trabalho e capacitado a interagir com outros campos ligados à imagem de moda. Nesse sentido, visa qualificar a atuação do stylist de moda em segmentos diversos, tais como: coordenação de equipes de criação; assessoria de imagem em equipes de design e estilo; concepção de imagem de moda para editoriais fotográficos de revistas, catálogos, campanhas de marketing e publicidade; criação de figurinos para artistas e/ou pessoas públicas; concepção de figurinos para campanhas de marketing e publicidade; criação de imagem para desfiles e eventos; assessoria de imagem pessoal e assessoria para equipes de *visual merchandising*.

O curso destina-se a graduados atuantes ou interessados nas seguintes áreas: design de moda; marketing e *visual merchandising*; jornalismo e produção de moda; figurino e outros setores, tais como design digital, design gráfico, fotografia e direção de arte. Também favorece stylists que desejam sistematizar e ampliar campos de pesquisa e de conhecimento, no sentido de formalizar e organizar a prática autodidata. Para tanto, a proposta foi concebida de modo que os estudantes possam adquirir conhecimentos teóricos que estimulem a reflexão necessária ao processo de criação. Paralelamente, estimula-se o desenvolvimento de estratégias de pesquisa, de análise estilística e de comunicação de ideias.

Finalmente, vale ressaltar alguns dos objetivos específicos do projeto, que enfoca a contextualização do aluno no universo da moda contemporânea, em suas lógicas de funcionamento e ação, a fim de ampliar seu repertório cultural, assim como seus diálogos com campos diversos de expressão, visando desenvolver e/ou aperfeiçoar sua prática de trabalho. A ênfase em estratégias que estimulam processos criativos e na ampliação do campo de referências de pesquisa abrem redes de conexão visuais, técnicas e teóricas. Dessa forma, ao proporcionar a imersão do aluno nos paradigmas da imagem de moda no que concerne aos mecanismos de criação, de produção e de inter-relações com o espectador/consumidor, pretende formar um profissional plural e criativo, apto a atuar especificamente no mercado da imagem de moda e capaz de interagir com outros profissionais da área.

BIBLIOGRAFIA

CAIXETA, Nely. "O brilho da moda". Em *Exame*, nº 77, São Paulo, 9-10-2000. Disponível em http://exame.abril.com.br/revista-exame/edicoes/0777/noticias/o--brilho-da-moda-m0050560 (acesso em 11-5-2012).
DINGEMANS, Jo. *Mastering Fashion Styling*. Londres: Palgrave Macmillan, 1999.
LIPOVETSKY, Gilles. *O império do efêmero: a moda e seu destino nas sociedades modernas*. Trad. Maria Lúcia Machado. São Paulo: Companhia das Letras, 1989.
MESQUITA, Cristiane. *Incômoda moda: uma escrita sobre roupas e corpos instáveis*. Dissertação de mestrado. São Paulo: PUC-SP, 2000.

Pesquisa e criação de imagem de moda: uma abordagem metodológica

Marilia Fanucchi Ferraz

Resumo

O mundo da criação de imagem ganhou uma importância muitas vezes superior à que tinha há pouco mais de dez anos. Isso porque os novos recursos da mídia fizeram com que as informações passassem a chegar até o público mais rápido e de maneiras mais diversificadas, inclusive de forma interativa, o que, por sua vez, aumentou a velocidade de circulação das novas ideias e representações. Nesse contexto, pesquisar como se dá o processo de criação de imagem tornou-se essencial para entender como é possível atingir o público no âmbito de suas especificidades. Daí a importância de analisar o processo como um todo, por meio de uma abordagem mais acadêmica – no presente caso, metodológica. Com essa análise, a produção de campanhas publicitárias, ensaios fotográficos, desfiles, etc. passa a ser fundamentada por uma explicação que justifica a escolha da trajetória escolhida, com objetivos claros. Isso poderá contribuir para a formação de uma literatura em pesquisa de moda.

Introdução: o contexto da pesquisa em moda

A atividade de pesquisa em moda vem aumentando de forma expressiva nos últimos anos. Esse fato fica evidente pelo número de publicações lançadas.

A pesquisa permite a organização de ideias e a conscientização quanto ao fato de que o processo de aprendizagem não se restringe à sala de aula, mas estende-se por toda a vida. Outro fato é que toda pesquisa se inicia pela leitura das referências sobre o objeto pesquisado. "A leitura confere ao espírito fartura e fecundidade; a conversação, presteza e desenvoltura; o costume de escrever, exatidão" (Bacon, 2001, p. 164). A leitura induz o pesquisador a buscar continuamente por respostas, inclusive para as questões que surgem no decorrer do estudo – induz, enfim, à busca pelo conhecimento, pela conquista do saber.

Os pioneiros na pesquisa em moda sofreram com a escassez de referências, tendo de buscar nas ciências adjacentes – sociologia, psicologia, antropologia e outras – argumentos para as afirmações e explicações que elaboravam acerca dos fenômenos pesquisados. Nessa intersecção com outras ciências, foram estabelecidas relações entre cultura e moda, arte e moda, imagem e moda, imagem e criação, etc.

Quando ordenados sequencialmente, os elementos que caracterizam a pesquisa conferem uma orientação lógica ao projeto desenvolvido, seja na moda, seja em qualquer outro ramo do saber. No caso de pesquisas relativas a um conhecimento que envolve conceitos abstratos, tais como **arte**, **estética**, **cultura** e **beleza**, essa organização lógica diminui a dificuldade óbvia de lidar com tanta imaterialidade. Para ilustrar essa afirmação, pode-se citar a frase de David Hume que trata de um dos conceitos mencionados: "A beleza não é uma qualidade inerente às próprias coisas: existe apenas na mente que a contempla, e cada mente capta uma beleza diferente" (Hume *apud* Dorfles, 1979, p. 83). Conceitos subjetivos como esse permeiam toda a pesquisa sobre moda.

Ao mesmo tempo, em meio a toda essa subjetividade, o estudioso, ao iniciar uma pesquisa sobre o assunto em questão, depara-se com a concretude da prática que difunde e legitima cada lançamento, tendência, coleção, marca, criação de imagem.

Este pequeno texto pretende apontar a importância de se analisar o processo de criação de imagem por meio de uma abordagem mais acadêmica. Além disso, busca tornar acessíveis ao leitor as bases teóricas que vêm sendo constituídas ao longo das últimas décadas, período em que se formou um grupo de profissionais dedicado à reflexão sobre o próprio trabalho.

Outro propósito deste texto é propor procedimentos metodológicos a serem seguidos por quem busca respostas às questões que norteiam a pesquisa em moda. Ao fazê-lo, procuraremos elucidar os elementos que caracterizam tal pesquisa, levando em conta que o tema tratado – criação de imagem – e seus aspectos específicos são muito complexos.

Os bastidores da pesquisa em moda

> "Todos sabemos que a arte não é a verdade.
> A arte é uma mentira que nos faz ver a verdade,
> pelo menos aquela que nos é dado compreender."
> Pablo Picasso, em entrevista a Marius de Zayas, 1923

No ensaio intitulado *A produção da crença*, Pierre Bourdieu (2006) apresenta uma reflexão sobre o processo de criação, circulação e consagração dos bens culturais, na qual contrapõe a valoração desse tipo de bem em uma economia comercial à sua valoração em uma economia de "capital simbólico", afirmando que, nesta última, a única acumulação legítima para um produtor de bens culturais consiste em adquirir um nome: "A eficácia quase mágica da assinatura não é outra coisa senão o poder, reconhecido a alguns, de mobilizar a energia simbólica produzida pelo funcionamento de todo o campo, ou seja, a fé no jogo e lances produzidos pelo próprio jogo" (Bourdieu, 2006, p. 28).

Fazendo uma analogia com a reflexão de Bourdieu, podemos afirmar que não é tão importante conhecer as propriedades específicas de um estilista ou criador de imagem quanto determinar os fundamentos da crença coletiva que se encontra na origem do poder que esse estilista ou criador de imagem passa a ter quando "reconhecido" – quando sua marca, seu estilo, legitima-se.

Rosa Montero (2004), escritora madrilena, trata desse mesmo tema no romance *A louca da casa*, apontando a alteridade como peça essencial para o reconhecimento de um autor que, da noite para o dia, passa a ser glorificado por ter "caído na graça" de um crítico ou grupo de críticos. Transpondo a ideia apresentada por Bourdieu para os vários exemplos presentes no romance autobiográfico de Rosa Montero, podemos dizer que todo autor "reconhecido" pela crítica literária passa a ter um poder conferido pelo "capital simbólico" atribuído a seu nome, em razão de sua produção intelectual legitimada.

Apresenta-se, portanto, o primeiro dos elementos que caracterizam a pesquisa em moda e, mais especificamente, em criação de imagem: o objeto de pesquisa constitui um **bem simbólico** ou **capital simbólico**.

Outro elemento característico da pesquisa voltada à arte, à moda e à criação da imagem é a **imaginação**. Na verdade, como explica Pedro Demo (2000) no livro *Conhecer e aprender: sabedoria dos limites e desafios*, a imaginação não está presente apenas no processo criativo, mas também na pesquisa. No sétimo capítulo dessa obra, intitulado

"Vemos menos do que imaginamos", Demo cita a ideia apresentada pelo autor dinamarquês Tor Norretranders em *The User Illusion*, que busca restringir a consciência a seu tamanho real, "já que somos seres em grande parte conduzidos por forças que não dominamos" (Demo, 2000, p. 72). Por sua complexidade, essa ideia merece ser apresentada na íntegra. Nela, Norretranders:

> alude ao fato interessante de que toda montagem científica, se, por um lado, é reducionista, porque encaixa tudo em um mapa simplificado, por outro, esse mesmo mapa pode sinalizar perspectivas para além do que pretendia. Assim, muitas ideias científicas surgem em algum lugar na mente que está além do controle da consciência. Ele acredita que somos todos observadores participantes no universo e é um milagre que todos construímos visão similar. Desse modo, esse tipo de participação não só incute a subjetividade no tratamento da realidade, como também permite que as individualidades convirjam para possíveis categorias comuns. Como regra, as mensurações perturbam os sistemas de estudo, já que são confrontados com a presença de alguém que, mesmo de longe ou protegido por instrumentos aparentemente objetivos, interfere no curso normal das coisas. (Demo, 2000, p. 72)

Dessa forma, Demo (2000), citando Tor Norretranders, argumenta que a mente lida com a complexidade de uma maneira diferenciada, introduzindo nela princípios de simplificação e descartando o que parece supérfluo.

Nesse ponto de desenvolvimento da ideia, não consigo resistir ao impulso de citar, novamente, Rosa Montero e seu espetacular *A louca da casa*. Isso porque o título do romance da autora tem uma fundamentação semelhante ao que Tor Norretranders defende: a mente tem como tarefa discriminar a informação relevante ou interessante dentre todas as inúmeras informações às quais somos submetidos diariamente. Rosa Montero (2004, p. 161) diz algo semelhante: "Penso que talvez a imaginação concorra com a memória para se apoderar do território cerebral. Vai ver que a gente não tem cabeça suficiente para ser ao mesmo tempo memoriosa e fantasiosa. A louca da casa, inquilina prendada, limpa os salões de lembrança para ficar mais à vontade". A teoria parece perfeita para mim. A mente retém lembranças demais e, de tempos em tempos, a imaginação – a louca da casa –, varre para fora de nossa cabeça as lembranças, dando espaço para novas ideias, novas memórias.

A capacidade de imaginar permite a criação de modelos explicativos que vão muito além do que se pode compreender e explicar neste mundo. A análise da cultura não pode pautar-se em uma coerência argumentativa, pois não é, exclusivamente, a construção de uma explicação lógica e racionalmente articulada. Mas é passível de interpretação, por ser analisada por homens em diferentes contextos da vida social (Sant'Anna, 2003).

O último elemento característico da pesquisa voltada à moda é seu **caráter prático**. Afinal, a moda e todos os seus saberes adjacentes caracterizam-se por ser normativos, por "dirigir" a ação humana, regulando-a dentro de normas ou padrões que buscam e ao mesmo tempo eliminam o ineditismo: uma imagem criada e lançada, aceita pela crítica como um sucesso, tende a ser venerada e copiada, passando a ser usada ou praticada por um grande número de pessoas. Passa a ser moda.

Os três elementos apresentados – ser um **bem simbólico**, utilizar **imaginação** e ter um **caráter prático** – são características essenciais do desenvolvimento de uma pesquisa em moda.

A metodologia da pesquisa em moda

> "A moda parece ser feita de rupturas sucessivas, no entanto, por sua evolução fundamental, revela-se a nossos olhos como expressão de múltiplas representações do mundo, em diferentes níveis de intensidade."
>
> Françoise Vicent-Ricard, *As espirais da moda*

Com o pano de fundo apresentado anteriormente, pode-se formular uma questão que será o fio condutor deste novo tópico: como transformar a pesquisa em moda, mais precisamente em criação de imagem de moda, em tema científico?

Penso que basta tratar a pesquisa com seriedade, observando a presença dos três elementos essenciais mencionados e atendendo aos requisitos apresentados a seguir.

1. Constituir um objeto de pesquisa reconhecível publicamente.
2. Definir logo no início se se trata de uma pesquisa inédita ou uma pesquisa de compilação.
3. Apontar a utilidade da pesquisa, não no sentido utilitarista, mas visando sua aplicabilidade para um melhor entendimento do mundo.
4. Fornecer elementos para verificação e/ou contestação das hipóteses apresentadas.

A combinação desses quatro requisitos e dos elementos característicos e essenciais da pesquisa em moda poderá direcionar o devaneio de criação para um devaneio **inteligível** de criação.

É essencial lembrar, também, que qualquer pesquisa atravessa quatro fases ou momentos que permitem a organização das ideias que levaram à formatação do projeto. No primeiro momento determinam-se o tema e o problema. Em um segundo momento, o pesquisador deverá organizar a pesquisa, elaborando seu projeto. Em um terceiro momento deverá iniciar a pesquisa propriamente dita, com a definição de uma metodologia experimental, de campo ou bibliográfica. E, na quarta fase, de natureza crítico-reflexiva, ele deverá desenvolver a redação do trabalho. Vejamos esses momentos com mais detalhe.

O TEMA

O primeiro passo é a escolha do tema. É preciso escolher algo que nos mova em direção ao desafio de buscar respostas, em direção ao conhecimento. Em geral, a pretensão inicial deve ser reduzida a dimensões adequadas, buscando um corte temático, histórico ou geográfico. Algumas vezes é necessário ampliar ou aprofundar as leituras e pesquisas de campo sobre o tema, para que os critérios de corte apareçam e o assunto/objeto de pesquisa possa ser escolhido.

A delimitação do tema abordado deverá estar de acordo com a formação ou ocupação atual do pesquisador e, preferencialmente, relacionado às duas. Dessa forma, ele terá a vantagem de iniciar sua empreitada com certo conhecimento do assunto e com a facilidade de aproximar-se do elemento prático constituinte da pesquisa.

Além desses cuidados, se possível, o pesquisador deverá ater-se à escolha de um tema do qual goste. Evidentemente, assim será muito mais fácil pesquisar e escrever sobre ele.

A clareza quanto ao tema possibilita a reflexão sobre a realidade que circunda o problema, realidade essa que exige do pesquisador a solução das questões formuladas no projeto. O importante é dar conta de um tema específico, com um assunto bem definido, e não se perder na tentativa de abarcar um turbilhão de autores, textos e livros como embasamento teórico.

O PROBLEMA

Um dos momentos mais difíceis ao longo da pesquisa, porém fundamental para a elaboração de um projeto acadêmico, é o da formulação da grande questão, da **questão central** da pesquisa. É necessário transformar o assunto escolhido em um problema, ou melhor, em uma pergunta: o trabalho científico em si será a busca da resposta para essa pergunta.

O entendimento da realidade que cerca o problema formulado e a clareza da relevância da questão central escolhida levarão o pesquisador à elaboração de **justificativas** que fundamentem sua pesquisa e apontem o caminho a ser seguido para responder às questões.

Esse esclarecimento permite ao pesquisador formular a hipótese a ser estudada e, com isso, ele poderá "[...] definir afinal por uma solução que pretende demonstrar no curso do trabalho e, assim, pode-se então falar de tese ou de ideia central de seu trabalho" (Severino, 2000, p. 75). As **hipóteses** – respostas provisórias para a questão central da pesquisa –, mesmo que preliminares, são muito importantes para orientar as leituras a serem feitas e o raciocínio ao longo da pesquisa.

O PROJETO

A organização da pesquisa com os elementos iniciais (tema, problema, justificativa e hipóteses) permite a elaboração do projeto, a estrutura de trabalho a ser seguida pelo pesquisador para concluir o estudo proposto. O projeto é o croqui do trabalho de pesquisa. É a etapa em que as ideias se organizam e os devaneios começam a ganhar clareza, forma, e passam a ser inteligíveis.

A PESQUISA

A pesquisa propriamente dita inicia-se com a leitura de livros e diversos materiais que constituem o referencial da pesquisa em moda, retomando a reflexão de outros autores. Em seguida, o pesquisador deve definir uma metodologia que possa levar às respostas para a questão central, podendo ela ser experimental, de campo ou bibliográfica. É o momento em que ocorre uma aprendizagem diferenciada, pois o pesquisador consegue alcançar certo grau de emancipação graças ao conhecimento que passou a dominar, principalmente o desenvolvimento de uma argumentação mais consistente sobre o tema e o problema a ser pesquisado.

A REDAÇÃO

A quarta e última fase, de natureza crítico-reflexiva, **é aquela em que o pesquisador redige o trabalho final**. Esse momento confunde-se com o próprio processo criativo, com a dinâmica característica da criação.

Aqui a "obra", seja uma tese, dissertação ou monografia, é elaborada. O pesquisador dialoga com ela. Faz alterações, correções de rota e reavalia suas ideias iniciais com base nos dados obtidos, empiricamente ou não, no momento anterior.

Considerações finais

> "É um erro ter razão cedo demais."
> Marguerite Yourcenar, *Memórias de Adriano*

A moda e a arte têm em comum a existência de uma estreita relação entre o autor e o objeto de criação. Ambas são saberes pertencentes a campos privilegiados da experiência estética, permitindo o uso de infinitos signos interpretados subjetivamente pelos diferentes indivíduos. A moda, assim como a arte, permite ao homem expressar-se, comunicar-se com o mundo.

A pesquisa nessa área do saber, como em qualquer outra, tem um caráter emancipatório. A pesquisa acadêmica em moda e, mais especificamente, em criação de imagem exige o reconhecimento do caráter subjetivo do tema, caracterizando-o como um **bem simbólico**, fruto da **imaginação** e dotado de **caráter prático**. Toda criação de uma imagem envolve esses três traços essenciais, e a pesquisa nessa área do saber permite ordenar esse processo de criação, possibilitando sua análise e criando um referencial a ser consultado por futuros pesquisadores.

Por tudo que foi discutido, podemos afirmar que, embora a pesquisa em qualquer campo do saber apresente suas particularidades e complexidades, a pesquisa em criação de imagem de moda é, acima de tudo, um desafio a ser superado.

BIBLIOGRAFIA

BACON, Francis. *Ensaios sobre moral e política*. Trad. Edson Bini. São Paulo: Edipro, 2001.

BOURDIEU, Pierre. *A produção da crença: contribuição para uma economia dos bens simbólicos*. 3ª ed. Porto Alegre: Zouk, 2006.

CERVO, Amado Luiz & BERVIAN, Pedro Alcino. *Metodologia científica*. 5ª ed. São Paulo: Pearson Prentice Hall, 2002.

CRUZ, Carla & RIBEIRO, Uira. *Metodologia científica: teoria e prática*. Rio de Janeiro: Axcel Books, 2004.

DEMO, Pedro. *Conhecer e aprender: sabedoria dos limites e desafios*. Porto Alegre: Artes Médicas Sul, 2000.

ECO, Umberto. *Como se faz uma tese*. 19ª ed. São Paulo: Perspectiva, 2002.

KÖCHE, José Carlos. *Fundamentos da metodologia científica: teoria da ciência e prática da pesquisa*. 18ª ed. Petrópolis: Vozes, 2000.

MONTERO, Rosa. *A louca da casa*. Trad. Paulina Wacht e Ari Roitman. São Paulo: Ediouro, 2004.

RUDIO, Franz Victor. *Introdução ao projeto de pesquisa*. 28ª ed. Petrópolis: Vozes, 2000.

SANT'ANNA, Mara Rúbia. "A moda: o desafio de pensá-la além do produto". Em *Moda Palavra*, 2 (2), Florianópolis, Ceart-Udesc, 2003.

SALOMON, Délcio Vieira. *Como fazer uma monografia*. 4ª ed. São Paulo: Martins Fontes, 1996.

SEVERINO, Antônio Joaquim. *Metodologia do trabalho científico*. 21ª ed. rev. e ampl. São Paulo: Cortez, 2000.

SCHULTE, Neide Köhler. "Arte e moda: criatividade". Em *Moda Palavra*, 1 (1), Ceart-Udesc, Florianópolis, 2002.

Projeto laboratorial em criação de imagem

Astrid Façanha

Resumo

O artigo apresenta uma pesquisa teórica e empírica sobre o campo do styling que conduz a um relato de experiência no ensino e aprendizado em moda. Busca contribuir para a área do styling ao propor uma metodologia para o desenvolvimento de projetos de pesquisa e criação de imagem. No processo de criação de imagem são identificadas diferentes aplicações do styling, tais como o styling para desfiles, para exposições, para catálogos impressos e eletrônicos, para pub editorial, para press kit e o personal styling.

PROJETO LABORATORIAL EM CRIAÇÃO DE IMAGEM

Introdução: o contexto da pesquisa e as fontes utilizadas

A pesquisa teórica realizada para o desenvolvimento deste artigo trouxe reflexões sobre a atividade de styling e sua relevância na indústria da moda, na mídia e na sociedade. Para tal pesquisa foram consultadas obras relacionadas à criação e ao consumo de imagens, em especial os livros *British Fashion Design: Rag Trade or Image Industry?*, de Angela McRobbie (1998), professora de Comunicações na Goldsmith College, de Londres, e *All Consuming Images: The Politics of Style in Contemporary Culture*, de Stuart Ewen (1999), professor do programa de doutorado em história e sociologia na City University, de Nova York. Também foram considerados os pontos de vista sobre moda, comunicação e mídia levantados no livro *Moda e comunicação*, de Malcolm Barnard (2003), professor de história e teoria da arte e design na Universidade de Derby, na Grã-Bretanha.

A pesquisa empírica, por sua vez, investiga a atividade do stylist a partir dos relatos de profissionais da área publicados nos livros *Catwalk: Working With Models* e *Image-makers: Professional Styling, Hair and Make Up*, ambos da autoria de Lee Widdows e Jo McGuinness (1996, 1997), stylists profissionais e professores na Central Saint Martins School of Art and Design, de Londres.

Ainda como fonte para relatos de experiências foi pesquisado o livro *Elements of Style: From the Portfolio of Hollywoods's Premier Stylist* de Phillip Block (1998). Os relatos de Bloch contribuíram para avaliar a valorização e a demanda da atividade do stylist.

A autora inclui neste artigo observações da própria experiência como jornalista de moda, baseada em entrevistas com profissionais da área, cobertura de eventos, produção e edição de imagem para capas de revistas, editoriais de moda e ilustração de matérias.

A convergência do embasamento teórico e empírico foi fundamental para o desenvolvimento deste artigo, assim como para a construção da metodologia para o projeto laboratorial de criação de imagem.

Pesquisa sobre o campo do styling

Apesar da ausência de dados quantitativos que ilustrem o desenvolvimento da área do styling de moda no Brasil e no mundo, relatos de especialistas confirmam a ascensão do campo nos últimos vinte anos. Segundo os stylists profissionais e acadêmicos britânicos Lee Widdows e Jo McGuinness, a partir da década de 1990 a atividade adquiriu relevância e notoriedade na indústria da moda. Ao mesmo tempo, a criação de imagem tornou-se cada vez mais veloz e descartável (Widdows & McGuinness, 1997).

Os especialistas argumentam que a demanda pela renovação das imagens acompanha o próprio ciclo de renovação da moda. Ainda assim, embora parte dos profissionais que atuam nessa área tenham conquistado um papel central na indústria da moda, são raros os estudos e pesquisas sobre a atividade e pouco se conhece sobre a metodologia de trabalho do profissional stylist.

Um dos primeiros registros sobre uma ação de styling para um desfile de moda data dos anos 1960, quando a estilista britânica Mary Quant apresentou na passarela modelos que portavam faisões congelados. Com essa intervenção, a ousada Quant introduziu um elemento estranho ao vestuário, cuja presença perturbadora contribuiu para conceituar e contextualizar a coleção de roupas (Evans, 2002).

Contudo, o fenômeno é anterior e mais abrangente do que suas manifestações na moda. O pesquisador norte-americano Stuart Ewen

(1999) relata que, desde os anos 1930, com o reverso na economia do consumo, o styling e o styling *obsolescence* – isto é, a obsolescência programada do styling – vieram à tona como métodos para estimular os mercados e mantê-los estimulados.

Para reforçar seu argumento, o autor cita Roy Sheldon e Egmont Arens, especialistas em marketing e pioneiros na aplicação da psicologia no consumo. Na polêmica obra *Consumer Engineering: A New Technique for Prosperity* (1932), Sheldon e Arens fizeram a revelação – chocante para a época – de que a obsolescência dos estilos é mais veloz que a dos próprios suportes. Além disso, encorajaram a indústria a utilizar o estilo para motivar o consumo (Sheldon & Arens, 1932, *apud* Ewen, 1999).

Portanto, na dinâmica da renovação cíclica da indústria da moda, com seus lançamentos periódicos programados para, no mínimo, cada semestre, o styling tornou-se um aliado indispensável. Por outro lado, a criação de imagem está relacionada ao fato de que a moda e a indumentária são estabelecidas como formas de comunicação e de produção cultural, como esclarece o pesquisador britânico Malcolm Barnard (2003).

Esse autor define a comunicação em termos de interação social e relaciona-a à negociação e à interpretação. Já a produção cultural é explicada em termos de diferentes modos de vida (*lifestyles*) e com referência à constituição das identidades sociais culturais e individuais.

Nesse sentido, a criação de imagem está relacionada às manifestações observadas quando moda e indumentária são articuladas como linguagem não verbal. Dessa articulação participa a atividade de styling, para impor o diálogo da moda por meio da utilização de roupas, acessórios, adereços e, mesmo, na extrapolação dos limites do próprio vestuário.

Corpos e rostos cuidadosamente selecionados, cabelo e maquiagem impecáveis, locação cinematográfica e trilha sonora de arrepiar entram em convergência com o vestuário espetacular no desfile, filme publicitário ou catálogo digital. A intenção é criar um estado de espírito ou clima – um *mood* – que sugere atitudes, comportamentos e estilos de vida. Espera-se que estes façam sonhar, sirvam como referência e acabem orientando o consumo.

No Brasil, com a profissionalização da indústria da moda e a consolidação dos eventos de lançamentos coletivos, as semanas de moda (fashion weeks) e a seleção dos modelos (casting) passam a contar com a indispensável participação do stylist.[1] Segundo confirma a professora e pesquisadora Cristiane Mesquita (*apud* Façanha, 2006), o profissional stylist começa a aparecer nos *press releases* dos desfiles de moda no Brasil a partir do final dos anos 1990, estando, no início da década de 2000, já incorporado no sistema.

Geralmente, o stylist inicia sua atividade como curador: edita coleções, identifica peças-chave, constrói conjuntos ou looks, determina sua trajetória, decide como a peça vai ser usada e por quem. Com a experiência adquirida ao longo dos anos, ele termina como empreendedor, gestor e até mesmo diretor criativo: atua com base na inovação, seleciona material, recruta e administra mão de obra e serviços, levanta orçamentos, administra crises, contabiliza custos...

Ao realizar essas tarefas, o stylist contribui para fazer da criação de imagem um emissor e receptor, isto é, um *hub* que alinha o discurso do estilista ou da marca com moda, mídia, sociedade e consumo. Ao mesmo tempo, a criação de imagem por meio do styling mantém acesa a chama do desejo de moda, segundo atesta McRobbie:

> A atenção que a moda tem conquistado nos últimos anos faz parte da grande expansão da mídia e, de forma mais ampla, da cultura visual. Também está ligada à atenção renovada dada à imagem pessoal e ao estilo, principal-

---

[1] Observação da própria autora a partir da sua experiência com representação e agenciamento de modelos.

mente por parte dos varejistas de moda a partir dos anos 1980. (McRobbie, 1998, p. 155)

A partir dessa nova conjuntura, segundo a autora, cada vez mais pessoas passam a ser contratadas para produzir as imagens e escrever artigos de moda na mídia. Outras áreas como os vídeos pop e as campanhas publicitárias se beneficiam desse serviço.

McRobbie sugere que a ascensão da atividade do stylist coincide com as ocupações midiáticas em geral, descritas por Tunstall (1971) e Elliot (1997). Essas ocupações dão vazão a um alto grau de mobilidade e à criação de novas atividades e profissões, praticamente da noite para o dia (McRobbie, 1998).

No Brasil, a chegada da primeira emissora de TV segmentada no país, a MTV Brasil, em 1990, pode ser considerada um marco, no que diz respeito ao efeito da criação da imagem na mídia (Façanha, 1999). A linguagem dos videoclipes e a imagem artística dos *VJs*, das *pop stars* e das bandas de rock popularizaram um novo visual radical, ao mesmo tempo sedutor e sonhador. Essa linguagem alternativa rompia com a hegemonia do ciclo da moda de grande difusão, que fazia o circuito novela–revista feminina–vitrine.

A sofisticação da linguagem aplicada na própria construção visual tornou-se relevante e viral nos grandes centros urbanos, e na cidade de São Paulo não foi diferente. Nas ruas passaram a circular indivíduos cada vez mais articulados e fluentes na linguagem do vestuário e da moda e em sua utilização para a comunicação e a construção de identidades.

No impressionante estudo sobre a proliferação das tribos urbanas nas ruas da cidade de Londres nos anos 1980 e 1990, o antropólogo norte-americano e stylist profissional radicado na Grã-Bretanha Ted Polhemus antecipou essa nova "função" do estilo, que tem na construção de uma identidade visual uma finalidade prática. Segundo Polhemus (1996, p. 7): "Longe de ser frívolo e absurdo, o estilo é funcional no verdadeiro sentido da palavra". Segundo o antropólogo, nossas roupas, cabelos, calçados e maquiagem podem ser úteis para aquilo que o sociólogo Erving Goffman (1975) definiu como *presentation of self* (apresentação do eu) na coletividade.

Considerado um stylist estrelado, o norte-americano Phillip Bloch deixa claro que seu ofício é essencial para uma indústria em que apresentar a imagem certa pode aumentar ou diminuir em milhões de dólares o cachê de uma personalidade. Segundo Bloch (1998, p. 8): "Ora descritos como *image-makers*, ora como *personal shoppers* ou *dressers*, na realidade os stylists são um pouco disso tudo". De acordo com esse profissional, os melhores stylists são grandes provedores de conteúdo, capazes de identificar o clima do momento, além de apontar cenários futuros.

Nesse sentido, a visão dos stylists pode ir mais longe do que a dos próprios criadores e estilistas. Marie Ruckie (2007),[2] uma autoridade em moda francesa, observou durante uma palestra que muitos criadores de moda contemporâneos absorvem ideias de comportamento e ambientação dos editoriais de moda de algumas publicações.

O jornalista e crítico de moda britânico Colin McDowell (*apud* Façanha, 2007) confirmou em entrevista que o poder da moda está cada vez mais nas mãos dos fotógrafos e dos stylists, pois são eles que constroem a imagem da moda. Tanto as observações de Ruckie quanto as de McDowell reforçam a legitimidade do profissional stylist na indústria da moda.

Este breve relato permitiu-nos compreender melhor a atividade de styling e comprovar sua relevância na moda atual. A seguir, será apresentada a proposta metodológica para um projeto laboratorial de criação de imagem.

---

[2] Marie Ruckie é diretora da escola de moda Studio Berçot, na cidade de Paris.

Metodologia para criação de imagem

Os resultados da pesquisa empírica aqui relatada foram extraídos de observações e experimentações em sala de aula, a partir de atividades laboratoriais e de pesquisas acadêmicas. A experiência laboratorial é estruturada pela intersecção de diferentes áreas do conhecimento, em especial: moda e comunicação.

Pelo diálogo entre essas duas áreas, percebemos diferentes aplicações da teoria na técnica. Os projetos desenvolvidos estabelecem interfaces com as práticas da fotografia, do design gráfico e digital, do jornalismo, do marketing, da publicidade e da produção de eventos, entre outros campos.

Com o presente relato, buscou-se resumir a trajetória metodológica aplicada a projetos laboratoriais e experimentais de criação de imagem. Tal proposta metodológica tem como base uma articulação triádica dos seguintes processos (ou fases) – pesquisa, desenvolvimento do projeto e apresentação –, todos com o mesmo peso para fins de avaliação.

O projeto laboratorial prevê o envolvimento de um grupo de participantes, de forma que o processo de criação de imagem tenha natureza coletiva e interativa. Trata-se, portanto, de um trabalho em equipe, característica coerente com a prática do profissional de styling (Widdows & McGuinness, 1997).

O grupo é subdividido em equipes, as quais propõem ações independentes, com diferentes repercussões para um projeto e uma demanda em comum. Assim, a atividade caracteriza-se como uma comunicação de marketing integrada (CMI) (Kotler, 2009), que deve corresponder às expectativas do *briefing* proposto.

Após a definição das ações a serem desenvolvidas, as equipes têm a opção de desenvolver a criação de imagem por meio das diversas possibilidades de aplicação do styling para escolher a mais adequada de acordo com as características e especificidades do projeto.

O desenvolvimento do projeto compreende o passo a passo das atividades práticas do styling, as quais são representadas por ferramentas gráficas, tais como: painel semântico, cartela de cores, *layout* ilustrativo, *storyboard*, planilha de produção dos looks, ficha de camarim, ficha técnica, planilha de orçamento, cronograma, documentação e avaliação, entre outras. A representação gráfica é utilizada na terceira e última fase do projeto laboratorial, quando este é apresentado e submetido a apreciação e avaliação.

Apresentar o projeto significa submetê-lo à avaliação de especialistas e acadêmicos que levarão em consideração a originalidade, clareza e coerência dos processos, bem como a precisão e viabilidade do projeto, além, é claro, da eficiência da equipe em apresentar um projeto de criação de imagem para a audiência.

Nos tópicos a seguir, apresentaremos as três fases do projeto laboratorial.

PESQUISA

Como se vê na figura a seguir, a fase da pesquisa segue a estrutura triádica do próprio projeto, tendo o *briefing* como ponto de partida.

1. Análise e interpretação do *briefing*
2. Pesquisa
   2.1. Temática
   2.2. Conceitual
   2.3. Da área
3. Elaboração da justificativa e dos objetivos

Pesquisa

A fase da pesquisa envolve análise e interpretação do *briefing*, pesquisa temática, pesquisa conceitual, pesquisa da área e, finalmente, elaboração da justificativa e dos objetivos. Esses processos são detalhados a seguir.

ANÁLISE E INTERPRETAÇÃO DO BRIEFING

O *briefing* orienta as pesquisas e o desenvolvimento do projeto. É fornecido pelo interlocutor, geralmente a pessoa que solicita o projeto. Em inglês, *brief* significa "breve" – não é por acaso, portanto, que esse documento tem como características a brevidade, a clareza, a capacidade de ir direto ao assunto e ser, no mínimo, inspirador. Segundo o stylist britânico Judy Blame[3] (*apud* Façanha, 2008), um *briefing* pode ser bem detalhado e objetivo, ou então um conceito abstrato, transmitido por apenas uma ou duas palavras.

Nos projetos laboratoriais de criação de imagem, o *briefing* sugere uma relação entre uma macrotendência – ou seja, um movimento evidente em escala global – e algum acontecimento de menor dimensão, como uma exposição de arte em um museu local. Ambos os ambientes macro e micro são variáveis, e o *briefing* deve ser interpretado com base nas pesquisas temática e conceitual.

PESQUISA TEMÁTICA

A pesquisa temática é realizada por todo o grupo, e cada equipe é responsável por desenvolver um dos aspectos a serem explorados. A escolha do tema ou dos temas costuma ser aleatória, porém deve fazer sentido, tanto para os criadores quanto para a audiência. Qualquer tema pode ser bom (objetivo), desde que dele se consiga extrair um conceito (subjetivo).

---

[3] Judy Blame esteve no Brasil para uma palestra no evento Pense Moda (São Paulo, novembro de 2007).

PESQUISA CONCEITUAL

A pesquisa conceitual é conduzida de forma independente pelas equipes para orientar as atividades de styling a serem desenvolvidas. Esse gênero de pesquisa explora determinados aspectos do tema que possam render boas interpretações – e estas, por sua vez, devem render bons enredos. Aspectos do tema selecionados são isolados e examinados até que se chegue a uma essência simbólica. Ir da pesquisa do tema para a conceitual é como ir do denotativo para o conotativo, do literal, fechado, para o abstrato, aberto (Barnard, 2003, e Barthes, 2006).

PESQUISA DA ÁREA

Antes de realizar a última fase da pesquisa – a pesquisa da área –, é preciso determinar a que área da criação de imagem o projeto se refere. Ele pode ter como alvo, por exemplo, o styling para desfiles, para catálogos, para exposições ou vitrines, para *press kit* de imprensa, para pub editorial ou o personal styling. Uma vez determinada a área de aplicação, a equipe deve pesquisá-la. Se o projeto estiver relacionado aos desfiles de moda, por exemplo, o artigo "O maior espetáculo da Terra: os desfiles de moda contemporâneos e sua relação com a arte performática", de Dungan (2002), pode ser utilizado como embasamento para a interpretação desses eventos.

ELABORAÇÃO DA JUSTIFICATIVA E DOS OBJETIVOS

Nesse processo, todas as equipes devem contribuir, valendo-se do que observaram na pesquisa coletiva (temática) e nas pesquisas independentes (conceitual e da área). Portanto, a justificativa e os objetivos do projeto são definidos com base no *briefing* e no resultado das pesquisas.

A justificativa deve trazer o porquê das escolhas feitas e indicar de que forma elas contribuem para configurar o projeto integrado, conforme o exemplo mostrado a seguir.

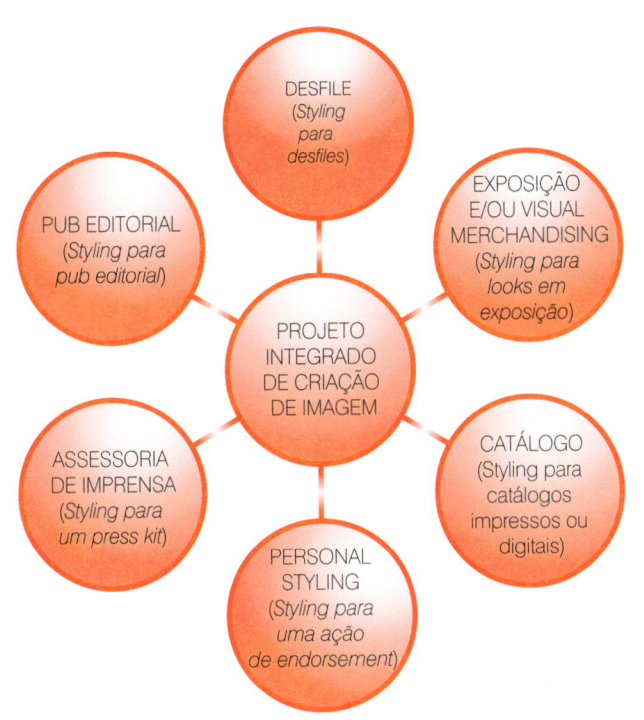

Projeto laboratorial de criação de imagem.

```
              DESFILE
              (Styling
               para
              desfiles)

PUB EDITORIAL                    EXPOSIÇÃO
(Styling para                    E/OU VISUAL
pub editorial)                   MERCHANDISING
                                 (Styling para
                                 looks em
                                 exposição)

              PROJETO
              INTEGRADO
              DE CRIAÇÃO
              DE IMAGEM

ASSESSORIA                       CATÁLOGO
DE IMPRENSA                      (Styling para
(Styling para                    catálogos
um press kit)                    impressos ou
                                 digitais)

              PERSONAL
              STYLING
              (Styling para
              uma ação
              de endorsement)
```

Projeto laboratorial de criação de imagem.

DESENVOLVIMENTO DO PROJETO

A figura anterior mostrou as diferentes aplicações de styling para um projeto integrado de criação de imagem. A figura seguinte especifica uma dessas aplicações, a de styling para desfiles.

Conforme ilustrado na figura anterior, o styling para desfile envolve diferentes processos. A pesquisa de área desenvolvida na primeira fase do projeto – neste caso, a pesquisa sobre os desfiles de moda – orienta os processos práticos da atividade. A primeira etapa na configuração do projeto é o resumo da atividade, que pode ser apresentado no formato de um *briefing*. A figura a seguir exemplifica outra atividade de criação de imagem e seus processos, a de styling para catálogos.

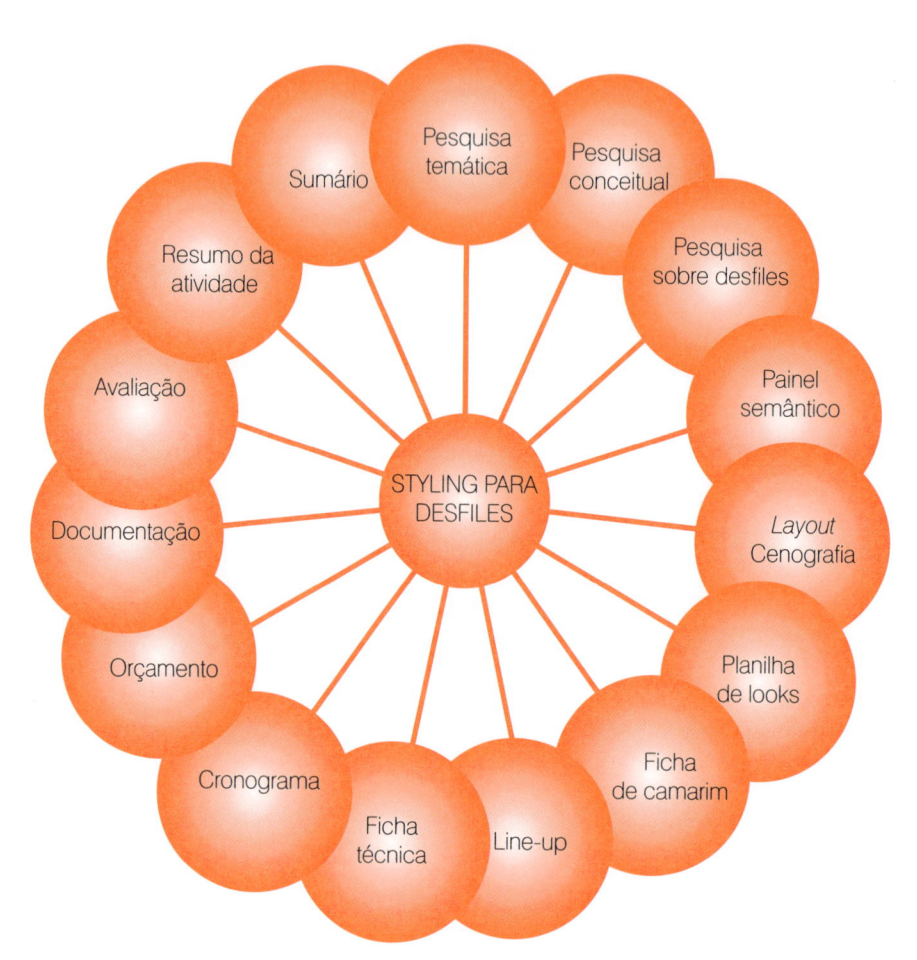

Styling para desfiles.

Para Widdows e McGuinness (1996 e 1997), enquanto o styling para desfiles é um trabalho bastante minucioso, já que por motivos óbvios não há edição pós-produção, o styling para catálogos fotográficos é considerado um dos trabalhos mais difíceis para o profissional da área. O motivo é que, diferentemente do desfile ou até do editorial, o catálogo deve ser objetivo como um look book, isto é, mostrar apenas produtos disponíveis para consumo (Widdows & McGuinness, 1997).

Por outro lado, por ser considerado uma peça publicitária, ele pode ser um dos trabalhos mais bem remunerados na indústria da moda.

Atualmente, devido à versatilidade das mídias digitais e sua competitividade em relação à mídia impressa, os catálogos estão migrando da fotografia para o filme. No caso de um catálogo digital, uma proposta de trilha sonora pode ser acrescentada ao *storyboard*.

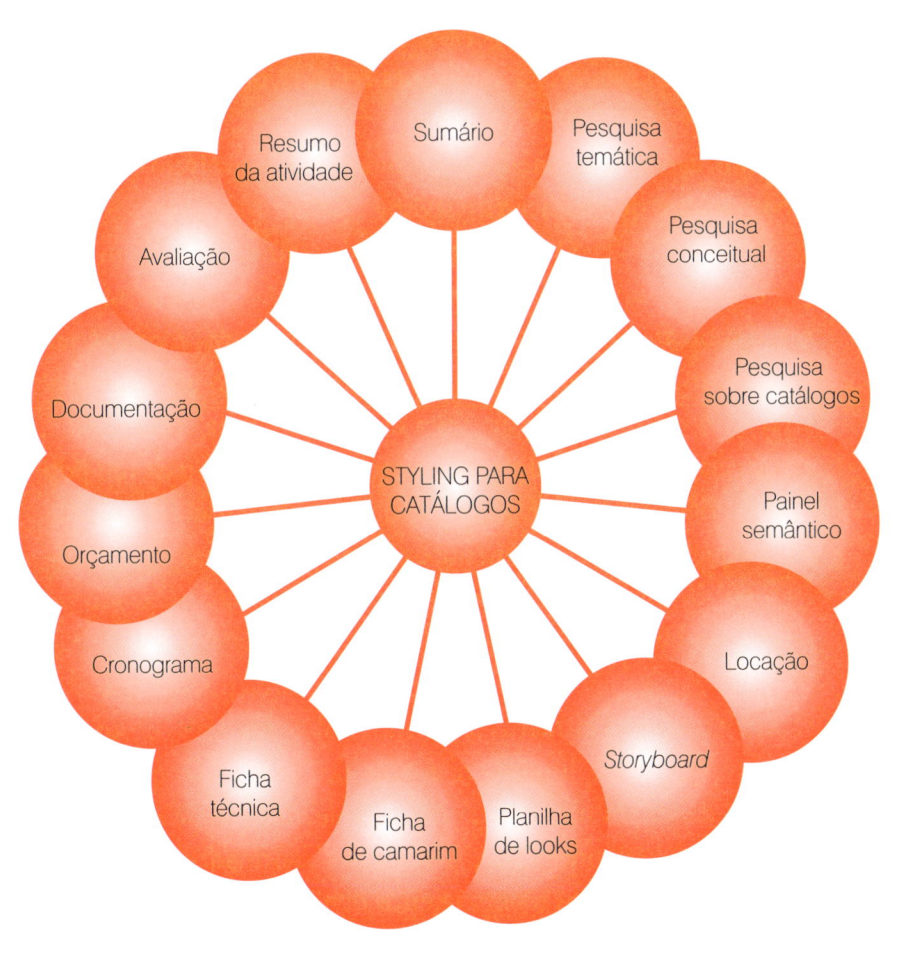

Styling para catálogos.

A figura anterior mostra como o styling para catálogos repete alguns dos processos do styling para desfiles, porém envolve também locação e *storyboard*. A locação indica se a sessão de fotos ocorrerá no estúdio ou externamente. O *storyboard* orienta a ordem de sequência da produção fotográfica. No filme, deve indicar a sequência de tomadas (*takes*) e o detalhamento de cada cena e/ou imagem. Devem-se incluir no orçamento despesas com transporte, alimentação e hospedagem (se houver) da equipe, assim como custos para montagem do camarim, sem esquecer a verba para retirada, devolução e manutenção das peças.

Vejamos agora, resumidamente, como se desenvolvem projetos para outras áreas de aplicação do styling.

- **PUB EDITORIAL** – O pub editorial pode seguir a linguagem conceitual de um editorial de moda, apesar de ser uma ferramenta publicitária, portanto um híbrido de editorial e comercial. Costuma acompanhar a linguagem e o projeto gráfico editorial do veículo, portanto, trata-se de uma mídia customizada, ou seja, feita sob medida. A produção de imagem para um pub editorial pode tomar mais liberdades e utilizar outros produtos que não necessariamente os da marca. Em um espaço editorial do próprio veículo, dificilmente todas as peças são do mesmo fornecedor.

- **VÍDEO EDITORIAL** – Os recursos multimídia da internet possibilitam um novo formato para o editorial de moda, ao promover convergência da linguagem fotográfica com a cinematográfica. Videoclipes musicais, curtas-metragens, animação e filmes publicitários conceituais, geralmente destinados a projetar conceitos abstratos (como cheiros de marcas de perfume, por exemplo), são algumas das referências para essa mídia emergente, que abre novos campos para a criação de imagem e o styling.

- **PERSONAL STYLING** – Uma atividade de personal styling pode ser articulada como uma ação de *product endorsement*, ou seja, pode trabalhar o endosso de um produto por uma personalidade pública. Na atividade de personal styling, além das ferramentas comuns a outras atividades da área, como o painel semântico e as fichas de camarim, são apresentadas uma cartela de cores e um estudo de formas.
- **ASSESSORIA DE IMPRENSA** – Em assessoria de imprensa, o stylist pode contribuir com produção do *release* "não verbal", ou seja, com as imagens que acompanham o texto escrito no *press kit* (material informativo destinado à imprensa). Assim como ocorre no *release* verbal, as imagens devem interpretar o universo do estilista, da marca e da coleção.

Nas diferentes atividades de styling, alguns processos são recorrentes, como a montagem da planilha de looks, da ficha técnica, do cronograma, da documentação e da avaliação. Esses processos também são antecipados no projeto, por meio da representação gráfica.

A planilha de looks define o conjunto de peças de vestuário a serem utilizadas, seja na cena da foto ou filme, seja na sequência de entradas do desfile ou nas diferentes situações de uso, no caso do personal styling. A ficha técnica inclui todas as empresas e profissionais prestadores de serviço que participaram do projeto de criação de imagem, enquanto o cronograma traz uma contagem regressiva de todas as atividades previstas até a realização da atividade.

Quanto à documentação, caso haja a participação de pessoas físicas (modelos), elas deverão assinar uma licença de uso de imagem (LUI). No caso de locação para produções externas, deve ser obtida com o responsável a autorização para o uso do espaço. Já a avaliação deve ser realizada após o desenvolvimento da atividade, como forma de mensurar os resultados em relação aos processos e objetivos almejados.

As figuras a seguir mostram algumas fichas utilizadas no projeto laboratorial para representar os diferentes processos de criação de imagem.

STORYBOARD/EDITORIAL
PERSONAGENS

GAROTO 1	CACHORRO 1
GAROTO 2	CACHORRO 2
GAROTO 3	
GAROTA 1	
GAROTA 2	

Foto – Descrição

1	"Título e foco nas mãos juntas de 2 meninos segurando o cachorro 1, como se o fotógrafo estivesse passando de moto no local e visse a cena.
2	Os 3 garotos abraçados segurando os cachorros como se fosse o clímax.
3	No canto, os 3 garotos conversam e se tocam, deixando os cachorros de lado. Ver tabelas de looks.
4	No centro da cena, aparecem duas garotas segurando balões, e um ar descontraído toma a cena. Looks com cores doces.
5	Todos no centro olhando para os balões.
6	Os garotos largam os cachorros e começam a segurar os balões e as garotas ficam sorridentes.

Planilha de Looks

Colunas 1	Colunas 2	Colunas 3	Colunas 4
Peças	*Look 1*	*Look 2*	*Look 3*
Top			
Bottom			
Acessório			
Acessório			
Acessório			
Acessório			
Casado			
Total de PCS			
Custo Look			

Ficha de camarim

Ficha do Camarim		*Coordenador de Camarim:*	
Empresa:	*Estilista:*		*Entrada*
	Stylist:	Produtor de moda:	
Beauty/Artist:			Modelo:
Make–Up/Hair			
			Nº de calçados
Look			

Planilha de custo

Atividade	Valor unitário	Valor total	Condições de pagamento	Datas pagamento	Forncecedor

Ficha técnica

Fornecedor	Contato/ Cargo	Tel.	E-mail	Endereço

APRESENTAÇÃO

Conforme dito, a terceira e última fase do projeto laboratorial de criação de imagem é a apresentação. Nessa fase, as fichas e outras ferramentas gráficas são utilizadas para ilustrar o processo de criação. A configuração do projeto e as diferentes escolhas feitas, como a dos prestadores de serviços (fotógrafos, modelos, profissionais de maquiagem e cabelo), são justificadas pela definição temática, com suas interpretações conceituais e seu desenvolvimento em ações de criação de imagem.

Considerações finais

Devido a seu conhecimento sobre os processos de criação de imagem, os stylists tornaram-se profissionais flexíveis e multitarefas, na mídia e na moda. Desenvolvem atividades diversas, tais como as de editor de moda ou até mesmo editor-chefe, diretor de arte, diretor criativo, DJ, VJ, *cool hunter* ("farejador de tendências") e produtor de conteúdo. Entre os profissionais midiáticos, provavelmente são os que atravessam com mais naturalidade os espaços editoriais e comerciais.

BIBLIOGRAFIA

BARNARD, Malcolm. *Moda e comunicação*. Rio de Janeiro: Rocco, 2003.

BARTHES, Roland. *Elementos de semiologia*. 16ª ed. São Paulo: Cultrix, 2006.

BLOCH, Phillip. *Elements of Style: From the Portfolio of Hollywood's Premier Stylist*. Nova York: Warner Books, 1998.

DUNGAN, Ginger Gregg. "O maior espetáculo da Terra: os desfiles de moda contemporâneos e sua relação com a arte performática". Em *Fashion Theory: a Revista da Moda, Corpo e Cultura*, 1 (2). São Paulo: Anhembi Morumbi, 2002.

ELLIOT, Philip. "Media organizations and occupations: an overview". Em CURRAN, James; GUREVITH, Michael; WOOLLACOTT, Janet (orgs.). *Mass Communication and Society*. Londres: Edward Arnold, 1997.

EVANS, Caroline. "O espetáculo encantado". Em *Fashion Theory: a Revista da Moda, Corpo e Cultura*, 1 (2). São Paulo: Anhembi Morumbi, 2002.

EWEN, Stuart. *All Consuming Images: The Politics of Style in Contemporary Culture*. Nova York: Basic Books, 1999.

FAÇANHA, Astrid. *A moda em ação: entre pigmentos, scrapt books e passarelas*. Dissertação de mestrado. Rio de Janeiro: UFRJ/IBICIT, 1999.

_____. "Especializações em moda". Em *World Fashion*, ano X, nº 80. São Paulo:: s/ed., set.-out. de 2006.

_____. "Inspirado e encantado". Em + *Varejo*, ano V, nº 9. São Paulo: s/ed., jan.--fev.-mar. de 2008.

_____. "Olhar crítico e sem censura". Em *World Fashion*, ano XI, nº 83. São Paulo: s/ed., abr.-mai. de 2007.

GOFFMAN, Erving. *The Presentation of Self in Everyday Life*. Londres: Penguin, 1975.

KOTLER, Philip. *Marketing para o século XXI*. Rio de Janeiro: Ediouro, 2009.

McROBBIE, Angela. *British Fashion Design: Rag Trade or Image Industry?* Londres: Routlege 1998.

POLHEMUS, Ted. *Style Surfing: What to Wear in the 3rd Millennium*. Londres: Thames and Hudson, 1996.

RUCKIE, Marie. *Os efeitos da mídia na moda*. São Paulo: Escola São Paulo, 2007.

SHELDON, Roy & ARENS, Egmont. *Consumer Engineering: A New Technique for Prosperity*. Nova York/Londres: Harper and Bros., 1932.

TUNSTALL, Jeremy. *Journalists at Work*. Londres: Routlege, 1971.

WIDDOWS, Lee & McGUINNESS, Jo. *Catwalk: Working with Models*. Londres: Batsford, 1996.

_____. *Image-makers: Professional Styling, Hair and Make Up*. Londres: Batsford, 1997.

PARTE II
Imagem de moda: experiências, linguagens e conexões

Tecendo imagens do tempo vivido: o design de imagens do corpo

Kathia Castilho

Resumo

Na amplitude da moda contemporânea, este artigo analisa a produção incessante e múltipla de imagens constitutivas da arquitetura cultural do sujeito social. Atualmente, esse sujeito social reveste-se de características que inauguram novas relações de tempo e espaço e geram avidez no consumo de produtos e desejos, de objetos e imagens que estabelecem desde questões práticas e utilitárias até valores subjetivos e simbólicos em torno do corpo e da moda. Cada vez mais constatável, a geração desses valores constitui um objeto de análise sumamente interessante.

Introdução: corpo e imagem no mundo contemporâneo

No século XX, a sociedade passou por mudanças bastante significativas, entre as quais se destaca a ampliação do espaço ocupado pelas mídias, o que provocou, entre outras consequências, alterações nos sistemas de valores sociais que reorientaram o comportamento e as relações humanas. Inserida nesse novo cenário, a moda, como sistema que responde com grande agilidade às demandas incessantes por inovação, criou formas de manifestação que reafirmaram sua importância como segmento cultural e econômico.

Ao apropriar-se dos discursos de ritmo, aceleração, simultaneidade, globalização, anulação do tempo e do espaço, entre outros que fundam a percepção do contemporâneo, e ao absorver, ainda, o advento das novas tecnologias, da agilidade, da vida social intensificada, do espaço urbano ou da exteriorização do sujeito ampliados e potencializados pelas novas mídias, a moda tornou-se palco para importantes transformações. Sem dúvida, tais transformações caracterizam novas modalidades de relação, comunicação, e também notáveis mutações socioculturais.

Observa-se, de fato, um novo sujeito contemporâneo que, ao se aproximar da moda, passa a instigar o consumo não apenas de produtos, mas também de imagens, modelos diferenciados de corpos, estilos de vida, em uma crescente ressignificação do tempo e do espaço, que se evidencia pela reorganização da imagem do corpo, ou mais especificamente de imagens do corpo *da* e *na* moda. Entende-se, portanto, a moda atual como um processo de transformação incessante da aparência do corpo, que responde a estímulos de identificação e diferenciação decorrentes de mudanças cíclicas em relação às preferências e escolhas do sujeito em seu modo de ver, perceber e manifestar valores individuais e sociais.

Esses "novos" valores ditados e construídos pelo discurso da moda não dizem respeito apenas à forma de vestir ou revestir o corpo, mas de elaborar e reedificar novas aparências. Nelas, o corpo é projetado cuidadosamente em sua efetiva apresentação social, tornando-se poderosa mídia do discurso da moda, que elabora e promove variações constantes, em ritmo cada vez mais intenso, promovido, aliás, pelo próprio sistema na imagem e na aparência do sujeito.

Nosso interesse aqui é discutir como e por que foi agregada ao corpo uma função de **visibilidade publicitária**. A nosso ver, essa visibilidade pode ser classificada em duas grandes categorias: uma em que o próprio corpo é manifestado como mídia, o corpo circula promovendo sentidos; outra em que a mídia é o próprio corpo, ou seja, o corpo faz parte de cenários e imagens subjetivas que constituem novos sentidos e um novo imaginário de mundos e referências possíveis. Esses mundos e referências deslocam-se rumo à subjetividade, ao lúdico, à fábula. Com eles, o corpo contemporâneo encontra novas maneiras de manifestar-se, de fazer-se ver e perceber, por exemplo, nas imagens publicitárias. Para compreender essas manifestações, precisamos levar em conta as construções imagéticas do corpo na bidimensionalidade da mídia impressa ou virtual, em que diferentes linguagens se articulam para expressar sentidos e construir **mundos possíveis**.[1]

A decoração do corpo e mais recentemente a moda – entendida como forma de alteração e manipulação da aparência e da significação do corpo em ação – são referências essenciais para a antropologia, a sociologia e todas as ciências que de alguma forma se

---

[1] Mundos possíveis é um conceito desenvolvido por Semprini (2009) ao tratar da contemporaneidade das marcas.

interessam em estudar o sujeito em sua condição sociocultural. O desejo de aproximar-se do outro ou do grupo, ou mesmo de imitá-los, dá-se inicialmente por meio da aparência, que se constrói frente à exposição a determinados valores e à sua aceitação. Tais adequações do corpo adornado e vestido, preparado para entrar na cena social, revelam a necessidade de pertencimento, de ser aceito e participar de determinado grupo, bem como criar novos cenários e possibilidades de investimentos estéticos e estésicos. Essa necessidade manifesta-se na criação de novos espaços de visibilidade, de relação e de significação do sujeito. Isso significa que é possível pensarmos o corpo ou, mais precisamente, a **imagem do corpo** como mediadora e reivindicadora de novos espaços e modos de atuação, de inserção em novos padrões e valores que dialoguem com os antigos, mas também edifiquem outros novos.

Em 1895, Simmel (1988) já concebia a moda como uma combinação de duas características concomitantes: de um lado, a imitação/universalização e, do outro, a distinção/particularização. Essas tendências antagônicas formam a aparência e a apresentação do sujeito, que anseia simultaneamente pela igualdade e pela singularidade.

Design-ando modelos

Conceituações e definições várias a respeito de moda circulam nas mídias, nos ateliês, entre os produtores, nas passarelas, no cotidiano, etc. Elas apontam novos horizontes e revelam a aproximação desse segmento em relação a novas áreas, propondo, assim, correlações por vezes inesperadas. Parece-nos fora de questão desconsiderar, hoje, a moda como linguagem, em razão tanto de seu alcance como das relações que ela estabelece com outros sistemas de comunicação. Por meio desse sistema de significantes e significados que aqui se inter-relacionam, a moda é também uma das maneiras de os sujeitos construírem **pareceres** e, por eles, estabelecer seus modos de ser e estar no mundo. Cabe destacar que cada uma dessas opções, cada um dos recortes utilizados para se constituir na aparência desejada possui sentido no próprio conjunto de relações que o constrói e também na relação que o sujeito estabelece com o outro.

O design do corpo ou da imagem de moda do corpo contemporâneo transita entre os valores próprios de nosso tempo e de nosso espaço. Linguagem primeira do homem, o corpo nos dias atuais manifesta-se a partir dos recursos da moda e do design e se mostra contundentemente como corpo publicitário – tanto o corpo que todos nós somos e habitamos como aqueles divulgados pelas diversas mídias com as quais nos defrontamos no dia a dia (se é que essa diferenciação ainda é possível). De certo, as imagens publicitárias de moda oferecem-nos um grande repertório paradigmático, amplo e múltiplo, para a investigação e o reconhecimento dos modos de ser do corpo e dos valores e questões que a ele subjazem. Cada uma das escolhas realizadas pelo sujeito em relação à moda do corpo é uma concretização, uma materialização de sua subjetividade, uma vez que a moda, ao proporcionar diferentes modos de ser visto, pode ser considerada como um ato de presença do próprio sujeito no mundo. Nas escolhas do configurar-se, do redesignar-se, do revestir-se, evidencia-se uma imagem, um simulacro de um sujeito que dialoga com os discursos de seu tempo e se apresenta figurativizado pelos traços da moda, traços esses que, inseridos em seu corpo, o tornam publicitário dos valores e dos estilos de vida com os quais se relaciona.

Nessa perspectiva, entendemos então a moda como modo de presença que dá existência ao sujeito em seu tempo e espaço, alicerçando, com sua edificação estética, sua aparência, sua construção identitária. Consequentemente, a moda também tem um caráter social, quer de identificação, quer de pertença, quer de distinção, etc. que se anuncia midiaticamente. Como ato, performance de instauração do sujeito, como escolhas realizadas a partir de sua subjetividade, a moda e mais precisamente a imagem de moda apresentam traços enunciativos que contribuem para a aparência que se constrói do sujeito nas publicidades. Afinal, estamos no universo das construções de pareceres, conforme afirma Landowski:

> [...] as formas que a moda (como fenômeno geral) articula diferencialmente (diversificando-se na proporção da variedade dos segmentos do público que ela toca) agem, pelo menos em teoria, tanto como máscaras, quanto como reveladores: se elas servem o mais das vezes para dizer as identidades, elas podem, por outro lado, se transformar a cada instante em meios de as travestir ou de as simular. (Landowski, 2002, p. 96)

Existe um histórico de numerosas pesquisas e publicações sobre moda, principalmente nos continentes europeu e norte-americano, de modo que é possível encontrar uma ampla bibliografia sobre o assunto. Desenvolvida ao longo do século XX, essa bibliografia dá importante contribuição ao entendimento do que vem a ser o segmento da moda. Exemplo disso são os trabalhos desenvolvidos pelo filósofo francês Gilles Lipovetsky, que também considera a moda como linguagem e aponta para sua mudança e importância, quando afirma:

> A moda, entendida como uma leitura de comportamentos, deixou de ser vista como algo fútil e superficial. A sua linguagem é dinâmica e inclui pensamentos, cultura e valores que levaram ao estudo do tema como um sistema de moda que une a negação do poder imemorial do passado tradicional, a febre moderna das novidades e a celebração do presente social. (Lipovetsky, 1989, p. 158)

Vale ressaltar que a moda, aqui, é entendida como manifestação de traços culturais em que são agregados valores tanto para os sujeitos, individualmente, como para os grupos sociais. Assim, a manipulação de imagem e aparência do sujeito que a moda impõe pode ser entendida como um modo de presença, como uma das possíveis construções da existência ou como resultante da composição/combinação identitária do sujeito.

A aparência, de fato, determina a forma pela qual os sujeitos se manifestam, como se oferecem ao olhar do grupo, que estabelece juízos de valor e relações com as questões do tempo que esses corpos, essas imagens, nos fazem ver/ler. O corpo contemporâneo questiona os limites e os suportes do sujeito na construção e no consumo de sua aparência cotidiana, bem como no trânsito e extensão de seu ser e estar amplificado nas mídias. Assim, é a interação entre a imagem da **moda do corpo** e o **mundo contemporâneo** que nos possibilita compreender as novas relações da contemporaneidade, visto que essa associação de imagens traz em sua constituição traços destes tempos atuais e mostra-se a partir de moda(s) instauradora(s) de novas propostas desse corpo. Com a consolidação das novas tecnologias nas culturas, os aparatos multiplicaram-se, dando ao corpo essa mesma possibilidade de variação e alteração antes vista apenas nos trajes e acessórios que o cobriam. Esse corpo, então, **incorpora**, por exemplo, a aceleração que constrói o tempo presente, cujas marcas vão se manifestar em sua constituição, modificando seu próprio formato e materializando traços da subjetividade do sujeito, que, inserido em formações discursivas que valoram a publicidade dos corpos, "publiciza" a si mesmo.

Podemos verificar que as relações entre moda e corpo, diante da aceleração dos meios na era da globalização, prenunciam corpos "diferenciados", que, exaltados em sua fisicidade manifestada como construção cênica, passam a ser eleitos pela moda e divulgados cada vez mais amplamente por meio de mídias diversas. Especialmente nos anos 1990, chamavam nossa atenção certos corpos que habitavam a publicidade e editoriais de moda e, de alguma forma, intimidavam e desestabilizavam, respectivamente, o olhar e os padrões de apresentação[2] e exposição.

De fato, a mídia – especialmente revistas femininas ou especializadas em moda – apresentava naquele momento várias estratégias inusitadas nesses novos discursos imagéticos, que começavam a conceber o corpo como palco de uma contínua metamorfose de referências, como espaço aberto a novas inscrições que evocavam novas leituras e significações e traziam como marcas do contemporâneo e de idealização novos códigos de acesso. Tais discursos imagéticos, aliados à vivência na web, no crescimento da virtualidade que nos circunda, desencadearam novas formas de entender a imagem do sujeito e seu corpo como valores atrelados a possíveis construções de presentificação de novas formas de ser e novas reflexões.

Lidar com o contemporâneo impõe, de fato, uma série de dificuldades, de limitações e, muitas vezes, de contaminações. Sabemos que as transformações culturais direcionam a moda a entender o ser humano em dado tempo e espaço, e que sua leitura vai redesenhando o corpo desse sujeito a partir de certas eleições de valores e da materialização do que se evidencia sobre o corpo para nossa percepção. Isso nos faz questionar: o que se inscreve em nossos corpos, quais valores socioculturais se atrelam e se emaranham na forma de exibirmos nossa imagem ou, ainda, quais os imaginários que se constituem e se arquitetam na forma como elaboramos nossa aparência cotidiana?

É nos corpos publicitários que podemos observar as possíveis estratégias de sobrevivência e permanência de nosso tempo. Podemos entender seus espaços – muitas vezes inéditos – de circulação, os significados de sua aparência e como se relacionam com o contemporâneo. Nessas imagens verificamos, sobretudo, a dissolução e a desmaterialização do corpo, que transita em novas mídias e, nesse

---

[2] Para maior aprofundamento, ver Silvana Holzmeister, *O estranho na moda* (São Paulo: Estação das Letras e Cores, 2010).

movimento, parece perder algumas referências de território, de tempo e espaço, ao mesmo tempo em que encontra outras categorias, como a de espaços e tempos simultâneos, a do adensamento de eus e a da representação imagética dos corpos nas fotografias veiculadas. Além disso, o corpo contemporâneo constrói-se como texto que reescreve, reinterpreta, distancia-se, e a ele são agregados diferentes efeitos de sentido, muitas vezes inclusive de excesso em relação às suas novas conformações imagéticas, fato que desencadeia uma **inflação de imagens** do corpo e da moda sem precedentes.

O corpo configura-se como texto cultural no qual se instauram linguagens que convocam de modo preponderante a sensorialidade. As relações são inicialmente estabelecidas no próprio corpo; depois, por meio de manifestações da moda e, por fim, graças às novas tecnologias, em uma modelagem complexa na presentificação e na reatualização constante do corpo, realizadas nos níveis endodérmico, epidérmico e extradérmico e na extensão e prolongamento da imagem do corpo que se insere nas novas mídias. De fato, as inovações tecnológicas interferem na constituição do corpo e, no mundo contemporâneo, a aceleração do tempo e a proliferação de espaços outros contribuem para que o corpo passe por modificações que dizem respeito não apenas às formas de ele marcar presença no mundo, mas também à maneira de se defrontar consigo mesmo – em busca de novos valores e estilos de vida.

Tanto na aparência manifestada como nos fazeres realizados, seria possível apreender uma das formas de constituição da subjetividade dos sujeitos. As novas formas de presença que instauram os corpos publicitários alteram as relações intersubjetivas, e isso, sem dúvida, reflete-se no comportamento do corpo social, já que a experiência proposta por esses corpos expostos pelas mídias e publicitários de si mesmos é **encarnada** como propostas de estilos de vida que apreendem possíveis modos de **manifestação pessoal, temporal e espacial** orientados pelo mundo contemporâneo. No primeiro caso, multiplicam-se os sujeitos; no segundo, tornam-se concomitantes tempos que se manifestam por meio de efeitos de imediatez, de tempo real e, por fim, no terceiro caso, os espaços tornam-se também múltiplos, possíveis de serem coabitados pelos sujeitos adensados.

A aparência do sujeito contemporâneo está pautada, assim, pela combinação de traços diferenciados, descontínuos, que consolidam a construção de diferentes eus. Consequentemente, a multiplicidade e a extensão desses eus revelam traços de subjetividade, concretizada nos modos de presença por meio do exponenciamento desses mesmos traços. Proliferação de imagens, excesso de espelhos que refletem modos cada vez mais adensados de ser e habitar a contemporaneidade. O que vemos refletido são inúmeras possibilidades de constituição do parecer que exige competências subjetivas, cognitivas e culturais no adensamento da imagem. Revela-se aí o sujeito da ação social, o ser que se desloca, em muitos pareceres, em muitas imagens que se revelam nesta contemporaneidade.

BIBLIOGRAFIA

BAUMAN, Zygmunt. *Modernidade líquida*. Rio de Janeiro: Zahar, 2001.

LANDOWSKI, Eric. *Presenças do outro: ensaios de sociossemiótica II*. Trad. Mary Amazonas Leite de Barros. São Paulo: Perspectiva, 2002.

LIPOVETSKY, Gilles. *O império do efêmero: a moda e seu destino nas sociedades modernas*. Trad. Maria Lúcia Machado. São Paulo: Companhia das Letras, 1989.

SEMPRINI, Andrea. *A marca pós-moderna*. São Paulo: Estação das Letras e Cores, 2009.

SIMMEL, Georg. *La tragédie de la culture et autres essais*. Paris: Petite Bibliothèque Rivages, 1988.

Divagações sobre impermanências, imanências e representações

Beatriz Ferreira Pires

Resumo

Imbricados, corpo e veste tecem qualidades pertencentes a diferentes ordens e tornam possível a construção de diferentes relações inteligíveis. Imbricados, corpo, veste e demais adereços – materiais ou não – forjam inúmeras e variadas edições de hábitos, práticas, aspirações e ações relacionadas a assuntos e ideias que estejam em destaque no momento em que essa aparência é engendrada. Tais edições ora reforçam costumes cotidianos e conceitos conhecidos, ora apontam para o inabitual, o inesperado, o infrequente. Quando fogem do que é costumeiro e apontam para o insólito, normalmente retiram o espectador de sua área de conforto, de aconchego, e o colocam diante de novos questionamentos, sensações e possibilidades.

DIVAGAÇÕES SOBRE IMPERMANÊNCIAS, IMANÊNCIAS E REPRESENTAÇÕES

Introdução: corpo reverso

> "Os estranhos exalam incertezas onde a certeza
> e a clareza deviam ter imperado."
>
> Zygmunt Bauman, *O mal-estar da pós-modernidade*

No meio do desfile, sobre a passarela vazia, as luzes se apagam. A escuridão é interrompida por um retângulo vazado em cujo interior flutuam, alinhadas em alturas diferentes, as palavras: *Young Blood*.[1] Segurando a inscrição está Zombie Boy.

Em sua primeira aparição, Zombie Boy, de calça preta e sem camisa, é visto apenas de costas no momento em que se retira da passarela.

Até aquele momento, as peças da coleção primavera/verão 2011-2012 apresentada no Fashion Rio pela Ausländer traziam uma gama de cores claras – predominantemente beges e crus – e de cores fortes – vermelhos e azuis. Elemento comum a várias das composições que cruzaram a passarela antes do *blackout*, um pequeno crucifixo pendia rente ao pescoço de alguns modelos.

Marco estabelecido, da escuridão surgem peças pretas e brancas, cores que Zombie Boy ostenta em sua segunda entrada. Nesta, livre do neon e da escuridão, ele expõe parte das tatuagens, todas feitas com pigmento preto, que recobrem quase a totalidade de seu corpo – exceção feita à perna direita.

Zombie Boy é o nome pelo qual o canadense de 25 anos Rick Genest é conhecido. Até aproximadamente seis meses antes, quando foi descoberto pelo designer e stylist Nicola Formichetti e começou a

---

[1] "Sangue novo", em tradução literal.

participar de desfiles e ensaios fotográficos, Rick atuava como *performer* em shows alternativos ou *freak* shows no subúrbio de Montreal. Suas apresentações envolviam cenas de terror, suspensão corporal e o truque de engolir fogo.

Rick pertence ao grupo de indivíduos que utilizam as inúmeras técnicas da *body modification* para adquirir uma aparência física dessemelhante da humana. Adeptos dessa prática transformam estética e/ou funcionalmente seus corpos de modo bi ou tridimensional, seja pela alteração da textura e/ou da cor da pele, seja pela alteração das formas da silhueta – o que pode ser feito tanto por acréscimo ou decréscimo, como por bipartição. Quando tal alteração das formas se dá por acréscimo, é feita com a aquisição de elementos que não pertencem ao rol dos inatos e que, por esse motivo, distanciam esteticamente seus possuidores da espécie a que pertencem.

No caso de Rick, o que o distancia esteticamente da espécie humana não é tanto o material dos acréscimos feitos à sua pele, que nada mais são do que tatuagens, mas o fato de eles cobrirem quase todo o seu corpo e o fato de imitarem um esqueleto, dando a impressão de migrar de dentro para fora da carne.

No grupo dos adeptos da *body modification* existem indivíduos que adquirem marcas corporais esporádicas e de modo "aleatório" e indivíduos que as adquirem em um projeto preestabelecido. Rick – cujo apelido Zombie Boy é anterior às modificações corporais – pertence a essa segunda categoria. Suas tatuagens revelam o interior do corpo humano. Colocam em evidência o esqueleto e parte das vísceras. Colocam em evidência o que deveria estar oculto, o avesso. Colocam em evidência o que deveria permanecer envolto na escuridão, mas que, assim como sua entrada na passarela, ganha a luz.

Estranho, sublime, avesso

Sigmund Freud define como estranho (*unheimlich*) tudo aquilo que deveria permanecer secreto, oculto, mas que veio à luz: "[...] pois esse estranho não é nada novo ou alheio, porém algo que é familiar e há muito estabelecido na mente, e que somente se alienou desta através do processo da repressão" (Freud, 1976, p. 301).

Além de ossos, vísceras e alguns desenhos adquiridos antes da elaboração do projeto, Rick traz no corpo representações de vermes e insetos, que apontam para o estado de putrefação. Imagens associadas à decomposição da matéria orgânica – do corpo – despertam sentimentos e sensações que se enquadram na teoria desenvolvida em meados do século XVIII por Edmund Burke sobre o conceito de sublime. Diz Burke:

> Tudo que seja de algum modo capaz de incitar as ideias de dor e de perigo, isto é, tudo que seja de alguma maneira terrível ou relacionado a objetos terríveis ou atua de modo análogo ao terror constitui uma fonte do sublime, isto é, produz a mais forte emoção de que o espírito é capaz. [Digo a mais forte emoção, porque estou convencido de que as ideias de dor são muito mais poderosas do que aquelas que provêm do prazer (...)] (Burke, 1993, p. 48)

Objetos sublimes, conforme a definição de Burke, corpos como o de Zombie Boy, vistos por muitos como causadores de fascínio e horror, atuam instigando novas percepções, novas traduções e novas estéticas. Ser possuidor de uma estética inumana faz do indivíduo um estrangeiro, um estranho entre seus iguais.

Contexturas: textuais e texturais

A palavra alemã *Ausländer*, que nomeia a marca promotora do referido desfile, significa "estrangeiro". Um dicionário de língua portuguesa oferece a seguinte definição de *estrangeiro*:

1. que ou o que é de outro país, que ou o que é proveniente, característico de outra nação. 2. que ou o que não pertence ou que se considera como não pertencente a uma região, classe ou meio; forasteiro, ádvena. Do latim extranèus,a,um "o que é de fora", de extra "fora" (Dicionário eletrônico Houaiss)

Chevalier e Gheerbrant (2002, p. 403), em seu *Dicionário de símbolos*, apontam que "o termo 'estrangeiro' simboliza a situação do homem. Com efeito, quando Adão e Eva são expulsos do Paraíso, abandonam sua pátria e possuem, a partir desse momento, estatuto de estrangeiro, de migrado". Dessa forma, todo descendente de Adão e Eva "é um hóspede de passagem, um estrangeiro em qualquer país em que se encontre, e até mesmo em seu próprio país" (*ibidem*). Já para *zumbi*, o citado dicionário de língua portuguesa oferece a seguinte definição: "1. Alma que vagueia a horas mortas. Quimbundo *nzumbi*: espírito; espírito atormentado" (Dicionário eletrônico Houaiss).

A tessitura destas duas palavras – *Ausländer* e *zumbi* ou *zombie* –, acrescida de *boy*, já oferece material suficiente para traçarmos inúmeras aproximações, sobreposições e devaneios. Mas a elas ainda se somam as duas palavras escritas em neon – *Young, Blood* – e o tema da coleção: "We all want to be young".[2]

Amálgama. Fusão. Mixórdia de oralidades e vocábulos que enriquecem e encorpam o ajuntamento de elementos de diferentes naturezas, pertencentes a diferentes esferas – materiais ou não –, tais como os pequenos crucifixos usados por alguns modelos, pendentes sob o pescoço, parte do corpo que liga a cabeça ao tronco e simbolicamente representa "a comunicação da alma com o corpo" (Chevalier & Gheerbrant, 2002, p. 715).

Referência interessante a essa parte da anatomia é feita pelo personagem John Milton, interpretado por Al Pacino no filme *O advoga-*

---

[2] "Todos queremos ser jovens", em tradução literal.

do do diabo (1997): "[...] tem todo o mistério de uma fronteira. Uma terra de ninguém nessa guerra entre a mente e o corpo".

Rede imbricada de significados, o referido desfile contou também com o modelo sérvio Andrej Pejic, de vinte anos. Trazido para o universo da moda por Carine Roitfeld e possuidor de uma estética andrógina, Pejic entrou na passarela ora portando um traje que, atualmente em nossa sociedade, é predominantemente destinado ao sexo feminino, ora vestindo um traje destinado ao sexo masculino. A versão feminina do traje possuía a seguinte inscrição na altura do peito: "Oh Lord, I have sinned".[3]

Ao desfilarem, Zombie Boy e Andrej Pejic colocam sob os holofotes dois corpos que se distinguem da enorme quantidade de heterogeneidades homogêneas que habitam a maioria das passarelas, dos editoriais e fotografias de moda, que com raras exceções apresentam corpos fisicamente similares entre si e semelhantes ao padrão de beleza momentaneamente estabelecido como tal.

Contexturas: performáticas, espetaculares

Corpos possuidores de estéticas diferentes, como o de Andrej Pejic, e corpos cobertos de tatuagens, como o de Zombie Boy, considerados uma "maravilha", um "fenômeno", são ostentados há séculos por um grupo de indivíduos denominados *freaks*. Como lembra Leite Jr. (2006, p. 196), "o termo *freak* já era usado na Inglaterra do século XVII para designar algo esquisito, fantasioso".

Pertencia ao grupo de corpos estranhos, que podiam ou não possuir habilidades inusitadas, tanto indivíduos que modificavam espontaneamente o corpo como aqueles cuja particularidade resultava de caracteres físicos hereditários, anomalias genéticas ou ocorrências não desejadas.

---

[3] "Oh, Deus, eu pequei", em tradução literal.

Outrora atração das feiras de curiosidades e circos, os corpos transformados e/ou diferentes desses indivíduos, causadores de fascínio e horror, despertavam profundo desconforto nos espectadores. Despertavam e, com certa frequência, ainda despertam. Para muitos, um desconforto não tão veemente como o de antigamente, mas ainda assim capaz de produzir, com maior ou menor intensidade, reações que se distanciam das habituais.

Das modificações adquiridas espontaneamente a primeira técnica assimilada pela sociedade e incorporada pela moda foi a tatuagem:

> Nos anos 70, ela iniciou o processo de sair da clandestinidade e de deixar de ser vista como uma marca underground. Duas grandes exposições, uma realizada no Museum of Folk Arts em Nova York, no ano de 1972, e outra no Centro George Pompidou em Paris, no ano de 1977, ajudaram a aceitação e despertaram em muitos o desejo de possuir ao menos uma dessas marcas. (Pires, 2005, p. 75)

No Brasil, essa técnica começa a se desvincular da marginalidade com a música "Menino do Rio". Composta e interpretada por Caetano Veloso, a canção foi gravada no álbum *Cinema transcendental*, lançado em 1979:

> Menino do Rio
> Calor que provoca arrepio
> Dragão tatuado no braço
> Calção corpo aberto no espaço
> Coração, de eterno flerte
> Adoro ver-te... (Veloso, 1979)

A década de 1970 é também a década na qual os estilistas começam a realizar desfiles em locais inesperados, com *performances* cada vez mais ousadas e inovadoras. Os desfiles-espetáculos oferecem materialmente ao público não somente modelos de roupas, mas também modelos de corpos.

Da marginalidade para as passarelas: o corpo de Zombie Boy, quase totalmente tatuado, é um dos inúmeros representantes de uma tribo contemporânea que, a cada dia que passa, ganha novos adeptos – os *modern primitives*. Esse termo identifica os indivíduos que alteram suas silhuetas com a aquisição de adornos ou marcas corporais. Foi criado em 1967 por Fakir Musafar,[4] um profundo conhecedor – teórico e prático – das inúmeras técnicas utilizadas por diferentes sociedades, desde as mais longínquas no tempo ou no espaço, para modificar o corpo.

Os *modern primitives* atrelam a apreensão do mundo e a aquisição de conhecimento não apenas ao exercício da razão e da lógica, como comumente ocorre em nossa sociedade, mas sim à associação destas às sensações, à faculdade de perceber por meio dos cinco sentidos. Para tal, esses indivíduos colocam o corpo físico como centro de suas experiências.

No que diz respeito ao espetáculo, o referido desfile da Ausländer não foi realizado em um lugar inusitado, nem utilizou um cenário mirabolante. Nele a qualidade de inabitual, atípico, invulgar, fez-se presente e materializou-se principalmente pelos corpos de Zombie Boy e de Andrej Pejic.

Contexturas: tempo-espaciais

"Todos nós queremos ser jovens." Desejo cada vez mais fincado e entranhado na vontade e no propósito dos seres humanos que, entre outras faculdades, se caracterizam por possuir "inteligência dotada da capacidade de abstração e generalização" (Dicionário eletrônico Houaiss). Desejo cada vez mais cosmeticamente possível, diante da

---

[4] Fakir Musafar (1930) é diretor e professor da Fakir Body Piercing & Branding Intensive, escola destinada a cursos de transformações corporais. Também é proprietário da revista *Body Play*, xamã e artista.

enorme variedade de técnicas, procedimentos, medicamentos e intervenções – compreendendo desde mudanças de hábitos alimentares até intervenções cirúrgicas – que surgem e se reproduzem a cada dia.

Em um tempo regido por desejos e repleto de novos, de curta duração, no qual constantes inovações ocorrem em todas as áreas – novas patologias, novas intimidações, novas salvações, novas especializações, novas certezas e novas percepções –, novas tecnologias surgem com o intuito de potencializar o orgânico e permitir que o corpo receba em seu interior tanto elementos formados por outros DNAs, como elementos inorgânicos (Pires, 2009). Conforme afirma Bauman (1998, p. 112): "O mundo construído de objetos duráveis foi substituído pelo de produtos disponíveis projetados para imediata obsolescência. Num mundo como esse, as identidades podem ser adotadas e descartadas como uma troca de roupa".

Corpo, matéria plástica passível de ser (res)significada, (re)desenhada, (re)projetada, (re)construída.

Jovens, híbridos de matérias, "híbridos" de si próprios, seja por inscrever e consolidar em seus corpos elementos pertencentes à ordem do imaterial, seja por agir de forma não convencional, como ocorre respectivamente no caso dos modelos Zombie Boy e Andrej Pejic.

O corpo de ambos desafia e infringe vários dos preceitos socioculturais estabelecidos. O corpo de ambos dá visibilidade àquilo que Vigarello (2006, p. 183) chama de "a parte mais profunda de si": "Buscar essa verdade interior determinaria a atitude estética: criar um corpo que materializa a parte mais profunda de si, trabalhar nele para melhor trabalhar sobre si".

Contexturas: interpretativas e aglutinadoras

A coleção "Todos nós queremos ser jovens" foi criada tendo em mente a chamada geração Y. Essa geração composta, para alguns autores, por pessoas nascidas nos anos 1980 e, para outros, por pessoas nascidas entre meados das décadas de 1970 e 1990, caracteriza-se resumidamente pela postura individualista e competitiva; pela facilidade de desempenhar várias atividades ao mesmo tempo e pelo grande interesse em tecnologia e na preservação do meio ambiente.

Tal geração é constituída por um público constantemente desejoso de inovações – inclusive corporais.

Nem sempre aceitas como plausíveis, as modificações corporais – das mais simples às mais elaboradas – possuem grande capacidade de afetar seus espectadores, que, ao vê-las, por possuir corpos semelhantes aos que foram modificados, tendem a imaginar as sensações experimentadas por seus portadores na hora da feitura.

Na grande maioria das vezes, a sensação imaginada é a de dor. Dor relaciona-se ao que não é saudável, ao que é ruim, ao que é feio. Mas a feiura não deixa de ser um conceito relativo, como atesta Eco (2007, p. 421): "[...] o feio é relativo aos tempos e às culturas, o inaceitável de ontem pode ser o bem aceito de amanhã e o que é percebido como feio pode contribuir, em um contexto adequado, para a beleza do conjunto".

A escolha precisa dos dois modelos, bem como os dizeres em neon transportados por Zombie Boy e os escritos na roupa de Andrej Pejic, agregam valores às roupas, traduzem o tema da coleção e evidenciam o conceito da marca.

O ensaio fotográfico feito pelo fotógrafo Marcelo Krasilcic para o catálogo primavera/verão 2011-2012 da marca explora a singularidade corporal de ambos e os coloca, em algumas fotos, como um casal. Tais imagens evidenciam não apenas a ideia do corpo como identidade, como também pontuam a opinião da marca sobre as atuais questões em torno das múltiplas formas de relacionamento e afeto.

Por fim, a escolha dos complementos das peças de roupa criadas para essa coleção, utilizados tanto no desfile como no catálogo fotográfico, apontam não só para o comprometimento do stylist com a inovação, com a interpretação das peças de roupa e do conceito desenvolvido pelo criador de moda, como também para o modo como ele impregnou os trajes e suas composições com tais elementos.

BIBLIOGRAFIA

ADVOGADO do diabo, O. Direção: Taylor Hackford. S/l: Warner Home Video, 1997. 1 DVD (144 min.).

BAUMAN, Zygmunt. *O mal-estar da pós-modernidade*. Rio de Janeiro: Zahar, 1998.

BURKE, Edmund. *Uma investigação filosófica sobre a origem de nossas ideias do sublime e do belo*. Campinas: Papirus, 1993.

CHEVALIER, Jean & GHEERBRANT, Alain. *Dicionário de símbolos*. Rio de Janeiro: José Olympio, 2002.

ECO, Umberto. *História da feiura*. Rio de Janeiro: Record, 2007.

FREUD, Sigmund. "O estranho". Em *Obras completas*. Vol. XVII (1917-1919). *História de uma neurose infantil e outros trabalhos*. Rio de Janeiro: Imago, 1976.

LEITE Jr., Jorge. *Das maravilhas e prodígios sexuais*. São Paulo: Annablume/Fapesp, 2006.

PIRES, Beatriz Ferreira. *O corpo como suporte da arte: piercing, implante, escarificação, tatuagem*. São Paulo: Editora Senac São Paulo, 2005.

_____. *Corpo inciso, vazado, transmudado: inscrições e temporalidades*. São Paulo: Annablume/Fapesp, 2009.

VELOSO, Caetano. "Menino do Rio". Em *Cinema transcendental*. Faixa 4. Rio de Janeiro: Polygram, 1979.

VIGARELLO, Georges. *História da beleza*. Rio de Janeiro: Ediouro, 2006.

Pantone® Orange 21 C
Carol Garcia

Resumo

Este artigo analisa a relação entre os objetos do cotidiano e a construção da imagem pessoal, observando que a moda não só nos potencializa e (re)posiciona como seres humanos, mas também permite a irradiação de nossos valores e crenças, construindo redes e entrelaçando vidas por meio do styling. Associando semiótica da cultura e teoria da imagem como referenciais teóricos aplicados à análise de situações corriqueiras, observa que moda, do latim *modus*, é um modo de vida documentado pelos modos de compor a aparência, capaz ainda de abarcar o entorno de cada um. O artigo pondera, por fim, que, ao combinar cores, formas e texturas em topologias únicas, o styling amplia e estende o corpo nos ambientes em que este circula, movimentando, decisivamente, a cultura e a vida em sociedade.

PANTONE® ORANGE 21 C

Introdução: para começar a colorir

"E de que cor a senhora gostaria que fosse o seu café?" Arregalei os olhos e apurei os ouvidos. Na hora! Café, sem ser preto? Achei que estava zonza e, cá entre nós, um pouco surda. Mas o moço repetiu. No Pantone Hotel,[1] a empreitada colorida que enfeita o coração da pálida arquitetura *art nouveau* de Bruxelas, antes de sacar qualquer documento para os registros de praxe o hóspede tem direito a escolher o tom do café que assegura sua acolhida. A cor em questão não está na bebida, mas na brincadeira feita com uma miríade de xícaras, chás e cápsulas de café absurdamente tonalizadas que se esparramam pela recepção. Faz sentido. Com vista para o elegante e acinzentado bairro de Saint Gilles, o empreendimento destaca-se em meio aos contornos da terra de Tintim[2] já pela fachada policromática. Cada um dos sete andares nos quais se localizam os 59 aposentos está concebido em uma cor distinta, para acompanhar as emoções dos hóspedes. Por outro lado, o térreo é recoberto de placas imantadas cujas cores podem ser alteradas diariamente, pintando o humor de quem circula no *lounge*.

---

[1] Pantone Inc. é uma sociedade norte-americana fundada em 1963 por Lawrence Herbert, que especificou a mescla física de 14 cores primárias. Essa empresa oferece um pantonier de cerca de 800 tonalidades padronizadas e etiquetadas. Pantone® é hoje uma referência que permite, em termos de cores, uma comunicação eficaz entre profissionais gráficos, de moda e de arquitetura. O Pantone Hotel (http://www.pantonehotel.com), inaugurado em junho de 2010, é um empreendimento dos investidores ingleses Avi e Ilam Haim, sob licença da Pantone Universe, com arquitetura de interiores assinada pelo premiado arquiteto belga Michel Penneman.

[2] Tintim é um personagem de história em quadrinhos criado pelo desenhista belga Hergé (1907-1983) e hoje presente em muitos *souvenirs* da cidade de Bruxelas, graças à identificação dele com a capital da Bélgica.

No café da manhã, tudo parece ter sido tocado pelo arco-íris: o açúcar, a caixinha individual de chá, o pãozinho... E, nesse styling gastronômico, não faltam acessórios, que saem dali direto para lojas especializadas em design: xícaras, cadeiras, revisteiros, capas de i-Phone e até bicicletas Pantone®! Na verdade, segundo Michel Penneman (2011), arquiteto responsável pela concepção do projeto, os objetos interagem com o edifício e, por sua vez, penetram sub-repticiamente no look das pessoas, colorindo suas vidas muito além do tempo de hospedagem e, de certa maneira, entrando na composição de sua aparência pessoal. Essa questão nos faz refletir sobre o conceito de styling, uma "composição que organiza elementos na busca de um estilo" (Joffily, 1991, p. 103),[3] trazendo para a vida cotidiana o desejo de equilibrar ética e estética.

Sou prova ambulante de que Penneman tem toda a razão. O styling é uma ferramenta essencial de comunicação, que orquestra as escolhas disponibilizadas pelo sistema de moda e ratifica looks eleitos como expressões de individualidade, capazes de contar nossa trajetória de vida. Naquele momento em que o recepcionista sugeriu pintar meu cafezinho, por exemplo, nem pisquei na hora de fazer o pedido. Afinal, parecendo um zumbi amarrotado da viagem, eu precisava, definitivamente, de um novo gás para iluminar meu look... Uma cor vitaminada. Ou, como diria o poeta uruguaio Mario Benedetti (1999), um tom apto a "defender a alegria como uma trincheira".

Fraser e Banks (2007, p. 10) garantem que, "uma vez que nossos olhos nos permitem experimentar uma cor, é todo o resto de nós que determina o significado que lhe emprestamos". Nesse sentido, a

---

[3] Ruth Joffily, na verdade, faz alusão específica à produção de moda, que, a nosso ver, se diferencia do styling por abarcar a operacionalização do conceito que se quer interpretar, ao passo que o styling propriamente direto se concentraria mais especificamente na direção de arte necessária aos processos de criação de imagem em moda. Cabe ressaltar, contudo, que, na época em que a obra em questão foi escrita, o termo produção de *moda era utilizado* como sinônimo de styling no sentido em que o concebemos hoje.

etiqueta na caneca laranja – minha primeira opção para "colorir o café" – não dava margem à dúvida. Segundo a Whitbread Wilkinson,[4] o Pantone® Orange 21 C, que na cartela têxtil parece um primo muito próximo do TPX 17-1456, é assertivo: "Zest for life? Space Hopper. Clementine. Tequila Sunrise. Pumpkin".[5]

Reflita comigo e eu sei que você vai me apoiar. *Space Hopper* é um personagem ativo e antenado de videogames, cuja forma arredondada é semelhante no formato e na cor a uma laranja, ao passo que a saborosa *clementine*, cientificamente conhecida como *citrus reticulata*, é a tangerina, que texturiza essa tonalidade. Some-se a eles a versão líquida, com o coquetel *Tequila Sunrise* mesclando a bebida típica mexicana ao suco de laranja e adquirindo o tom da fruta. Ou aquela mais cremosa, materializada pela textura de *pumpkin*, ou abóbora, a favorita tanto para o bobó de camarão quanto para a festa de Dia das Bruxas, que dispensa comentários com relação à sua tonalidade! Então, dá para não ficar animada com uma caneca dessas, no mesmo tom familiar da Hermès?[6]

Com esse *tag* tão direto, o produto criado pelos designers britânicos nas cores da tradicional cartela Pantone® dá asas à imaginação.[7] A cor adquire conotação simbólica imediata, projetando imagens do que um café tão incrementado poderia fazer por meu dia. Como bem observa Belting (2007),[8] toda imagem necessita de uma mídia

---

[4] A firma inglesa Whitbread Wilkinson (http://www.w2products.com) reproduz a cartela Pantone® em objetos assinados.
[5] Uma tradução com extrema liberdade poética poderia enveredar por: "Deleite pela vida? Videogame. Fruta. Coquetel. Abóbora".
[6] A marca francesa Hermès é reconhecida no mercado de moda pelo uso do tom laranja em lenços de seda e artigos de couro.
[7] Curiosamente, a própria ideia do Pantone Hotel nasceu de uma bolsa também laranja, que Michel Penneman adquiriu há cerca de oito anos, durante uma exposição em Bruxelas, na qual os primeiros produtos que expandiram a marca Pantone® para outros segmentos foram apresentados ao mercado.
[8] Durante visita ao Brasil em 2008, Hans Belting compartilhou essas reflexões com membros do Centro Interdisciplinar de Semiótica da Cultura e da Mídia, semeando meu desejo de estudar o tema. Para saber mais, ver Carol Garcia, *Imagens errantes: ambiguidade, resistência e cultura de moda* (São Paulo: Estação das Letras e Cores, 2010).

para ser transportada, senão se mantém isolada em processos mentais, constituindo o que ele chama de "imagens endógenas", que são aquelas essencialmente ligadas à fantasia e aos sonhos individuais. A caneca materializa essas potencialidades mediante a seleção de cor, tornando-se suporte midiático para imagens em trânsito. Um verdadeiro turbilhão de imagens externas, surgidas na cultura popular, vai se sobrepondo para formatar outras imagens mentais com respeito ao tom escolhido, a ponto de, fatalmente, influenciar o contexto de consumo e a maneira como eu me sentia.

Com uma caneca laranja nas mãos, toda a minha aparência, anteriormente desbotada, ganhou a luminosidade energética que o alaranjado implica.[9] Naquele dia enevoado por um cinza gélido de inverno europeu, um toque de cor foi capaz de alterar meu semblante, minha postura corporal, meus gestos faciais e, por conseguinte, toda a minha aparência, a minha disposição e a minha imagem diante do mundo. Concluí que o laranja estimula a mente, renova a fé na vida e é o perfeito antidepressivo. Não deu outra: o cansaço passou.

Bovone (1998) comenta precisamente que

> o sistema de moda é uma indústria cultural na qual uma variedade de sujeitos altamente diferenciados se relacionam, com comprometimentos variáveis de tempo e diferentes níveis de remuneração. Esses sujeitos convergem em torno do objeto material da moda e, entrando na comunicação – ou seja, coordenando [a moda] –, eles lhe atribuem um valor em cada situação, um valor que é, ao mesmo tempo, econômico e cultural. (Bovone, 1998, p. 92)

---

[9] Estudiosos da psicodinâmica das cores observam que os efeitos psicológicos do laranja indicam algumas semelhanças entre essa cor e o vermelho e o amarelo, na medida em que as três estimulam o sangue e os processos circulatórios, bem como influenciam as funções mentais e os sistemas respiratório e nervoso. Segundo Garcia (2009), "o amarelo e o vermelho evocam o calor do sol e a proteção do fogo respectivamente, nos dando uma sensação de conforto, segurança e relaxamento proporcionados pelas lembranças de um abrigo seguro contra as intempéries e os inimigos que rondavam a noite sem, no entanto, criar coragem para enfrentar o poder destrutivo da mais nova e poderosa arma do homem, o uso do fogo".

PANTONE® ORANGE 21 C

Se levarmos em consideração que o styling, esse processo que Bovone (1998) chama de coordenação, auxilia o ser humano a criar um reconhecimento de si, é certo que ele inclui não apenas roupas, mas todo um conjunto de acessórios – do telefone celular à bicicleta – que permitem amplificar a expressão corporal no ato de construção da imagem pessoal. Em outras palavras, esses acessórios fazem dos elementos de estilo um vocabulário próprio no processo de comunicação social.

Recém-chegada de Milão, cidade definitivamente masculina, onde reinam o preto e os tons grafite, senti essa situação na pele: concentrei naquele pingo de laranja nas mãos minha eletrizante vontade de sair da letargia lombarda. Ao alterar minha composição visual, ainda que sutilmente, também mudei minha gestualidade, minha expressão facial e, por conseguinte, toda a minha imagem.

Nada acontece por acaso

As imagens são ligadas umas às outras por fios invisíveis que as conduzem entre tempos e espaços, ressignificando-as em novas composições imagéticas mediante a estruturação de outros looks.[10] Como Belting (2007, p. 69) reconhece, "[...] cada imagem, uma vez cumprida sua função atual, conduz em consequência, outra vez, a uma nova imagem". Talvez por isso, dois dias depois, ao perder o passaporte pela enésima vez dentro da bolsa, pensei imediatamente que deveria abandonar a solidez do preto e comprar uma capa colorida para esse documento. A ideia, a princípio, tinha motivação puramente funcional: localizá-lo mais facilmente cada vez que estivesse com um funcionário da imigração me olhando com cara de "vamos, anda logo!". Porque,

---

[10] Essa afirmação é fartamente amparada pelo estudo do percurso dos padrões ornamentais florais, tema que norteia a pesquisa de meu livro *Imagens errantes: ambiguidade, resistência e cultura de moda*, cit., cuja leitura recomendo aos que queiram aprofundar essa análise.

afinal, o que desejamos não é perpetuar o look, mas manter o estado de graça da felicidade que encontramos quando estávamos com aquela determinada aparência e o mundo parecia mais fácil de encarar.

Ao desembarcar em Roma procedente de Bruxelas, decidi me deixar embalar pelas cores fortes que predominam nos acessórios italianos, em busca da mesma sensação vivida com meu "café colorido". Mas aí é que ética e estética me mostraram claramente quanto são indissociáveis quando o assunto é imagem pessoal. Romano que se preze usa chapéus vibrantes, luvas destacadas, sapatos reluzentes... E tudo nos tons do arco-íris, claro! Assim, no espírito dessa cidade que leva a feminilidade muito a sério, entrei com firmes propósitos na renomada Fabriano que, com uma tradição que remonta ao ano de 1264, fabrica acessórios para viagem. Coloridos, bem entendido. O energético laranja, confesso, sempre foi minha cor predileta. Então, resolvi assumir. Encomendei minha capa de passaporte sonhando com Pantone® Orange 21 C. A balconista, olhando-me com o espanto de quem não entende a cabeça dos turistas, logo disparou: "Engraçado, não vendo essa cor nunca e justamente hoje já é o segundo pedido!". Nem registrei direito, porque sempre achei que se tratava do *meu* laranja (não obstante o fato de os monges tibetanos usarem-no diariamente bem antes de mim, além de Walter Benjamin ter explicado muito bem as consequências da reprodutibilidade técnica). Resolvi abraçar, naquele curto final de semana em Roma, uma vida alaranjada e, no meu entender, única. Até que...

Vi o moço de longe. Alto daquele jeito que faz a gente confundir altura com altitude. Alto e, digamos, meio desajeitado, apesar de exalar aquela elegância que só os italianos parecem ter na hora de armar o look e combinar cores aparentemente sem qualquer parentesco. Do tipo que faz com que corte Chanel faça sentido no masculino. Ou que isso pouco importe. Eu o vi, mas, pelo menos a princípio, não me deixei ver. E como fiz isso? Claro que eu estava de preto total,

PANTONE® ORANGE 21 C

para disfarçar a dupla que invariavelmente me acompanha quando estou em final de viagem: unhas lascadas e cabelos em total desarmonia com o universo.

Depois de um dia caminhando pela cidade e partindo direto para o aeroporto, minha figura não era o que se poderia chamar de elegante. Considerando, como bem define Mesquita (2006, p. 141), que aparecer é "uma das principais respostas contemporâneas para se constituir lugares de existência, em meio a um espaço e tempo massificadores", minha intuição me levava a buscar o oposto: aquele buraco negro tão grato do desaparecimento, quando tudo que queremos é o silêncio estético. O único grito de cor na confortável invisibilidade do preto total (que emagrece, não aparenta sujeira e, ainda por cima, confere certo ar de sobriedade mesmo a quem fica 24 horas no ar) era mérito de um tapa-olhos de desmoralizante roxo, com cristais Swarovski assobiando em letras garrafais "shush!!!". Mas minha barreira de comunicação *kitsch*, que sempre me abençoou com a eficácia de impedir aproximações de vizinhos de avião por meio de seu inebriante mau gosto, dessa vez não funcionou. E tudo por culpa da tal capa de passaporte laranja. Bastou a aeromoça começar a distribuir as fichas de identificação demandadas pela imigração brasileira, o moço largou o livro no qual havia enterrado o rosto (possivelmente sua versão pessoal de meu tapa-olhos roxo) e sacou o próprio passaporte. Lá estava ela... Igualzinha. A alma gêmea de minha capa Fabriano. Pantone® Orange 21 C. E foi então que eu percebi. Porta-canetas Pantone® Orange 21 C. Caixinha de lentes de contato Pantone® Orange 21 C. Tudo envolvido por um leve, muito leve aroma de sândalo.

Se existe algo de que eu goste mais que de laranja é da Ásia. Por isso, eu logo notei as *rudrakshas*[11] tilintando no pulso dele. Fui direto

---

[11] As lágrimas da divindade hindu Shiva formam as contas do poder védicas (rudrakshas), poderoso talismã usado pelos iogues da Índia e do Himalaia por milhares de anos para manter a saúde, adquirir

ao assunto. "Suas rudrakshas são do templo Lama em Pequim?" Assentindo com aquela incredulidade típica de quem havia me olhado, mas ainda não tinha me visto, ele respondeu estendendo as mãos para que eu sentisse o aroma delas, ao mesmo tempo que girava um caleidoscópio de laranjas significativos, capazes de ilustrar por que ele tinha mandado fazer uma capa de passaporte prima-irmã da minha. Fomos elencando todas as razões éticas para nossas preferências estéticas. Os poás criados pelas laranjas maduras nos jardins da mesquita de Córdoba. O manto sagrado do Dalai Lama. Os saris vibrando no deserto do Rajastão. Coincidências imagéticas que talvez só o styling seja capaz de orquestrar, a partir de novas e, aparentemente impossíveis, conexões. Os primeiros raios de sol da manhã foram aterrissando, junto com o Alitalia AZ674, e alaranjando a cidade. Tive a grata certeza, naquele momento, de que as imagens se entrelaçam sem pedir licença. Graças a essas pequenas coincidências de estilo e às camadas de significados que sacamos de nossas próprias imagens, saímos do aeroporto com a sensação de que, quando escolhemos o que vestir ou usar, somos, na verdade, stylists de nossas existências.

Agradecimentos

Acessórios são importantes, mas, no styling da vida, os amigos é que são essenciais. Este texto não existiria sem eles. Portanto, meu muito, muito obrigada para Michel Penneman, que me ensinou a ver as cores de Bruxelas; Massimo Mongardi, com quem compartilho princípios de vida laranja, no céu e na terra; Cristiane Mesquita e Astrid Façanha, as superpacientes e excepcionais organizadoras desta obra, que têm um astral lindamente colorido.

---

autoestima e desprender-se do medo no caminho em busca da Iluminação. O Japa Mala, ou rosário hindu, originalmente tem 108 contas, mas há versões menores para usar no pulso.

BIBLIOGRAFIA

BELTING, Hans. *Antropología de la imagen.* Buenos Aires: Katz, 2007.

BENEDETTI, Mario. "Defensa de la alegría". Em *Antología poética. El libro de bolsillo*. Madri: Alianza, 1999.

BOVONE, Laura. "The circularity of production and consumption, or the reflexitivity of fashion". Em MALOSSI, Gianino (org.). *The Style Engine.* Milão: The Monacelli Press, 1998.

FRASER, Tom & BANKS, Adam. *O guia completo da cor.* São Paulo: Editora Senac São Paulo, 2007.

GARCIA, Patrícia. "A assinatura emocional das cores". Disponível em http://www.mundocor.com.br/cores/assinatura_cor.asp (acesso em 11-5-2012).

JOFFILY, Ruth. *O jornalismo e a produção de moda.* Rio de Janeiro: Nova Fronteira, 1991.

MESQUITA, Cristiane. "A liquidação do estilo ou o luxo de gaguejar na própria língua". Em CASTILHO, Kathia & VILLAÇA, Nízia (orgs.). *O novo luxo.* São Paulo: Anhembi Morumbi, 2006.

PENNEMAN, Michel. Bruxelas, Bélgica, 2011. Entrevista concedida a Carol Garcia.

O desafio da criação de imagem de moda em um mundo global

Patricia Sant'Anna

Resumo

O texto trata do desafio de pensar a imagem de moda em um mundo global. Para tanto, desenvolveremos um breve passeio pelas definições do que seria imagem e representação, arte e moda conceitual, e pela experiência global e local que permeia nosso cotidiano na atualidade. A partir desse ponto, o texto vai se abrir para o cenário da produção da imagem de moda em um mundo globalizado, revelando-nos como os elementos visuais são lidos sob uma perspectiva cultural trans e multinacional, em que local e global se tornam dois lados da mesma moeda. Isso proporciona uma base para a criação de novas possibilidades também imagéticas da moda, que são, inevitavelmente, conectadas ao universo das artes visuais contemporâneas.

Introdução: a possibilidade explosiva da imagem

> "Não mais representar o visível, mas tornar visível."
> Paul Klee, *Sobre arte moderna e outros ensaios*

A criação de imagem de moda trata de tornar uma ideia de moda (aparência e seus significados) visível ao outro. Não só para este me ler e me alocar socioculturalmente, mas para este **sentir** e **compreender** minha existência (ao menos naquele momento). Não é mais um simulacro do que posso ser (e do que sou), mas efetivamente é a virtualidade que sou. Isto é, hoje o real é apresentado e interpretado com base no virtual, e a realidade acaba por se tornar contígua do virtual, um prolongamento de um no outro (Weissberg, 1993). Então, como pensar essa possibilidade explosiva de imagem?

Antes de falarmos sobre criação de imagem de moda, precisamos definir três elementos essenciais: imagem, representação e moda conceitual. Trataremos inicialmente desses três pontos e só então adentraremos em uma explanação livre sobre a criação da imagem de moda em um mundo global, seus desafios e consequências.

Imagem e representação

Antes de tratarmos da imagem de moda, vamos recuar um pouco e tentar explanar o que é **imagem**. É uma palavra cotidiana, mesmo vulgarizada, sobretudo no universo da moda, mas o que ela realmente significa? Ando pela rua e vejo pessoas com aparências que me chamam a atenção, paro para tomar um café e uma capa de livro me seduz, fazendo-me ir até lá para folheá-lo; encontro com um colega e resolvemos ir ao cinema, depois espero o metrô e há cartazes avisando-me sobre procedimentos, ou anunciando coisas a serem consumidas. Chego à minha casa e, ao guardar as chaves, vejo um antigo desenho de meu sobrinho enquadrado na parede. Com quantas imagens me deparei? Inúmeras. O que elas possuem em comum?

Como bem aponta Martine Joly (1996), diante de um desenho infantil, um filme, uma pintura renascentista, um grafite na rua, um *outdoor* e uma propaganda na televisão, inicialmente tendemos a raciocinar: "O que há em comum entre eles? Tudo é visual!". Mas vamos nos aprofundar um pouco mais. Segundo Platão, em *A república*, imagem é tudo aquilo de algum modo criado por alguém para representar algo – ela seria, por assim dizer, um objeto que um ser humano usa para reapresentar uma ideia a outro ser humano. Aqui chegamos ao primeiro ponto crucial, nem sempre enfatizado pela maioria das pessoas que tratam da imagem de moda: a imagem é sempre mental. Ela é fruto da imaginação de alguém, isto é, pensamento e sentimento em consonância.

A imagem expressa e ordena o mundo sensorial, consequentemente o emocional e o racional ao mesmo tempo, visto que é compreendida por meio dessas duas esferas. Se no discurso contemporâneo o termo *imagem* quase sempre remete à imagem visual, isso se deve à qualidade da imagem disseminada pela mídia: ela é onipresente, didática, repetitiva e invasoramente visual – cartazes, *outdoors*, propagandas televisivas, na internet, etc. No entanto, é necessário que compreendamos que a imagem é algo mental, que se manifesta por todos os meios sensoriais (visão, audição, olfato, paladar e tato) (Aumont, 2004).

Outro detalhe importante é que, não raro, nas imagens midiáticas, geralmente confundimos o meio com o significado. Isso porque o senso comum tende a compreender a imagem como uma amálgama, fundindo suporte e conteúdo. Na publicidade televisiva, por exemplo, o meio é a televisão, que possui especificidades e uma capacidade imensa de transmitir imagens com os mais diversos conteúdos, dos quais se destaca, sem dúvida, o conteúdo publicitário – uma mensagem particular, que pode inclusive utilizar-se de outros meios, como o rádio, o cinema ou a internet. A linguagem imagética visual da televisão quase sempre vê-se confundida, ou melhor, contaminada, por um aspecto temático que ela vincula.

É compreensível; afinal, a publicidade tem um caráter repetitivo que acaba por fixar nas mentes – e consequentemente na memória – essa correlação. No entanto, temos de ter consciência de que meio e mensagem não são a mesma coisa. É necessário também, como ponto de partida, ter consciência de que quando falamos em **imagem de moda contemporânea** não falamos apenas de imagem de mídia (sobretudo publicitária), pois isso seria negar a miríade de possibilidades e o desfile de imagens que nos cerca sobre o tema *moda*.

A imagem visual entra em nosso universo pela visão. Isso parece óbvio, mas não é, porque ela ativa mais do que a visão. Uma imagem (de qualquer tipo) não é um simples enunciado de algo a se identificar, mas sim uma ficção (no sentido do latim *fictio*, "criação"). Algo que nos faz sentir (mais do que ver), além do que é ali proposto. Vemos, olhamos, compreendemos e sentimos (nem sempre nessa ordem) a partir de uma imagem. O estímulo visual leva à intelecção, a rearticulações da memória, do desejo, etc.; a imagem entra pelos olhos, mas é criada (e registrada) por meio de e em nossa imaginação. Por exemplo, por um acaso você se lembra de trechos de *Dom Casmurro*? Como esquecer os olhos de ressaca, os vestidos de chita, os braços dançantes de Capitu pelo salão? Bentinho não resistia, nós não resistimos... Mas há algum dado visual? Sim e não. Há um enunciado: o texto de Machado de Assis (1978) leva-nos prodigiosamente ao mundo do visual, só que este é também mental e sentimental, lembramo-nos da Capitu vista pelos olhos de Bentinho, com todo o seu amor e ciúme, inocência, culpa e ressentidos sentimentos.

Na célebre análise do quadro de René Magritte (1898-1967) *La trahison des images (Ceci n'est pas une pipe)*, de 1929,[1] Michel Foucault (1989) descreve o papel da imagem em nosso mundo – o universo cultural ocidental capitalista – e conclui que a simplicidade da imagem apresentada no quadro do artista belga e de seu enunciado é desconcertante. Deixa-nos claro: o mundo das imagens é o mundo da traição. A imagem reapresenta, mas nunca apresenta fielmente uma ideia por completo. É parte, mas não a totalidade; no entanto, é a parte que lemos de maneira tão cotidiana, tão íntima, tão próxima de nós, que acabamos tomando pelo todo. A imagem publicitária de moda nunca é total; não estão presentes todos os elementos de uma coleção ali, mas os ditos essenciais. Às vezes, nem é necessário o objeto-produto, mas sim a imagem sintética do sentido que foi trabalhado como tema desta ou daquela coleção. Mesmo assim, caímos nessa mentira. Afinal, como Magritte nos ensina e Foucault tão bem discute: esse falso nos engana, ali não há um cachimbo, nem na pintura, nem em seu enunciado, há apenas a ideia do cachimbo.

A imagem visual é limitadora, pois inibe a abstração pura, na medida em que efetiva uma imagem. Qual relação ela estabelece com o mundo real? Ela usa elementos do real para apresentar-nos espaços lúdicos, ou melhor, possibilidades de sensações e sentimentos que moram em nosso repertório, em nossa memória, para criarmos em nossa mente a versão da representação que queremos guardar. Um bom exemplo é o episódio vivido pelo artista Vik Muniz, que, em uma de suas viagens, perdeu um livro com as melhores fotos da revista *Life*, repleto de imagens icônicas do século XX. O artista resolveu desenhar

---

[1] "A traição da imagem (isto não é um cachimbo)". Trata-se de um óleo sobre tela que está exposto no Los Angeles County Museum of Art, nos Estados Unidos.

de memória as principais lembranças dessas imagens fotográficas, o que deu origem à série *Best of Life*, produzida em 1989.[2] Qual não é a surpresa quando comparamos os desenhos de Vik Muniz com as fotografias publicadas e percebemos que ele inverteu imagens, colocou itens que não existiam, retirou outros! Enfim, a leitura ficcional de sua reapresentação das fotografias jornalísticas, que ele conhecia tão bem, foi guardada em sua memória de outra forma, ou melhor, com a sua (de Vik Muniz) forma mental. A imagem desconcerta pela simplicidade (porque é explícita), mas multiplica visivelmente as incertezas voluntárias, como diria Foucault.

Segundo John Berger (1999), a visão precede as palavras. Precede não só porque reconhecemos as imagens antes mesmo de saber falar, mas também porque o mundo que entra por nossos olhos é intenso e nos marca de maneira indelével. A maneira como vemos as coisas só pode ser, existir, a partir do que sabemos e do que acreditamos. Isso significa que a visão chega antes da racionalização e, longe de ser uma simples reação biomecânica a estímulos, é aquilo que tomamos para nós. Ou melhor: "Só vemos aquilo que olhamos. Olhar é um ato de escolha" (Berger, 1999, p. 10). Portanto, o que está em meu repertório, em minha memória, pode determinar se vou olhar ou não para determinada imagem. Pois uma imagem é uma recriação, uma reprodução, é uma aparência (ou um conjunto delas) e retém nela uma forma de ver (daquele que a produziu).

Com base em uma imagem visual podemos supor coisas, formular hipóteses sobre aquela determinada forma de imagem. A imagem de moda faz-nos supor que falará de elegância, padrões de beleza, *status*, gosto, etc. Mesmo que essas premissas não façam mais sentido no mundo contemporâneo, inicialmente tendemos a buscá-las, porque fazem parte do universo da moda. A análise de uma imagem

---

[2] Três desenhos da série *Best of Life* (1989) estão disponíveis no site oficial do artista: http://www.vikmuniz.net/ (acesso em 11-5-2012).

visual, portanto, não pode ser leviana. Inicia-se sem dúvida pelos dados formais que a própria visualidade lhe dá, isto é, cor e contraste, a composição das formas, se nos dá a sensação de unidade e equilíbrio, etc. Saber sua intenção, contexto, uso, modo de produção é fundamental (material e técnicas). Também devemos perceber e avaliar as outras imagens com as quais ela se relaciona, de que maneira se compreendem as outras referências imagéticas e como se faz a conexão com elas, os diálogos visuais, os contrastes, etc.

Moda

O que se compreende por **moda**? A moda é uma ação simbólica em que os sujeitos de nossa sociedade[3] apresentam-se para seu mundo social. É, ao mesmo tempo, uma apresentação que constitui uma linguagem responsável por uma comunicação muda, porém prolixa, entre os indivíduos.

Dois aspectos da moda destacam-na como uma maneira de qualificar o mundo. Primeiro, os dados de leitura – as roupas, os acessórios e o comportamento – que são colocados em (e por) nós para que nossos pares leiam e dessa maneira nos apresentemos em sociedade. Nessa ação aparentemente simples, muitas coisas estão sendo afirmadas ou negadas, como gênero, grupos socioculturais, *status*, profissão, etc. Em segundo lugar, o que alimenta essas escolhas é um movimento de busca constante pela tal "novidade". Se a novidade é ou **não** é real, não importa, isso é apenas um detalhe, pois o que nos impulsiona é a **sensação** de que algo é novo.

---

[3] A moda teve data e local para acontecer. Nasceu nas cortes das cidades mercantis da península itálica, no final da Idade Média e início do Renascimento. Era uma manifestação de competição entre a nascente burguesia e as tradições vestimentárias da elite aristocrática. A moda nasce com o capitalismo, portanto só existe nos lugares em que esse sistema econômico e sociocultural se desenvolveu. Ver mais em Patricia Sant'Anna, "Moda: uma apaixonante história das formas", em *Ciência e Cultura*, 61 (1), São Paulo, 2009.

A moda, como a conhecemos hoje, nasce no século XX, no pós-guerra, e é uma indústria de alma capitalista. Tem como princípio desenvolver os caracteres da efemeridade, mutação constante, ostentação de riqueza e glamour, explorando e investindo na formação de grupos de consumidores. Mesmo existindo a cobrança de individualidade, os indivíduos querem sentir identificação com algum grupo. Podemos até mesmo afirmar que a moda produz e vende identidades pré-fabricadas. E a indústria da moda captura, modela e coloca no mercado essas identidades estilizadas.

A cultura da moda é uma constante tensão entre ser individual e ser social. Trata-se de uma forma de criar a aparência, pensando essa a partir da conjugação das vestes com a corporalidade (suporte das roupas), mas que extrapola isso, chegando ao universo lato do consumo. Afinal, em um universo social em que comprar, consumir e adquirir são ações de relevância social fundamental, a moda nos revela os caminhos pelos quais essa informação é criada, divulgada, propagada (pedagogicamente), internalizada, até tornar-se a base do julgamento sobre como devemos criar uma aparência; é uma pedagogia do gosto. A aparência construída é uma autorrepresentação.[4]

O que é, afinal, algo conceitual?

Outra palavra extensamente vulgarizada no universo da moda é **conceitual**. De que lugar tiramos essa palavra? Por que motivo ela se tornou sinônimo simplesmente de "ideia". O universo da moda usa – ou deveria usar – a palavra *conceitual* no mesmo sentido que as artes visuais o fazem: elas a usam para designar a arte centrada na ideia

---

[4] Ver mais em Patricia Sant'Anna, *Desfile de imagens: um estudo sobre a linguagem visual das revistas de moda* (1990-2000), dissertação de mestrado (Campinas: Instituto de Filosofia e Ciências Humanas – Unicamp, 2002).

crítica, centrada no universo que faz debate a partir de sua existência. Arte do pensamento.

Segundo Henry Flynt (1940-), participante do movimento Fluxus, nos anos de 1960-70, *arte conceitual* seria a arte que tem como material básico os conceitos – as ideias, os pensamentos (*apud* Wood, 2002). Não é um movimento – apesar de diversos historiadores, críticos e artistas quererem fechá-la dentro de uma caixa definidora (e limitadora) como essa –, mas antes uma maneira de fazer arte.

Certos trabalhos fazem-nos decididamente pensar sobre o que vemos, em vez de nos preocuparmos em contemplar a obra de arte. *A fonte*, de Marcel Duchamp (1887-1968), por exemplo, não nos convida a admirar a técnica escultórica do artista, mas a pensar: o que faz um mictório no meio de uma exposição de arte? De que forma isso me faz compreender melhor o lugar dos objetos na e da arte? Essas obras, enfim, põem-nos a pensar, a refletir. Incomodam, não são um sofá acolhedor, mas uma cama de pregos que nos tira do lugar-comum. As exclamações positivas, tão comuns em frente a uma obra de arte ("Que lindo!", "Quanta destreza técnica!", "Quanta poesia!", etc.), são substituídas por uma torrente de questionamentos e indignação: "Isso é arte?", "O que isso faz aqui?", "Mas isso qualquer um faz!", entre tantos outros lugares-comuns que ouvimos em museus de arte moderna e contemporânea em frente a obras de teor conceitual.

Essas obras questionadoras não nos entregam respostas imediatas. Na verdade, sua intenção é pôr as ideias em movimento, fazendo a mente fervilhar. Em dois textos sobre a arte conceitual produzida nos anos 1960, o artista Sol LeWitt (1928-2007) (*apud* Ferreira & Cotrim, 2006) deixa claro que, na arte conceitual (que inegavelmente deve a Duchamp e outros dadaístas), a linguagem é instrumento tanto para reconstruir a significação e identidade do objeto de arte quanto para desvelar o aparato conceitual linguístico utilizado pelos discursos competentes da arte para conferir significados. Isso, aliás, lembra o que já declarava Flynt no ensaio "Concept Art" (1963). Joseph Kosuth (1945-), em seu célebre texto "A arte depois da filosofia" (*ibidem*), acaba por indicar que a arte feita sobre os questionamentos dela própria apresenta a verdadeira natureza da arte: tautológica. Ressalta, assim, a necessidade dos artistas de escreverem sobre sua produção, e mais: compreender esse tipo de exercício descritivo e questionador como parte do trabalho de arte.

O trabalho conceitual é consciente de si próprio, não é acidental. É refletido, é concebido, é solucionado em forma de questão e é apresentado ao outro (aquele que vê a obra) como uma esfinge. Nas palavras do grupo Art&Language, trata-se de "uma forma de arte que evolui tomando como ponto de partida a investigação do uso da linguagem da sociedade da arte" (*apud* Ferreira & Cotrim, 2006, p. 248). A arte conceitual fala da arte para os iniciados no universo da arte. Kosuth, na obra *Uma cadeira, três cadeiras* (1965-67), hoje no MoMA de Nova Iorque, apresenta-nos isso claramente. A reprodução da cadeira, a cadeira posta à frente, a definição de cadeira de um dicionário – são três cadeiras, três versões, ou melhor, três reapresentações da ideia de cadeira, esta, sim, "uma cadeira".

Moda conceitual e criação de imagem de moda

A moda dos anos 1960 passa por profundos questionamentos. Uma nova classe de consumo acaba de se estabelecer e não quer parecer com o que existia até então. São jovens e vivem em meio à contracultura, a uma avalanche de produtos industriais, à Guerra Fria, à chegada da pílula anticoncepcional, ao surgimento de movimentos de minorias, etc. Ao lado da moda, o design também passava por uma convulsão transformadora desencadeada pelo antidesign. Esse movimento questionava os valores das escolas modernas (a base do chamado *international style*, completamente dominante àquela época), e suas propostas revolucionaram os pressupostos do fazer design. A moda também questionou seu espaço criativo, não seus valores modernos, mas sim o fazer roupas e a imposição das elites colocando regras no que deveria ou não ser usado (o famoso efeito *trickle down* de formação de moda).

Assim, a moda jovem nasce antielite, nasce industrial, barata e inovadora, buscando novos materiais e se apropriando dos processos do design industrial para conceber vestes que logo, logo seriam superadas (a tão norte-americana obsolescência programada). Os movimentos jovens se sucedem, e a busca por novidades também.

A aproximação com as artes visuais fez com que alguns criadores propusessem caminhos eminentemente conceituais ainda antes dos anos 1960. É o caso de Elsa Schiaparelli (1890-1973), artista e estilista surrealista que cria com base em um tema (conceito), destrinchando-o ao longo de um discurso vestimentário e de acessórios o qual aborda diversos aspectos dessa ideia central. Suas parcerias com artistas surrealistas criaram o chapéu-scarpin, fazendo-nos perguntar: "O que faz um sapato feminino na cabeça de uma mulher?" Criaram também bordados que brincam com os significados que lemos na imagem, como é o caso de um bordado nas costas de um casaco que nos deixa a dúvida: é uma ânfora ou são dois rostos quase a se beijar? Trata-se de um pilar ou são as pregas traseiras do casaco?

Mesmo Coco Chanel também fazia – de maneira bem mais tênue, sem dúvida – brincadeiras conceituais. Afinal, ela deixou de lado a alfaiataria feminina cheia de frufrus e "roubou" o corte masculino. Isso é feminino ou é masculino?

Mais à frente, no final dos anos 1960, Paco Rabanne, contaminado pelo cenário crítico-artístico de sua época, cria uma coleção que introduz nas peças e em sua apresentação pública (desfile) questionamentos sobre a moda e sua própria linguagem. Foram propostos vestidos conceituais, compostos de placas de plástico prateadas ligadas por elos metálicos. Eram vestidos que não usavam tecido, linha, costura nem modelagens de qualquer tipo e que, no entanto, **eram** vestidos.

Essas peças eram apresentadas aos compradores comerciais e colecionadores de moda em corpos inusitados (as modelos eram todas negras e desfilaram sem sapato), sob a música *Le marteau sans maître* (composição experimental de 1955, de Pierre Boulez). Enfim, como sair de um desfile desses falando "Que lindo!" ou "Que elegante!"? Os espectadores saíram atônitos, com ideias fervilhando na cabeça: "Isso foi um desfile?", "Aquilo são roupas?", "Quem usaria (e quando) essa proposta de vestuário?". Temos aqui o início contemporâneo da moda com base em investigações conceituais. Isto é, a moda passa a ser espaço em que se pode questionar a própria linguagem da qual faz parte, como o design e as artes visuais já haviam feito no início da década. A moda conceitual tem os mesmos princípios da arte conceitual; portanto, não importa o produto em si, mas o que ele provoca, o que ele faz pensar.

A criação de imagem de moda nasce de uma investigação, baseia-se na produção de visualidades que não mais partem da imitação da realidade, mas sim de um conceito. Afinal, todo o processo criativo surge de um dado mental. Dessa maneira, ordenar as ideias, debatê-las antes de começar a produção da imagem é fundamental. A produção de imagem de moda começa, portanto, no debate das ideias que devem ser expostas. Delimitar o tema, levantar materiais e praticar a documentação dos estudos (resumos, resenhas, fichamentos, desenhos, materiais, fotografias, padrões, etc.), enfim, guardar e ordenar tudo o que vai alimentando esse estudo é base fundamental desse processo.

Definir um conceito também não é algo que se faz rapidamente. O conceito é lapidado ao longo da pesquisa. Assim, ao escolhermos um conceito devemos defini-lo e, ao fazê-lo, quase automaticamente a abordagem que lhe vamos dar deve também ser esclarecida, bem como a apresentação do quadro teórico que nos cerca sobre o conceito. O resultado final pode ser uma coleção de roupas, um editorial, uma peça publicitária, etc. As imagens de moda são variadas e maciçamente visuais (bi e tridimensionais), mas também podem ser táteis, olfativas, audíveis ou palatáveis. Podem, até mesmo, somar mais de um caminho sensível para adentrar o universo mental de seu espectador, mas são, quando conceituais, sempre questionadoras da própria linguagem da moda.

Local, global, local

O mundo capitalista tem pretensões globalizantes desde sua fundação, no Renascimento; porém, somente agora, com o advento da internet e com a desterritorialização das experiências, tornou-se possível realizar plenamente esse intento. Hoje não é necessário estar fisicamente em um lugar para **estar** nesse lugar. Recentemente participei de uma reunião (videoconferência) com pesquisadores que se encontravam em lugares tão distantes quanto Campinas, São José dos Campos, São Paulo, Porto Alegre e Frankfurt. Não estávamos fisicamente próximos, mas estávamos todos juntos.

Os meios de comunicação eletrônicos nos proporcionam novas experiências e modificam o que compreendemos por geografia situacional. Somos transnacionais sem sair de casa, até sem sair da cama. Essas experiências de deslocamento (ao mesmo tempo em que não saio de minha cercania mais íntima) me dão uma nova percepção sobre o mundo. Nós não nos reconhecemos mais em um único lugar. Nesse processo cultural, eu não pertenço a um único grupo, nem mesmo a um único enraizamento cultural. Sou transterritorial. Isso amplia meu acesso ao mundo, a novos estímulos sensoriais, que acabam por ampliar também meu léxico no ato de me vestir.

A moda não tem apenas o *trickle down* e o *bubble up*, há também um fluxo vertiginoso de referências culturais que correm na horizontal, em uma troca mútua constante, e podem me alcançar. Isso nem sempre vem "das margens", de *outsiders*, ou ainda "de jovens", nem de baixo para cima, nem de cima para baixo; advém simplesmente de minha convivência virtual-real com outras pessoas e culturas. Sem dúvida as novas tecnologias estimulam diferentes relações com a experiência sensorial e introduzem mudanças na organização da vida cotidiana. Não há distinção entre realidade e ficção – ao contrário, no virtual, não se tem simulacro, mas sim uma nova experiência, que pode e será conjugada à experiência empírica. Uma não é mais real que a outra, são realidades de qualidades diferentes que vivenciamos simultaneamente. Tanto que, em 2009, a Elite Models contratou Webbie Tookay (lembram-se dela?), uma modelo virtual criada por Steven Stahlberg.

A moda – e sua sede por novidades já anunciada neste texto – mergulham cada vez mais profunda e sofisticadamente no universo da internet. De lojas a desfiles, tudo do ambiente virtual pode ser articulado ao universo da moda. Algumas marcas notoriamente conceituais, como a Maison Martin Margiela, não têm dificuldade em movimentar-se no movediço campo da New Media Art e fazem de seu *site* um passeio por formatos anacrônicos da web (com interfaces que lembram versões dos anos 1990 do Windows). Entre seus *pop-ups* bem-humorados e *nonsense*, está um que mostra um frango sendo assado em uma "vitrine de cachorro" ao som de músicas circenses (será que é um vírus?).

Trata-se de uma proposta bem ao gosto de diversos artistas e coletivos de New Media Art, como o 0100101110101101.ORG com *Life Sharing* (2000-2003), Cory Arcangel com *Super Mario Clouds* (2002), Vuk Cosic com *Deep ASCII* (1998) e Jodi com o já clássico *wwwwwwww.jodi.org* (1995), todos com aspectos de telas do início do Windows ou anteriores (telas negras com letras verdes), todos com inserções de ação que parecem vírus e nos fazem temer pelo bom funcionamento da máquina (Jana & Tribe, 2011). Enfim, são iniciativas que "brincam com coisa séria". Propõem ao mesmo tempo humor e reflexão, como no caso dos bonequinhos ao estilo Playmobil, que são, na verdade, caricaturas do estilista belga Walter van Beirendonck nu – sua careca, barba, barriga e genitália são estilizadas nos mesmos traços do brinquedo. Cria-se, assim, um *site* com ar infantil, mas também com forte conotação sexual. A moda masculina conceitual da Martin Margiela – que debate a linguagem do que é a moda masculina na contemporaneidade – encaixa-se perfeitamente nessa proposta de imagem virtual da marca.

Ao contrário do que poderíamos pensar a princípio, ser local nunca fez tanto sentido quanto hoje. Minhas questões sobre meus possíveis processos criativos em moda necessitam ser expostas. O local passa a ser cada vez mais valorizado. Mas é equivocado pensar que quero resguardar e valorizar minha identidade; na atual situação quero colocá-la em risco em um debate global. Parece contraditório? Mas não é. Quanto mais específica, quanto mais "típica" uma imagem, mais curiosidade pode trazer ao resto do mundo, ou melhor, pode resolver problemas sempre presentes e nunca antes tão bem solucionados por meio do diálogo.

As Havaianas brasileiras conquistaram não só a Europa e os Estados Unidos, mas todo o universo praiano do planeta. Oito em cada dez australianos possuem e usam as famosas sandálias de borracha "que não soltam as tiras e não têm cheiro"! Durante décadas éramos os únicos a usar, agora o mundo todo se beneficia dessa solução. E a jogada de marketing das originais trouxe lucro não apenas para elas mesmas, mas para todas as similares que acabam por proteger, em um dia de verão, os pés da areia ou do asfalto escaldante.

O desafio é pensar como a produção da imagem de moda, advinda de nossa realidade, pode dialogar com o resto do mundo. Nossa corporalidade já ganhou o mundo – modelos brasileiros estão em evidência há mais de uma década –, nossos produtos ganham cada vez mais e mais espaço – a moda praia, os calçados, etc. –, então o que nos falta? Talvez apenas olhar conceitualmente para nossas autoimagens de moda. Olhar criticamente, questionar o que é tido como "tipicamente brasileiro", valorizar e pôr em cheque nossas linguagens de arte, design, arquitetura e moda. Fazer um exercício oswaldiano de canibalizar as caudalosas citações e alusões ao universo internacional da moda para criar nossas próprias referências culturais. Não é necessário copiar, é necessário conhecer, engolir, deglutir e criar.

Em uma capa da revista *Select* (publicação que fala de arte, design, cultura contemporânea e tecnologia) vemos uma sósia-cópia de Lady Gaga imitando a pose da cantora em uma capa da *Vogue America*, com roupas de Reinaldo Lourenço, que também são cópias... A capa indica bem o caminho do debate: a cópia, a reprodução, o remix, as apropriações são base de novos modelos de criatividade que prescindem da originalidade. Mas precisamos obedecer a essa nova moda? Podemos criar a partir dessa mistura uma nova experiência vestimentária, uma nova proposta de criação de imagem de moda para um mundo local/global, apto a entrar em um universo de *samplers*, virtualidades e subversões de propriedade, que cada vez mais acontecem em todo canto, inclusive no meu quintal.

BIBLIOGRAFIA

AUMONT, Jacques. *A imagem*. Campinas: Papirus, 2004.

BERGER, John. *Modos de ver*. Rio de Janeiro: Rocco, 1999.

ENCICLOPÉDIA ITAÚ CULTURAL – ARTES VISUAIS. Disponível em http://www.itaucultural.org.br/aplicexternas/enciclopedia_ic/index.cfm?fuseaction=artistas_criticas&cd_verbete=3507&cd_item=15&cd_idioma=28555 (acesso em 17-8-2012).

FERREIRA, Glória & COTRIM, Cecília (orgs.) *Escritos de artistas: anos 60/70*. Rio de Janeiro: Jorge Zahar, 2006.

FLYNT, Henry. *An Anthology*, 1963. Disponível em http://www.henryflynt.org/aesthetics/conart.html (acesso em 9-8-2012).

FOUCAULT, Michel. *Isto não é um cachimbo*. Rio de Janeiro: Paz e Terra, 1989.

JANA, Reena. & TRIBE, Mark. *New Media Art*. Lisboa: Taschen, 2011.

JOLY, Martine. *Introdução à análise da imagem*. Campinas: Papirus, 1996.

MACHADO DE ASSIS, Joaquim Maria. *Dom Casmurro*. São Paulo: Abril Cultural, 1978.

MASCIO, Antonella. "Moda e meios de comunicação de massa". Em SORCINELLI, Paolo (org.). *Estudar a moda: corpos, vestuário, estratégias*. São Paulo: Editora Senac São Paulo, 2008.

MATESCO, Viviane. *Corpo, imagem e representação*. Rio de Janeiro: Jorge Zahar, 2009.

SORCINELLI, Paolo (org.). *Estudar a moda: corpos, vestuário, estratégias*, cit.

WEISSBERG, Jean-Louis. "Real e virtual". Em PARENTE, André (org.). *Imagem máquina: a era das tecnologias do virtual*. São Paulo: Editora 34, 1993.

WOOD, Paul. *Arte conceitual*. Coleção Movimentos de Arte Moderna. São Paulo: Cosac Naify, 2002.

PARTE III
Imagem pessoal

Personal styling e os serviços de consultoria de imagem

Ilana Berenholc

Resumo

A consultoria de imagem e o personal styling ganham cada vez mais destaque e, com isso, são cada vez mais considerados como opção profissional. Mas, ao contrário do que muitos pensam, gostar de moda e compras não é suficiente para exercer tais ofícios; é preciso também conhecer os aspectos teóricos e práticos que fundamentam as duas atividades. A definição de cada uma dessas profissões, os conhecimentos necessários para desempenhá-las, o passo a passo de uma consultoria, o desenvolvimento da identidade visual do cliente e a atuação no mercado corporativo são os temas abordados neste texto.

PERSONAL STYLING E OS SERVIÇOS DE CONSULTORIA DE IMAGEM

Introdução: imagem, comunicação e expressão

Imagem é percepção. Quando encontramos alguém pela primeira vez, em poucos segundos fazemos um julgamento imediato dessa pessoa. Estabelecemos com o outro um relacionamento não apenas verbal, mas também visual, em que elementos como aparência, linguagem corporal e expressões faciais afetam fortemente a impressão que causamos. Eles influenciam o julgamento do outro quanto ao nosso grau de atração, nossa personalidade, confiabilidade, credibilidade, ocupação, situação financeira e também quanto à afinidade social e intelectual que possamos ter com essa pessoa. São, enfim, ferramentas de comunicação que podemos usar para expressar aspectos de nossa personalidade, nosso humor e nossas intenções.

Nesse contexto, o cuidar da aparência vai além da estética, abrangendo também a forma com que nos comunicamos e expressamos. A vontade de entender como somos percebidos e aprender a usar a aparência como ferramenta de expressão pessoal e inserção social abre portas para profissionais que cuidam não apenas dos aspectos estéticos do vestir, mas também dos simbólicos: os consultores de imagem e personal stylists. Para destacar-se nessa área de atuação, além de um senso estético desenvolvido, tornam-se fundamentais uma metodologia de trabalho e o conhecimento teórico sobre formas do corpo, ilusões de ótica e simbologia das roupas.

O consultor de imagem e o personal stylist

Antes de tudo, é importante distinguir entre o trabalho do personal stylist e o do consultor de imagem. Por definição da Association of Image Consultants International (Aici),[1] o **consultor de imagem** é o profissional especializado em aparência, comportamento e comunicação verbal e não verbal, que assessora seus clientes nesses aspectos.

Apesar de os dois profissionais trabalharem com muitos elementos em comum, o foco é diferente. O consultor de imagem concentra-se no *personal branding* (gerenciamento da marca pessoal): as roupas e acessórios são ferramentas para criar uma imagem e posicionamento pretendidos pelo cliente, levando em conta o que eles podem comunicar a respeito de quem os usa. A moda é coadjuvante e funciona como suporte para manter essa imagem sempre atual. O desejo do cliente, ao contratar esse profissional, é definir para si uma identidade visual coerente com sua personalidade, encontrar uma representação estética de si. Em muitos casos o consultor trabalha, além do aspecto visual, aspectos comportamentais do cliente.

Por sua vez, o **personal stylist** tem a moda como foco primário. Seu trabalho envolve adaptar a moda e as tendências da estação ao cliente, levando em conta, principalmente, suas características físicas e estilo pessoal. Evidentemente, também existem aspectos de comunicação envolvidos aqui, mas a diferença mais significativa é que eles em geral não são o objetivo primário do cliente e, consequentemente, do profissional. O desejo principal do cliente é aprender a usar a moda a seu favor e ter um guarda-roupa mais funcional.

Aqui, usaremos a palavra *profissional* para abranger as duas formas de atuação. Nos dois casos, os principais conhecimentos necessários são:

- tipos de silhueta e características corporais e as roupas indicadas para cada um;
- formatos de rosto e acessórios indicados para cada um;
- teorias sobre estilos pessoais;

---

[1] http://www.aici.org (acesso em 10-8-2012).

- análise de cores;
- simbologia das cores;
- princípios de design aplicados à coordenação de roupas e acessórios;
- tecidos e fibras;
- estilistas, lojas, tendências de moda;
- visagismo (uso da maquiagem, corte, coloração e penteado do cabelo, entre outros recursos estéticos aplicados à imagem pessoal);
- códigos do guarda-roupa profissional e social;
- história da moda e indumentária;
- técnicas de consultoria: entrevista, mensuração, closet clearing (processo de avaliar e retirar roupas e acessórios do guarda-roupa do cliente) e personal shopping (compras personalizadas de roupas e acessórios para o cliente).

O processo de consultoria e as etapas do trabalho

O processo de consultoria divide-se em dois momentos. No primeiro, o profissional levanta o maior número possível de informações sobre o estilo de vida e as necessidades do cliente e também analisa suas características físicas. Feito isso, inicia-se a fase das recomendações e intervenções no guarda-roupa.

Geralmente, essas duas fases subdividem-se nos passos que descrevemos a seguir.

FASE 1: LEVANTAMENTO DE DADOS

ENTREVISTA

A entrevista, que pode ser acompanhada de um questionário previamente entregue ao cliente, é fundamental para o desenvolvimento do trabalho. Por meio dela se levantam informações como personalidade, estilo de vida, preferências, hábitos de consumo, objetivos e expectativas. O ideal é complementar a entrevista com referências visuais trazidas pelo cliente que representem aquilo que ele está buscando.

Quanto maior a quantidade e detalhamento das informações, maior a probabilidade de as recomendações satisfazerem as necessidades do cliente. Um cuidado constante neste trabalho é recomendar elementos que façam parte das preferências estéticas do cliente, e não do profissional.

Algumas informações essenciais que devem ser levantadas durante a entrevista são:

- PERSONALIDADE – Palavras que melhor descrevem a personalidade do cliente, aspectos fortes da personalidade que ele deseja evidenciar, aspectos que deseja minimizar na comunicação, como acredita que é percebido pelos outros.
- ESTILO DE VIDA – Estado civil, filhos, profissão, local de trabalho, política de vestuário da empresa, contatos profissionais, atividades sociais ligadas ao trabalho, local de residência, atividades sociais e de lazer, atividades esportivas, locais que frequenta socialmente, destinos de viagens e frequência dessas atividades.
- PREFERÊNCIAS – Cores, combinação de cores, tecidos (toque e aparência), estampas, modelagens, caimento das roupas, estilo das roupas, bolsas, acessórios, relógio, penteado, maquiagem.
- HÁBITOS DE CONSUMO – Lojas e marcas preferidas, lojas e marcas desejadas, frequência de compra, o que importa na hora da compra (preço, beleza, caimento, ser tendência, etc.).
- OBJETIVOS – Por que buscou esse serviço neste momento da vida, o que quer aprender no processo, como deseja se ver e ser visto, como não quer ser visto.

- **DIFICULDADES E LIMITAÇÕES** – Quais itens tem mais dificuldades em escolher ou encontrar, quais são as dificuldades específicas, que limitações o impedem de ter a imagem que gostaria.
- **EXPECTATIVAS** – O que espera como resultado do processo, o que espera do profissional.

ANÁLISE DAS CARACTERÍSTICAS FÍSICAS: SILHUETA, PROPORÇÕES CORPORAIS, ROSTO E TRAÇOS

Usando técnicas de observação e mensuração, o consultor faz a análise horizontal, vertical e de circunferência do corpo do cliente a fim de selecionar as roupas que favorecerão seu biótipo. A **análise horizontal** considera a relação entre a largura dos ombros, cintura e quadris. Nela, são determinadas as diferentes silhuetas corporais (por exemplo, triângulo ou A, retângulo ou H, triângulo invertido ou Y, etc.). A **análise vertical** parte do princípio de que a figura ideal é representada por oito cabeças, contadas do topo da cabeça até o chão. Aqui, identificam-se as partes do corpo, como pescoço, pernas ou braços, que necessitam ser alongadas ou encurtadas visualmente, sempre tendo como medida o comprimento da cabeça do cliente. Por fim, a **análise de circunferência** identifica as partes que necessitam ser afinadas ou alargadas visualmente.

Também é feito o estudo da forma do rosto e da característica dos traços, que determinam a recomendação de acessórios (óculos, brincos e colares), estampas e texturas, corte de cabelo e aplicação de maquiagem.

Em todos os casos, serão aplicados efeitos de ilusão de ótica que podem ser causados pelos elementos de design presentes nas roupas: linhas, formas, cores, texturas e estampas. Cada um deles pode ser usado para criar ilusões em relação ao tamanho e forma do corpo e também para criar focos de atenção na silhueta, chamados de **pontos focais** – geralmente nas partes do corpo que se pretende destacar.

ANÁLISE DE CORES

A análise de cores fundamenta-se nos estudos de Michel Eugène Chevreul sobre o contraste simultâneo das cores. Chevreul (1839) identificou que as cores, quando colocadas lado a lado, interagem, influenciando no modo como cada uma é percebida. Dessa forma, as cores que usamos perto do rosto afetam nossa fisionomia, valorizando-a ou não.

Essa parte do trabalho tem como objetivo selecionar as cores que criam um aspecto positivo na fisionomia do cliente. Por meio de um estudo comparativo, em que cores com características opostas de luminosidade, intensidade e temperatura relativa[2] são colocadas próximas ao rosto do cliente, observa-se o efeito de cada uma em sua aparência. Assim, são comparadas cores claras e escuras, intensas e opacas e quentes, frias e neutras.

As cores selecionadas para o cliente são aquelas que harmonizam com a coloração pessoal, iluminam, rejuvenescem e suavizam a textura da pele, deixam o rosto corado, definem o contorno facial, valorizam os traços e equilibram as formas.

Além da entrevista e das análises estéticas, nesta primeira fase é importante que o profissional conheça o guarda-roupa do cliente para ter uma ideia real do que existe.

FASE 2: APLICAÇÃO

APRESENTAÇÃO DOS CRITÉRIOS

Antes de entrar no guarda-roupa do cliente para começar o closet clearing, é fundamental que o profissional se certifique de que aquilo que propõe como visual final para o cliente satisfaça as expectativas

---

[2] Na análise de cores, levam-se em conta a temperatura relativa da cor, que considera a proporção de amarelo e azul nela presentes, e a temperatura psicológica, que considera seu posicionamento no círculo cromático. Neste caso, são chamadas cores quentes aquelas com maior proporção de amarelo, frias as com maior proporção de azul e equilibradas ou neutras as que têm um equilíbrio entre as duas cores. Por exemplo, o vermelho alaranjado é considerado quente, o vermelho rosado, frio, e o vermelho puro, neutro.

e o gosto dele. Assim, após a fase 1, sugere-se que o profissional crie um quadro de inspirações, com imagens de looks, cores, maquiagem, corte de cabelo, etc., apresente-o ao cliente e discuta com ele se é o que realmente quer como resultado.

Essa discussão é a oportunidade para que os dois alinhem suas visões e, se necessário, revejam certos aspectos discutidos na fase 1. Após obter a aprovação do cliente quanto à imagem que vai desenvolver para ele, o profissional inicia o trabalho no guarda-roupa.

CLOSET CLEARING

Closet clearing o processo de analisar as peças de roupas e acessórios existentes no guarda-roupa do cliente, com o objetivo de retirar aquelas que não o valorizam esteticamente ou não estão de acordo com a imagem desejada por ele. Nessa fase, também se detecta o que é necessário adquirir.

PERSONAL SHOPPING

O profissional faz uma pré-seleção dos itens que o cliente quer ou deve adquirir e depois o acompanha às compras. Não são todos os clientes que optam pelo personal shopping, porém sempre é importante acompanhar a pessoa a algumas lojas para ensiná-la a identificar e selecionar o que adquirir, mesmo que a compra propriamente dita ocorra em outra ocasião.

MONTAGEM DE LOOKS

Com peças adquiridas no personal shopping ou com as já existentes, são montados looks que exemplificam a proposta do novo visual. Esses looks são fotografados. Nesta etapa, é comum trabalhar com o conceito de *capsule wardrobe* – um grupo limitado de peças, geralmente entre 5 e 12, que, quando coordenadas, formam vários trajes.

As etapas que acabamos de descrever compõem o primeiro atendimento de um novo cliente. Depois, pode ser feita uma manutenção do trabalho com novos closet clearings e compras de tempos em tempos.

DEFINIÇÃO E DESENVOLVIMENTO DA IDENTIDADE VISUAL

A fase do levantamento de dados do atendimento é o ponto de partida para a definição da identidade visual do cliente. Aqui, deve-se ir além de uma análise das características observáveis no cliente, suas roupas e acessórios, seu cuidado com cabelo, pele e unhas, maquiagem, seu tipo físico e coloração pessoal, investigando também aspectos não observáveis, que impactam fortemente suas escolhas quanto à aparência. Julgamos o que vemos, mas, como profissionais da imagem, devemos investigar o que leva o cliente a se apresentar da forma como o vemos. A seguir, descrevemos as principais características não observáveis.

IMAGEM CORPORAL

Damos o nome de **imagem corporal** à percepção que o cliente tem de suas características físicas: seu tamanho, estatura, silhueta, força, coloração pessoal e forma física. A imagem corporal influencia como o cliente quer que seu corpo pareça. Em consequência de imagens corporais diferentes, dois clientes com características físicas semelhantes podem ter objetivos distintos com relação ao físico.

AUTOIMAGEM

Damos o nome de **autoimagem** à percepção que o cliente tem de suas características psicológicas – atitudes, personalidade, talentos e habilidades – e sociais – os papéis que desempenha –, somadas à sua imagem corporal. A autoimagem influencia como o cliente deseja se ver e ser visto, quais características de personalidade deseja evidenciar ou camuflar, que impressão deseja transmitir quanto a seu *status* pessoal e profissional.

NECESSIDADES INDIVIDUAIS QUE AS ROUPAS SATISFAZEM

As escolhas feitas na hora do vestir são movidas por alguma necessidade do cliente, permanente ou específica daquele momento. Essas necessidades são classificadas em quatro tipos.

1. FÍSICAS – Encaixam-se nesta categoria as escolhas motivadas pelo clima, forma de locomoção, conforto físico e questões de saúde.
2. PSICOLÓGICAS – Englobam escolhas do que traz bem-estar e conforto psicológico ao cliente – a cor ou objeto de sorte, por exemplo.
3. SOCIAIS – Abrangem escolhas movidas pela necessidade de inclusão, aceitação, adequação ao (ou confronto do) ambiente ou grupo em que convive.
4. ESTÉTICAS – São escolhas movidas pela vontade de destacar ou camuflar partes do corpo, adornar-se ou expressar-se artisticamente por meio das roupas.

VALORES

Os valores determinam o que as pessoas consideram importante, regendo suas escolhas e, consequentemente, influenciando o que compram e consomem e como o fazem.

Uma das formas de identificar os aspectos não observáveis do cliente é solicitar que ele fale sobre seu look do momento, explicando como e por que cada elemento foi escolhido – desde as roupas até o penteado. Assim, de forma não direta, o profissional consegue descobrir o que está por trás de cada escolha. O papel do profissional não é julgar ou procurar modificar o que move as escolhas do cliente, mas sim tentar vesti-lo considerando todos essas escolhas.

Coloração pessoal, proporção física e estilo pessoal definem a identidade visual do cliente. Cada um desses elementos isoladamente e também a combinação deles formam uma impressão sobre o indivíduo – sua personalidade, humor e intenção. Além deles, postura, gestual, expressões faciais e modo de falar influenciam a leitura que se faz da personalidade desse indivíduo e devem ser igualmente levados em conta, para que haja coerência de comunicação.

Com todos esses aspectos considerados, parte-se para a seleção dos elementos que farão parte do visual do cliente (cores, tecidos, estampas, formas, acessórios, cabelo, maquiagem, etc.) e a definição de como esses elementos serão combinados. Um dos cuidados fundamentais na seleção é não trabalhar com conceitos estereotipados sobre estilo pessoal.

As teorias de estilo associam roupas e elementos de design a certas personalidades. No entanto, as roupas podem comunicar certa mensagem quando vistas fora do corpo, mas, a partir do momento em que uma pessoa específica as veste, sua mensagem é afetada por todas as informações que essa pessoa traz – seu tipo físico, sua linguagem corporal, seu jeito de andar e olhar, seu modo de falar, sua personalidade. Além disso, a mensagem que uma roupa comunica depende do local e das pessoas envolvidas.

O profissional deve observar se os elementos selecionados transmitem a mensagem desejada quando usados por **aquele cliente específico, naquela situação específica e com aquelas pessoas específicas**, e não de modo geral. Nenhuma estampa de onça tornará uma mulher sensual se ela não se expressar de forma também sensual por meio de seu modo de andar, falar e olhar. Se há dissonância entre os elementos, não há credibilidade de imagem.

Além de definir a identidade visual básica do cliente, é importante ensinar como adaptá-la a situações do dia a dia em que ela não seja a mais adequada, como o ambiente profissional, por exemplo.

A consultoria de imagem para o ambiente corporativo

Consultores de imagem e personal stylists estão cada vez mais sendo chamados por empresas para realizar trabalhos ligados ao visual de seus funcionários, geralmente por meio do desenvolvimento de políticas de vestuário e de palestras de conscientização. O objetivo é alinhar a imagem do funcionário à identidade corporativa: como a empresa pretende ser entendida e compreendida, reconhecida e julgada pelo público, um conceito geralmente expresso em sua missão e valores. As empresas entendem que o funcionário é um agente da imagem corporativa, aquele que faz a ponte entre sua identidade e sua imagem – como o público a percebe –, e cada vez mais definem políticas claras de como os funcionários devem se apresentar a fim de garantir essa percepção.

Os resultados desse trabalho não beneficiam apenas a empresa, mas também o funcionário. Hoje, entende-se que uma boa imagem, aliada a um bom currículo e profissionalismo, traz mais vantagens competitivas. O profissional passa a ser visto como comprometido, ganha mais visibilidade e tem maior chance de promoção.

A abordagem ao profissional no ambiente corporativo é distinta da abordagem ao cliente individual. O elemento *moda* não é considerado. Na escolha do traje profissional, considera-se o que é adequado à identidade corporativa, a seu público e aos códigos de vestuário existentes nesse meio, tudo isso conjugado ao papel do funcionário na empresa e aos objetivos desse funcionário quanto à imagem que deseja projetar.

Com a adoção de códigos mais informais por um grande número de empresas, incluindo as tradicionalmente conservadoras, como bancos e escritórios de advocacia, no guarda-roupa profissional trabalha-se principalmente com elementos que comunicam mais ou menos formalidade. Geralmente, as empresas definem os níveis de formalidade que seus funcionários devem adotar: formal, casual profissional ou esporte profissional, sendo o primeiro o mais formal de todos e o último, o mais informal. Esses níveis distinguem-se pelos trajes adotados, que comunicarão mensagens distintas.

O visual transmite maior formalidade quando nele se observam cores escuras ou contrastes de claro e escuro, com predomínio de cores escuras, poucas estampas e padronagens, elementos como terno, tailleur ou blazer, tecidos firmes e estruturados, texturas suaves, linhas retas e geométricas, acessórios menores e usados em menor quantidade. Já a informalidade é obtida por meio de cores claras ou vivas, tecidos fluidos ou com muita textura, linhas curvas ou arredondadas, estampas grandes, peças desestruturadas, sobreposição de peças, acessórios maiores. A impressão de formalidade ou informalidade depende da quantidade desses elementos no visual.

No ambiente corporativo o estilo pessoal é secundário. Respeita-se o estilo do funcionário, mas antes se adéqua sua imagem ao nível de formalidade exigido no ambiente. As escolhas pessoais seguem os limites estabelecidos pelos níveis de formalidade adotados.

Considerações finais

Independentemente de seu público ser o cliente individual ou o corporativo, o profissional da área deve estar atento às mudanças de comportamento e relacionamento das pessoas no mundo todo. São elas que ditam as escolhas e afetam as leituras que um traje pode ter. A mensagem que uma roupa ou até uma forma de se comportar comunicam nos dias de hoje pode ter outro sentido amanhã.

BIBLIOGRAFIA

CHEVREUL, Michel Eugène. *De la loi du contraste simultané des couleurs*. Paris: Pitois Levrault, 1839.

GLADWELL, Malcolm. *Blink: The Power of Thinking Without Thinking*. Nova York: Little, Brown and Co., 2005.

KEFGEN, Mary & TOUCHIE-SPECHT, Phyllis. *Individuality in Clothing Selection and Personal Appearance: A Guide for the Consumer*. Nova York: Macmillan, 1981.

LEVENE, Malcolm & MAYFIELD, Kate. *10 Steps to Fashion Freedom: Discover Your Personal Style from the Inside Out*. Nova York: Crown, 2001.

MARKS, Lynne Henderson & ISBECQUE, Dominique. *Perfect Fit: How to Start an Image Consulting Business*. Orlando: FirstPublish, 2001.

MATHIS, Carla Mason & CONNOR, Helen Villa. *The Triumph of Individual Style: A Guide to Dressing Your Body, Your Beauty, Your Self*. Nova York: Fairchild, 2001.

RASBAND, Judith. *Wardrobe Strategies for Women*. Nova York: Fairchild, 2001.

Mudar, parecer e seus possíveis desígnios

Rosane Preciosa

Resumo

Mudar a aparência é um dos imperativos do contemporâneo. Dos vários sentidos implícitos no desejo de mudança, apontamos dois: um, a possibilidade de construir autonarrativas que inventem imprevistas sintaxes, a partir de experiências sensíveis vividas por um sujeito singular; o outro, a busca por abafar as sensações do vivido, ainda que estas sejam escutadas, para dar lugar a invenções de si afinadas com outro desígnio – o de que a mudança pessoal dará visibilidade a uma "marca" de si mesmo, com reluzente valor de troca. Dessas questões é que este artigo vai tratar. No entanto, cabe sublinhar, de antemão, que no decorrer destas páginas irei tão somente levantar questões, convidando o leitor a, comigo, ampliar essa conversação.

MUDAR, PARECER E SEUS POSSÍVEIS DESÍGNIOS

Introdução: personal trainer, personal shopper, personal chef, personal stylist

Ao que parece, já desenvolvemos uma grande intimidade, praticamente naturalizada, com as expressões do título acima. Do jeito que elas são acatadas, chego a ter a impressão de que não foram produzidas pelos apelos de um tempo e de um lugar cultural definidos. Não são postas em dúvida (ao menos não as vejo serem), convivem conosco como presença incontestável. Desconfio de que expressões formadas por *personal* + nome de uma ocupação sejam conhecidas de todos, pois circulam entre nós de forma intensa desde os anos 1990, como é o caso de personal stylist, e desde então não pararam de ampliar seu espectro de ocorrência.

Acredito que seja senão um consenso, mas quase um, dizer que vivemos plugados em uma atmosfera de mercado cultural, em que as subjetividades ocupam um lugar significativo nas vitrines. Nelas podemos expor com regozijo nosso "capital" íntimo. Cabe a nós a tarefa de gerir da forma mais estratégica possível esse nosso "negócio pessoal", atentos sempre às cotações que o mercado externo nos atribuirá. Um de nossos maiores dilemas parece residir no fato de que, sujeitos a bolsas de valores flutuantes, temos nosso valor de mercado em constante variação, portanto estamos sempre em dúvida sobre quais imagens de marca de nós mesmos devemos conservar e quais devemos descartar, porque não atendem mais de forma satisfatória a essa demanda urgente de "posicionamento de marca".

Talvez possamos traçar uma curiosa analogia do que acontece no mundo dos sujeitos com o que acontece no mundo dos produtos. No universo das marcas, sabemos todos que não basta mais se apoiar no mérito dos produtos, que alavancariam suas vendas por si só. É fundamental construir sentidos imagéticos e verbais sólidos e impactantes, capazes de inserir esses produtos no mercado, de forma até agressiva. Na vida privada, parece que de alguma forma reproduzimos a estratégia das marcas, disputando cada qual o lugar mais original, mais exclusivo.

Enfim, tomando Paula Sibilia como companheira de viagem, destacaria uma ideia contida no livro *O show do eu: a intimidade do espetáculo* (2008), que me parece ampliar esta conversa: a de que eu e você, gente comum, fomos todos alçados à categoria de personalidades. Saímos da passividade que nos era atribuída e ingressamos no mundo das engrenagens criativas, em que somos o tempo todo conclamados a nos destacar. E que cada qual cobice ser o mais criativo possível, espantando a ameaça de se tornar alguém invisível.

Doravante, esse é nosso salvo-conduto para circular em um mundo em que estetização e comercialização de si flertam o tempo todo. A própria ideia de ser bem-sucedido passa pela capacidade que cada um de nós terá de ir "azeitando" essa equação, manobrando para não ser esquecido. Sim, porque é como se cada sujeito carregasse uma coleirinha com uma imagem de si que não deve caducar. Não há sossego: é preciso alimentar diuturnamente nosso autorretrato, gerenciá-lo com as narrativas adequadas. Claro que as estratégias que cada um acionará serão as mais variadas, e certamente isso jamais garantirá êxito, de fato. No entanto, essa parece ser a via a que somos conclamados, para que cada qual tenha acesso a um suposto lugar privilegiado.

Caminhamos ao abrigo de uma pedagogia do eu instaurada, que vocifera seu aprendizado de liberdade incondicional para realizar desejos individuais. Mas, como nos dirá Gilles Lipovetsky (1989), nossa autonomia, nossa fome de protagonismo, encerra um estranho paradoxo: se por um lado nos desembaraçamos dos vínculos que nos prendiam a uma ordem coletiva, por outro experimentamos uma absoluta solidão. Uma sensação de cacofonia e desarticulação nos aturde.

Um singelo exemplo talvez ilustre um pouco as palavras que acabo de escrever. Certa vez, vi uma jovem entrar em pânico no provador de uma conhecida loja de departamentos, tudo por causa da dúvida que a assaltava sobre os efeitos em seu corpo da roupa que experimentava. Isso a levou a convocar a presença de três vendedoras e de quem mais por ali passasse. De algum jeito eu quase a ouvia perguntar: "Será que com essa roupa serei capaz de expressar um lugar legível? Conseguirei com ela ocupar um lugar em uma moldura hegemônica de referências? Será que ao vesti-la torno-me alguém?"

Um dos traços mais marcantes da moda contemporânea é justamente seu caráter heteróclito, afirma Lipovetsky (1989). Isso quer dizer que inexiste um fio condutor claro, inequívoco, que possa nos orientar e nos apaziguar diante das multiplicidades do vestir. Resta-nos ativar ao máximo nossa capacidade de inventar aparências, que ora se alinham a desígnios que contemplam tendências hegemônicas, ora encontram nos sujeitos uma saudável resistência, um terreno propício à experimentação e à criação de novas subjetividades.

Chamem um personal stylist aí, por favor

Um personal stylist é o que chamamos de um consultor de aparências, espécie de tradutor juramentado da multiplicidade de signos verbo-visuais que circulam por aí, assediando-nos, confundindo-nos. Ele seria então alguém a quem encomendamos a decifração desses signos, cabendo-lhe apontar que caminhos seguros de moda deveríamos abraçar. Investido de um saber que lhe confere autoridade, é ele quem guia o cliente, fazendo-o atravessar um campo minado de tendências de moda, que por sua própria condição heterodoxa seriam um empecilho para obter o resultado desejado: a criação de uma imagem única, dotada de uma assinatura inconfundível. Um personal stylist em princípio procura entender o funcionamento da moda, buscando conter suas turbulências, de forma que seu cliente consiga projetar uma imagem de si, digamos, sem "ruídos".

A menção à ideia de contratar um profissional como um tradutor de códigos de moda me leva a pensar na tradução de textos de uma língua para outra, em que o texto traduzido deturpa o original, trunca-o, chega mesmo a torná-lo ilegível. Sabemos que não é nada fácil traduzir um universo em outro. Nesse sentido, entram em jogo não só questões linguísticas, mas também culturais, estéticas. Haverá sempre, suponho eu, alguma palavra intraduzível.

Que espécie de traduções um personal stylist efetivamente realiza, e qual a participação do outro nessas traduções? Não se trata apenas, penso eu, de decifrar os signos dominantes de moda, que garantiriam ao cliente uma trajetória mais "fotogênica" e mais autoral, tão a gosto de nossos tempos, que exigem menos modelos do que modulações de padrão. Será que em sua prática existe espaço para escutar os desassossegos do cliente: suas fragilidades, sua vulnerabilidade, suas hesitações? Ele mesmo, o personal contratado, que tipo de escuta de si pratica? Sua condição de profissional de moda o salvaguardaria da contaminação pelo outro? Ao receber aquele sujeito, aquele corpo, aquela paisagem onde se insere uma vida, ainda assim o personal stylist permaneceria irredutível em seu desígnio: adaptar sujeitos e roupas a um perfil de mercado prestigioso?

Tell me, how do you want to look like?

Talvez eu possa chamar Yuka Oyama, uma artista japonesa, que vive e trabalha em Berlim, de uma personal stylist "experimental". Não lembro bem agora como foi que ela surgiu diante de mim, se numa dessas incursões madrugada afora, pesquisando na internet, ou se a encontrei, ao acaso, ao folhear alguma dessas inúmeras revistas que caem em nossas mãos e saímos lendo.

Ela executa trabalhos em joalheria, mas de uma forma menos usual. Em vez de utilizar materiais preciosos, ela inventa objetos com materiais descartáveis e reutilizáveis. Yuka Oyama subverte as práticas tradicionais de execução de joias, duplamente: nem trabalha de forma isolada, como de hábito, nem se dedica aos metais nobres.

Em 2002, a artista desenvolveu um projeto que recebeu o nome de Schmuck Quickies – uma junção do alemão *Schmuck*, "joia", com o inglês *quickie*, "rapidinho(a)". Realizado na Europa, no Japão e nos Estados Unidos, o projeto foi descrito por Oyama como uma espécie de salão de beleza portátil. A instalação era composta de uma cadeira, um espelho, uma grande quantidade de materiais descartáveis diversos, mais fitas adesivas, tesouras e outras pequenas bugigangas.

O que interessa à Yuka é a possibilidade de conversa que aquela situação propicia, o que ali é possível desencadear. Em vez de simplesmente montar suas peças, expô-las e ficar à espera de quem delas se aproprie, Oyama instaura um diálogo. Aproxima-se de um potencial voluntário e lhe faz perguntas do tipo: "Que tipo de joia devo fazer para você?", "Algum desses materiais lhe interessa?".

Nesse sentido, sua ação só se completa com a intervenção do outro, que passa a ser o coautor das peças. As formas inexistem sem os sujeitos que desejem incorporá-las. Sua prática de "styling-artístico", então, efetiva-se na medida em que coloca em circulação desejos compartilháveis. Inexiste, nesse tipo de situação, aquele que fica fora do jogo de reciprocidades. As futuras joias são desenhadas ao sabor do tempo das conexões que puderam ser estabelecidas naquele espaço afetivo e dialógico.

Inúmeras práticas artísticas hoje funcionam como uma espécie de laboratório vivo de transformações sociais, que ocorrem de modo nada ruidoso. Trata-se de pequenos gestos, ações propositivas que ativam modos de existência menos pasmos, que nos forçam a buscar outros roteiros de vida – mais livres, mais potentes e indisciplinados.

A título de conclusão

Não se trata aqui de validar uma prática de styling em detrimento de outra, até porque ambas operam segundo valores e proposições bem distintos. Meu interesse em justapor essas duas práticas, ressaltando que uma delas nem se autodenomina "styling-artístico" – fui eu quem cunhei essa expressão –, é tão somente uma provocação a um modo de funcionamento do personal stylist, aquele que restringe a vida, que é pura multiplicidade, a um excesso de fotogenia asfixiante e paralisadora.

Fixar territórios é algo intrínseco ao funcionamento da moda. Aliás, constituir territórios é absolutamente vital, afinal um sujeito, portando suas roupas, funda com elas um território de existência, em que se reconhece e se dá a reconhecer. O problema é que, para se reproduzir com eficácia mercadológica, a moda fabrica territórios o tempo todo, neles despejando toneladas de figuras estáveis em que boa parte de nós iremos nos agarrar como incautos náufragos. Paradoxalmente, no entanto, reside no próprio jogo de mimetismos proposto incessantemente pela moda contemporânea uma saída, um jeito de escapar de suas práticas modelares insinuantes.

Caberá a nós, sim, sempre interrogar as práticas do personal stylist, investigando que forças nelas se manifestam: nos expandem, nos retraem, grampeiam nossos gestos, nos emudecem, ou liberam vozes que desconhecíamos?

A moda, com suas múltiplas criações que nos fascinam, possibilita que inventemos autonarrativas, que vão se pendurando nas nossas roupas, deixando as marcas de nossa passagem por elas: um mero furinho, toda espécie de nódoa, um rasgo acidental, uma bainha despencada, um suor que entranhou na roupa, um desbotado pelo uso indevido de água sanitária, um rombo causado por um ferro de passar superaquecido enquanto você respondia amorosamente a quem lhe chamava, pelos de gato que custam a sair da roupa preta, bolinhas inconvenientes que surgem aos borbotões nas blusas de lã e que em vão tentamos remover, uma peça de roupa triturada pela máquina de lavar assassina, e uma infinidade de outras coisas mais sutis e quase invisíveis, que acabam por formar uma espécie de compêndio de nossas mais caras memórias.

As roupas têm essa faculdade de nos transportar, nos remeter a outro espaço-tempo, de fabular várias composições vestíveis que nos polifonizam e atropelam certa lógica fashion disseminada pela propaganda, pelos especialistas em moda ávidos em disparar enunciados de autoridade.

Em tempos hiperindividualistas, somos convocados o tempo todo a ser protagonistas de nossas ações. Ora, se a prática do desvio em moda é tão valorizada, por que não pensar em práticas vestimentárias espirituosas e imaginativas? E é claro que isso já acontece por aí, certamente.

Aprendemos com Lipovetsky (1989) que hoje não há uma moda, mas modas, e que estas se fundamentam em colagens bem heterodoxas. Diante disso – e embora seja tentador buscar construir uma imagem clean de um sujeito, que se encaixe mais adequadamente em algumas referências dominantes, que o livrem da invisibilidade –, é preciso perguntar: que moldura é essa que caberia a um personal stylist sugerir? Um dos requisitos básicos de atuação de um personal stylist me parece ser sua fina escuta aos jogos de poder/saber em que a moda transita. Mas como transitar por esses jogos, cujas regras são fluidas, imprevisíveis e sempre provisórias?

BIBLIOGRAFIA

LIPOVETSKY, Gilles. *O império do efêmero: a moda e seu destino nas sociedades modernas*. Trad. Maria Lúcia Machado. São Paulo: Companhia das Letras, 1989.

SANT'ANNA, Denise Bernuzzi de. *Corpos de passagem: ensaios sobre a subjetividade contemporânea*. São Paulo: Estação Liberdade, 2001.

SIBILIA, Paula. *O show do eu: a intimidade do espetáculo*. Rio de Janeiro: Nova Fronteira, 2008.

PARTE IV
Comunicação e imagem

Contribuições da semiótica para a fotografia de moda

Daniela Bracchi

Resumo

Este artigo analisa as estratégias mais inovadoras utilizadas por fotógrafos de moda para a construção dos conceitos de marca e a ilustração de estilos de vida em publicidade e editoriais de moda. Nesse contexto, destaca-se o trabalho do alemão Juergen Teller, que se apropria da estética do fotojornalismo e da fotografia espontânea para construir uma ideia inovadora de *glamour* despojado nas imagens da marca Marc Jacobs. Em suas fotografias, as informações sobre as roupas servem de pano de fundo sobre como o encanto pessoal, a personalidade e a alegria genuína aparecem enquanto valores a serem buscados pelo público consumidor.

Introdução: a necessidade de treinar o olhar

As imagens de moda têm sido produzidas por uma variedade de meios, dos mais tecnológicos aos mais tradicionais. Ilustrações, colagens, vídeos e fotografias povoam as cidades e os sites na internet com looks, conceitos e mensagens, exigindo a leitura e a compreensão de cada vez mais imagens.

O número de revistas de moda cresce, disseminando looks, novos modos de vestir-se e maquiar-se, combinações de acessórios e a busca por um estilo individual que construa arranjos inovadores a partir das peças de roupas e objetos mais em voga. Mesmo as revistas de moda mais antigas e tradicionais, como a *Vogue* (criada em 1892 e reformulada pela editora Condé Nast em 1909) e a *Harper's Bazaar* (a mais antiga revista de moda norte-americana, publicada pela primeira vez em 1867), mostram cada vez mais intersecções com as áreas de design, arquitetura, música e cultura. Desse modo, as imagens de moda mostram-se como um híbrido de influências artísticas e culturais.

Como olhar para tudo isso? Haverá a necessidade de alguma alfabetização visual ou alguma disciplina acadêmica que nos ajude a navegar nesse mar de imagens? As cenas criadas deixam para nós um papel a desempenhar e instruções sobre como sentir e viver o impacto criado pelo mundo da moda no público consumidor.

O *glamour* despojado da Marc Jacobs pelas lentes de Juergen Teller

Um dos mais antigos modos de produzir imagens de moda é a fotografia de moda, que desponta como uma interessante fonte de informação sobre a moda e os valores de cada época. A fotografia ainda era aprimorada em sua técnica e capacidade de produção em massa quando, na década de 1920, fotos de pessoas da alta sociedade vestidas com as roupas de seu tempo começaram a ser publicadas em revistas de estilo, decoração e moda. Nascia, assim, a fotografia de moda, que teve Adolph de Meyer e Edward Steichen como seus precursores em revistas como *Vogue* e *Harper's Bazaar*.

Já nessa época, as roupas mostradas comunicavam um valor não apenas material, mas também simbólico e identitário, corporificando memórias e relações sociais, conforme aponta Stallybrass (2000). Essas imagens de moda deram corpo à identidade feminina ao longo do tempo, em sintonia com os valores estéticos dos movimentos artísticos vigentes em cada período. Do classicismo e suas imagens, que cultuam a beleza grega, ao modernismo, ao concretismo e chegando até a estética da "heroína chique" na década de 1970, a fotografia de moda ilustrou e construiu nossos valores de beleza, *glamour* e elegância.

Ainda hoje as fotografias publicadas em revistas de moda, anúncios publicitários e catálogos mostram-nos imagens do mundo da moda que perduram e povoam nosso imaginário. Mas como olhar para essas imagens de modo que nosso entendimento vá além do caimento das roupas e compreenda os conceitos veiculados pelas marcas?

A **semiótica da Escola de Paris** é uma teoria que investiga a formação da significação e vem se destacando por oferecer ferramentas para análise dos objetos e práticas diversas que formam os valores e a identidade contemporânea. Dotado de um olhar apurado, analítico e compreensivo, esse referencial teórico encontra suas bases nos estudos do suíço Ferdinand de Saussure, datados do fim do século XIX, desenvolve-se com o dinamarquês Louis Hjelmslev na década de 1940 e ganha notoriedade com as proposições atuais do lituano A. J. Greimas e do francês Jean-Marie Floch.

CONTRIBUIÇÕES DA SEMIÓTICA PARA A FOTOGRAFIA DE MODA

Entendendo a fotografia de moda como um objeto de significação que constrói uma mensagem por meio da articulação entre um **plano da expressão**, composto de formas, materialidade, cores, topologias, e um **plano do conteúdo**, que articula os significados mais abstratos, a semiótica tem dado contribuições para uma maior inteligibilidade na interpretação das imagens de moda. Essas contribuições proporcionam um olhar que ultrapassa a constatação dos modos de uso das roupas e permite enxergar mais longe, compreendendo os traços constituintes de nossa própria cultura e identidade.

As imagens de moda atuais indicam características dos valores de nosso tempo, os ideais de beleza, *glamour* e elegância que dirigem as escolhas do que compramos e vestimos, de como nos portamos e do que queremos ser. Elas devem ainda ser concebidas como objetos comunicativos, pois, conforme afirma Landowski (2001), uma imagem é algo que se encontra entre dois agentes em um ato em que o próprio ver não é um termo definido *a priori*, mas implica a presença mesma desses dois protagonistas em cena: um sujeito que vê e algo que se faz ver.

Compreender essas imagens significa considerá-las como um todo, pois os objetos e roupas mostrados não se caracterizam apenas como alvo de um olhar que buscaria compreender a qual estilista se atribui determinada roupa ou o modo como ela pode ser combinada em um look. Ver imagens de moda é mais do que isso, é entrar em relação com outro sujeito, é entender o papel dos modelos e produtos como protagonistas em ação, capazes de se mostrar e entrar em relação com o sujeito que os vê. Os estudos de Ana Claudia de Oliveira (2008a, 2008b e 2009) elucidam que esses dois sujeitos em interação (aquele que vê e o que é visto) qualificam essas fotografias como palco de relações intersubjetivas que vão construir o sentido e a experiência vivida do sentido de que quem as olha passa a conhecê-las.

DANIELA BRACCHI

Estamos já acostumados com os tipos de imagem produzidos pelos nomes mais importantes da fotografia de moda contemporânea, que definem as características e propõem os rumos da área. Em revistas e anúncios publicitários aparecem com frequência grandes produções fotográficas de Steven Meisel, Mario Testino e Annie Leibovitz. Em alguns de seus editoriais, essa última fotógrafa inova ao utilizar a estratégia de compor a cena a ser fotografada de modo que se possam ver os limites do cenário nas bordas do fundo infinito. Esse espaço característico do estúdio fotográfico, que "desrealiza" e cria espaços imaginários e destacados do mundo real, é visto superposto ao cenário natural onde essas fotografias foram criadas.

Para preparar o editorial publicado na revista norte-americana *Vogue* de abril de 2008, que celebra as Olimpíadas de Pequim, Leibovitz colocou lado a lado os corpos mais perfeitos do mundo da moda e do esporte. As fotos ganharam notoriedade pela estratégia de materializar no cenário os espaços concernentes a esses dois mundos – o estúdio fotográfico dos modelos e os cenários ao ar livre da prática de esportes.

O *glamour* despojado

Outros fotógrafos se destacam na produção de imagens de moda ao desconstruir nossa noção do que seja uma fotografia de moda, colocando em cena a influência dos movimentos artísticos contemporâneos. São imagens inovadoras que mostram a aceitação de hibridizações com outros gêneros artísticos e fotográficos. Nessa tendência, um dos fotógrafos mais comentados – e tido como subversivo – é o alemão Juergen Teller. Identificado em 2008 pela revista do jornal *The New York Times* como um *straight shooter* (expressão compreendida como "fotógrafo direto") (Larocca, 2008), Teller cultiva um estilo de fotos "diretas", que remetem à estética do fotojornalismo pelo uso da luz de *flash* direta e de cenários cotidianos ou fundos neutros, nos quais os modelos aparecem olhando diretamente para a câmera.

Os anúncios que produz para a marca Marc Jacobs é um exemplo de seu trabalho. Suas fotos seguem uma estética caseira. Um exemplo é uma produção de 2003 com a atriz britânica Samantha Morton. Esse instantâneo guarda semelhanças com o estilo de foto amadora, tecnicamente falha quando comparada às imagens de moda de nomes como Leibovitz, e cria o efeito de sentido de que essa fotografia poderia ser realizada por qualquer um. Chama atenção a simplicidade do enquadramento e da iluminação, típica dos registros informais. A iluminação artificial e direta remete às fotos feitas entre amigos ou mesmo publicadas na imprensa por seu valor de testemunho, mas que deixam de lado os critérios estéticos geralmente aplicados em uma fotografia de moda. O cenário não é nada glamouroso, e, se não conseguimos identificar com precisão o local onde a foto foi produzida, conseguimos perceber que se trata de um lugar informal pela rachadura na parede que aparece na parte superior da imagem. O corte fotográfico também não apresenta a perfeição habitual das imagens a que estamos acostumados. Um móvel branco aparece no canto direito sem agregar um valor especial à fotografia, apenas como marca de um registro descuidado, que busca mostrar a espontaneidade de um momento de euforia vivido por Samantha Morton. Assim, o que chama mais atenção na imagem é o entusiasmo, a alegria que a atriz demonstra ao dar um grande pulo segurando um par de sapatos. A pergunta que nos fazemos é o motivo de tanta alegria, se é algo que acontece fora da cena e invisível a nosso olhar ou se é o par de sapatos, em cuja palmilha lemos o nome da marca Marc Jacobs. O vestido se transforma com o pulo de Samantha, as tiras ficam no ar, reforçando o dinamismo desse momento. A atriz usa uma peruca branca, que constitui um elemento de estranhamento, tornando o look mais excêntrico. E o que essa imagem tão descontraída nos diz sobre o *glamour* na moda? Estamos acostumados com imagens posadas, que mostram o *glamour* como algo empoado e criteriosamente construído. Mas a imagem nos mostra uma alegria contagiante, um magnetismo que está presente no próprio significado de *glamour*, pois o dicionário o define como "encanto pessoal; magnetismo, charme" (Ferreira, 1999).

O ponto mais importante da mensagem construída pela Marc Jacobs é o de que a roupa é um coadjuvante para que a pessoa se sinta feliz. Esse sentimento é essencialmente pessoal, o que sugere um vestir para si e não para o outro. Isso contraria muitas das imagens de moda que costumamos ver, nas quais sempre um outro é seduzido e tentado a apreciar a roupa em seu poder de fazer o sujeito ser melhor, mais *sexy*, elegante, etc. Consumir a roupa (ter) é o caminho a ser trilhado para ser, enquanto na Marc Jacobs o sujeito já está afirmado e a roupa é um adjuvante do magnetismo e encantamento próprios dessa pessoa – algo que poderíamos chamar de um *glamour* despojado que nos é dado de modo íntimo.

Esse é um exemplo de como a fotografia de moda atual parece se afastar da necessidade de apresentar o *glamour* e a noção de beleza clássica e moderna, passando a ser influenciada por outros gêneros. As fotos de Teller mostram a interessante presença da estética do fotojornalismo e da fotografia espontânea. Gêneros que até então se mostravam esteticamente divergentes começam a colaborar para a inovação das imagens de moda.

O fotojornalismo traz para a fotografia de moda uma preocupação maior com a construção da cena como um acontecimento, um momento único e fugidio. Para retratar esse tipo de ação, os fotojornalistas costumam recorrer a algumas técnicas que buscam garantir a captação do momento em sua efemeridade. São exemplos disso o uso do *flash*, revelado nos olhos vermelhos e na luminosidade excessiva do fotografado, e o corte abrupto, resultado de uma captação também rápida do momento, deixando de fora algumas partes da imagem e incluindo outras aparentemente desnecessárias.

A estética da foto amadora e caseira ganhou notoriedade com o trabalho de Nan Goldin, fotógrafa que tornou sua vida particular tema de seu trabalho autoral. Nas mãos de Goldin, assim como nas de Teller, os retratados vivem cenas que ilustram o tema do amor, das diferenças de gênero, da paixão por objetos de consumo doméstico e da vida cotidiana. É o espontâneo e o íntimo que dominam essas produções, tanto nos temas quanto na estética da imagem. A própria moda é tornada mais cotidiana nessa replicação das situações e do modo como nós mesmos retrataríamos os acontecimentos.

Um grande exemplo do lugar íntimo no qual somos colocados é um anúncio publicitário de 2002 que mostra a diretora de cinema Sophia Coppola em uma piscina. Esse retrato é construído de tal modo que somos colocados no lugar de alguém que está dentro da piscina com Sophia e cujos pés emolduram a figura da cineasta.

A aparição do fotógrafo na foto, por vezes direta, protagonizando o anúncio sozinho ou ao lado de alguém (como nos casos em que Teller surge ao lado de Charlote Rampling, Cindy Sherman ou mesmo sozinho), é outro diferencial da marca Marc Jacobs. A coerência estética de propagandas parece assegurada e centralizada na figura do fotógrafo que se faz ver por meio de pessoas com personalidade e estilo próprio, justamente os modelos dessa marca na qual o ser, e não o ter, é fator decisivo para pertencer ao grupo de consumidores.

O fotógrafo – nesse caso também modelo da marca – inscreve em suas imagens seus "posicionamentos, pontos de vista, apreciações e valorações que se explicitam pelo modo como ele organiza o discurso: na escolha das cores, no uso específico da forma, no emprego reiterado da mesma figura, no gênero da iluminação utilizada, na estruturação de um ritmo, na opção por determinada distribuição" (Oliveira, 1997, p. 54). Assim, cabe ao destinatário, consumidor da

Marc Jacobs, resgatar nas imagens as pistas do que ele mostra e como ele mostra, depreendendo que há aí uma interação que se dá por meio da cena discursiva montada.

Por sua vez, o consumidor dessas imagens não é um consumidor de todos os tempos e todos os lugares. Cada um possui um feixe de expectativas diferenciadas de acordo com fatores como, por exemplo, seu *status* social. Os tipos de interação colocados em ação pelas fotografias exercerão uma fascinação diferente nos consumidores e podem não funcionar para um nicho de mercado que não reconheça os valores encenados pela Marc Jacobs.

Pela identificação dos modelos que aparecem nas propagandas da marca, ocorre uma seleção dos consumidores que "entendem a piada", que conseguem reconhecer que as cenas construídas frequentemente têm a ver com o campo semântico ao qual pertence o retratado e a atividade que desempenha. A atriz Winona Rider, por exemplo, aparece em um anúncio do ano de 2004, meses depois de ter sido detida por furto em uma loja de roupas, rodeada por roupas e acessórios e demonstrando uma felicidade que parodia seu delito anterior.

Nas bordas da fotografia de moda

Os anúncios da Marc Jacobs costumam estar emoldurados por uma grande borda branca. Esse tipo de borda não é aleatório e pode ser compreendido como um espaço significante, de silêncio, que descreve um estado de falta e/ou de desejo de que algo aconteça e imprime um ritmo à contemplação da imagem. A respeito do silêncio, Ceriani (2003) explica:

> O silêncio cria uma tensão que o primeiro evento preencherá, efetuando uma passagem da durabilidade da tensão de espera a uma aspectualização pontual do evento incoativo. Mas depois desse evento a tensão,

> inicialmente diminuída pela conjunção e satisfação derivada, aumentará de novo (fase durativa) com aquilo que aconteceu, até que um segundo evento renovará o aspecto pontual. O momento de passagem de um estado a outro corresponde à situação durativa (de espera-tensão) sobre a qual se delineia um grupo rítmico. (Ceriani, 2003, p. 118)

Nas artes visuais, a borda e a moldura desempenham um papel importante na produção de sentidos e nas formas de recepção. A borda é "aquilo que em um espaço dado confere unidade orgânica a um enunciado icônico ou plástico" (Scalabroni, 2005, p. 19), é mais do que a margem física da representação e não se define por sua natureza material, mas por sua função semiótica de construção do sentido. Como tal, a borda ultrapassa a visualidade, na qual permite dividir o espaço entre figura e fundo, e está presente em outras manifestações e objetos: no livro e sua capa, na estátua e seu pedestal, no teatro e nos aplausos, por exemplo.

Na arte contemporânea, a borda e a moldura deixam de representar mero espaço de silêncio e passam a receber diversos tratamentos nas experimentações dos artistas. Ela chegou a ser eliminada, como nas pinturas de Piet Mondrian e Jackson Pollock, ou incorporada à própria obra, como em alguns quadros de Salvador Dalí. Conforme elucida Greimas (2004), a borda permite identificar o espaço da enunciação como aquele dentro do quadro e delinear o espaço responsável pela construção do sentido, criando seu "universo utópico":

> [O significante plástico] continuará sendo definido de maneira insuficiente, mesmo em se tratando apenas de sua manifestação material, enquanto não for circunscrito, delimitado, separado daquilo que ele não é: o problema bastante conhecido do *quadro formato*, ou, em termos semióticos, do *fechamento* do objeto. Ato deliberado do produtor, que, colocando-se ele próprio no espaço da enunciação "fora-do-quadro", instaura, por meio de uma espécie de debreagem, um espaço enunciado do qual será o único

comandante, capaz de criar um "universo utópico" separado desse ato: garantindo, desse modo, ao objeto circunscrito o estatuto de "um todo de significação", esse fechamento é também o ponto de partida das operações de deciframento da superfície enquadrada. (Greimas, 2004, pp. 85-86)

Fronteira entre o espaço da obra e o espaço do observador, entre o eu-produtor e o tu-observador, a borda é analisada por Scalabroni (2005) como o lugar topológico de início de fechamento do texto e componente essencial no estabelecimento da relação entre imagem (texto) e seu enunciatário. A borda é o espaço onde se inicia o delinear do simulacro de intersubjetividade presente na fotografia, colocando em relação enunciador e enunciatário e doando as condições de possibilidades de leitura da obra.

O fotógrafo, irreverente, é capaz de criar outros modos de sentir que permitem construir o sentido e ressignificar padrões de interpretação preestabelecidos, ao passo que o público, cúmplice, é chamado a colaborar na construção de sentido. A borda insere-se nesse contexto como um procedimento rítmico gerativo do efeito de sentido da espera.

É assim que percebemos que as imagens mais inovadoras da moda são produzidas por quem espera do público um papel ativo na compreensão dos conceitos. É preciso conhecer os personagens que figuram nas propagandas da Marc Jacobs e seu contexto de ação para compreender por que são apresentados em determinadas situações ou realizando certas ações. O público deve buscar compreender a construção dessas imagens, o que a borda acrescenta à cena retratada e como ela nos faz sentir algo do ambiente encenado.

Colocar o espectador em uma ambiência relativa a um clima da moda é o grande objetivo dessas imagens. Para tal, vimos que a estética do fotojornalismo permite construir o *glamour* despojado da Marc Jacobs, e o recurso a outras possibilidades expressivas das imagens, como a borda, é uma estratégia para tentar nos colocar dentro desse clima e nos fazer sentir o impacto das imagens de moda.

BIBLIOGRAFIA

CERIANI, Giulia. *Il senso del ritmo: pregnanza e regolazione di un dispositivo fondamentale*. Roma: Meltemi, 2003.

FERREIRA, Aurélio Buarque de Holanda. *Dicionário Aurélio eletrônico: século XXI*. Versão 3.0. São Paulo: Nova Fronteira, 1999.

GREIMAS, A. J. "Semiótica figurativa e semiótica plástica". Trad. Ignácio Assis Silva. Em OLIVEIRA, Ana Claudia de (org.). *Semiótica plástica*. São Paulo: Hacker-CPS, 2004.

LANDOWSKI, Eric. "En deçà ou au-delà des stratégies: la présence contagieuse". Trad. Dilson Ferreira da Cruz Jr. Em *VII Caderno de Discussão do Centro de Pesquisas Sociossemióticas*. São Paulo: CPS – PUC/SP, 2001.

LAROCCA, Amy. "Straight shooter". Em *NY Magazine*, Nova York, 17-8-2008. Disponível em http://nymag.com/fashion/08/fall/49257/ (acesso em 11-5-2012).

OLIVEIRA, Ana Claudia de. *Vitrinas, acidentes estéticos na cotidianidade*. São Paulo: Educ, 1997.

_____. "Enunciação e estesia na expressão sincrética". Em *Caderno de Discussão do Centro de Pesquisas Sociossemióticas*. Vol. 1. CD do XIV Colóquio do CPS, 2008a.

_____. "Interação nas mídias". Em PRIMO, Alex *et al. Comunicação e interação*. Vol. 1. Porto Alegre: Sulina, 2008b.

_____. "A prática sensível da expressão sincrética e enunciação global". Em OLIVEIRA, Ana Claudia de & TEIXEIRA, Lúcia (orgs.). *Articulação de linguagens na comunicação: desenvolvimentos da semiótica sincrética*. São Paulo: Estação das Letras/CPS, 2009.

SCALABRONI, Luisa. "Forme e ruoli della cornice nella rappresentazione pittorica". Em *EC – Rivista dell'Associazione Italiana Studi Semiotici Online*, nº 2, janeiro de 2005.

STALLYBRASS, Peter. *O casaco de Marx: roupas, memória, dor*. Belo Horizonte: Autêntica, 2000.

História da imagem publicitária feminina na moda

Priscilla Tesser

Resumo

Uma envolvente viagem ao passado revela a história da propaganda de moda no Brasil, desde a chegada das primeiras ilustrações de figurinos, vindas de Paris, e a publicação dos primeiros periódicos femininos e reclames das casas de moda, na primeira metade do século XIX. O estudo faz um cronograma das revistas e analisa os anúncios de moda das décadas de 1900 a 2000. Por meio da evolução dessas comunicações, percebe-se que sua função deixou de ser apenas mostrar as roupas da estação para abranger também a veiculação de conceitos, atitudes e a criação de todos os profissionais envolvidos na fotografia de moda. Conclui-se que a imagem é mais forte do que o produto em si, e é o que se vende.

Introdução: moda e propaganda

O número de marcas de moda feminina existente no mercado é cada vez maior. Como os produtos são parecidos, em geral nascidos das mesmas fontes de inspiração e dos mesmos fornecedores de matéria-prima, a criação é um desafio. As lojas investem em arquitetura, a fim de proporcionar maior conforto aos clientes. Afinal, ter qualidade e bom atendimento é fundamental. Mas, na verdade, um dos grandes diferenciais de uma marca de moda é a construção de sua imagem.

Propaganda é a comunicação de uma mensagem que visa promover certos comportamentos dos consumidores em benefício do anunciante que a utiliza (Kotler, 2000). Trata-se de uma peça decisiva no processo de decisão de compra, pois tende a despertar interesse e construir uma imagem na mente do consumidor. Quem compra moda está, na verdade, comprando imagem.

Ao olhar para o passado, é possível descobrir como eram apresentadas as primeiras propagandas de moda, em quais veículos, e como evoluíram, desde a chegada das primeiras ilustrações de figurinos vindas de Paris, na primeira metade do século XIX. Por meio dessa evolução percebe-se que a função da propaganda deixou de ser apenas mostrar as roupas da estação e passou a abranger também a veiculação de conceitos, estilo de vida, atitudes e a criação dos profissionais envolvidos na fotografia de moda.

A propaganda de moda apresenta linguagens e imagens diferentes de acordo com a proposta de cada marca. A liberdade de expressão abre a mente do criador e desperta a atenção do consumidor.

A imagem transmite uma mensagem que busca atingir o consumidor que a marca deseja. Este, ao identificar-se com essa imagem, sente o desejo de vivenciar o espírito da marca, associando-se a seus valores e conceitos.

Diferentemente do que ocorria no início do século XX, quando as mensagens eram geralmente óbvias, hoje a mensagem de uma propaganda pode não ficar explícita para o consumidor. Pode intrigá-lo, impressioná-lo e levá-lo a tirar as próprias conclusões. E esse jogo pode atraí-lo e deixá-lo curioso, e a imagem, provavelmente a marca também, vai permanecer em sua mente, podendo levá-lo à compra dos produtos em um segundo momento.

É claro que ainda existem os anúncios mais comerciais, que basicamente apresentam o produto. E é claro também que a atração que acabamos de descrever nem sempre ocorre. A leitora de uma revista pode, por exemplo, ver um anúncio e, gostando ou não dele, seguir em frente na leitura. Ou então pode sentir o desejo de procurar a loja para comprar o produto, ou simplesmente fixar a marca em sua mente, mesmo que de modo inconsciente.

A comunicação da marca de moda: imagem e identidade

Um bom relacionamento entre o cliente e a marca gera fidelidade, que por sua vez gera um fluxo de vendas previsível. Por isso, tal relacionamento deve ser valorizado e fortalecido, por meio de ações que visem a comunicação com o público atual e despertem ainda o interesse de novos consumidores.

Uma marca é mais do que um nome ou produto: é um conjunto de atributos, benefícios e valores, tem cultura e personalidade, e tudo isso faz parte de sua identidade.

A **identidade da marca** é formada por associações que representam o coração e o espírito da marca, o que ela pensa, como ela é e o que pretende realizar. Essa identidade estabelece um relacionamento entre a marca e o cliente. Este vai se espelhar na marca por meio de seus valores, benefícios funcionais, benefícios emocionais ou de autoexpressão. Uma marca pode até se tornar símbolo da autoimagem de uma pessoa.

A personalidade da marca é um importante ponto de diferenciação entre os concorrentes, difícil de ser copiado. E uma marca sem personalidade se perde.

A comunicação deve atingir seus objetivos em relação ao posicionamento e ao fortalecimento da imagem da marca. É preciso verificar se a identidade da marca (o que ela quer ser) está de acordo com a imagem da marca (como ela é vista realmente). A imagem da marca pode ser aumentada, reforçada e explorada, quando confirmar as características de sua identidade; e diluída ou eliminada, se a imagem for inconsistente com a identidade da marca. Neste caso, a marca deve rever sua identidade, sua posição, como está se comunicando no mercado, e se o produto condiz com o que ela quer transmitir.

Vale lembrar que, de acordo com Kotler (2000, p. 572), "imagem é o conjunto de crenças, ideias e impressões que uma pessoa tem em relação a um objeto. As atitudes e ações de uma pessoa em relação a um objeto são bastante condicionadas pela imagem dele".

Uma marca precisa saber que público deseja atingir e que reação pretende gerar com a comunicação. Para tanto, primeiro é necessário conhecer esse público – saber quais são seus interesses, o que gosta de fazer, o que costuma ler, qual seu estilo de vida. Com base nesse estudo, a marca deve buscar os veículos adequados para divulgação, com o objetivo de transmitir a mensagem por um meio eficaz.

A função da propaganda é disseminar informações, imagens e ideias que permitam aos consumidores estar mais informados sobre as marcas, produtos e serviços à sua disposição. Outra função da propaganda é possibilitar aos anunciantes o crescimento de seus negócios, pela conquista de mais consumidores e pelo fortalecimento de suas marcas.

Fazer propaganda é, portanto, investir na construção de um ativo intangível chamado **patrimônio de marca**. Quanto mais uma empresa investe em sua marca, mais esta vale, pois agrega mais valor do que suas vendas anuais totais.

O caminho a ser percorrido para encontrar o "espírito da marca" é subjetivo e simbólico. A imagem tem o domínio do processo: é responsável por atrair e manter o elo de comunicação com o consumidor. Toda a comunicação deve seguir a mesma identidade para fortalecer sua imagem – ou seja, ainda que veiculado por anúncios diferentes, o conceito da marca tem de ser sempre o mesmo.

O consumidor deve primeiro visualizar a imagem da empresa e depois seus produtos. O segredo é o uso estratégico da emoção, que vai levar as pessoas à decisão de compra. Afinal, imagens evocam sensações que levam ao consumo.

As primeiras propagandas de moda feminina no Brasil

Para entender como as propagandas e as revistas de moda foram se modificando, é preciso olhar para o passado e conhecer sua história.

Os avisos públicos são as primeiras manifestações de propaganda. Os primeiros a inserirem um anúncio na imprensa foram os comerciantes ingleses, que perceberam as vantagens de fazer propaganda em veículos de comunicação.

No Brasil, no início do século XIX não havia muitos anúncios, pois predominava o comércio ambulante. Os primeiros que surgiram tratavam da compra e venda de escravos, imóveis, terrenos e fretes de embarcações.

Em torno de 1850, os capitais investidos na mão de obra escrava foram transferidos para o comércio. Com a chegada da industrialização, multiplicam-se as fiações, as tecelagens de algodão e as fábricas de chapéus e calçados. Começam a surgir alfaiatarias, lojas de moda que importavam perfumes, bengalas, estojos, vestidos para bailes, espelhos, relógios ingleses, leques e cortes de fazenda. Com a evolução do mercado, a propaganda deixa de ser apenas um recurso para prestadores de serviços e comerciantes marítimos ou de escravos para fortalecer o varejo.

A partir de 1890, a cidade de São Paulo começa a transformar-se em um grande centro comercial, onde ocorrem importantes mudanças nos hábitos de consumo: as vitrines passam a exibir as últimas novidades e torna-se necessário, portanto, estimular o mercado. Assim, a técnica publicitária começa a mudar, passando do tom da proclamação para o da persuasão.

A revista, com linguagem mais pessoal e leitura prazerosa, passa a ser o veículo da imprensa feminina. Com o desenvolvimento da indústria de cosméticos, de moda e de produtos para a família e a casa, e com o progresso da publicidade, as revistas femininas tornam-se fundamentais para o capitalismo nacional.

A leitora busca a novidade e, atenta aos figurinos de seu tempo, encontra nas revistas uma comunicação atraente e imediata, com variedade de seções e ilustrações. Os anúncios prendem a atenção da mulher em um momento de serenidade e dedicação à leitura. Havia mais tempo para refletir sobre o que era visto nas páginas de revista do que há hoje diante da televisão, por exemplo, por isso esses anúncios conseguiam uma maior resposta de consumo.

Surge, assim, o perfil da mulher consumidora, informada sobre os produtos novos e estimulada para sua aquisição. Diante de um segmento de consumo potencial, revistas de temática considerada masculina, como as revistas agrícolas e esportivas, passam a apresentar seções femininas com nomes como "Cantinho da Mulher" ou "Figurino da Moda", por exemplo.

Examinando particularmente a comunicação da moda, percebemos que, no Brasil, as primeiras divulgações das tendências no vestuário surgem com as ilustrações vindas de Paris, a grande ditadora da moda.

Os primeiros anúncios de moda aparecem ainda no século XIX, nas seções de classificados. Folhetos, jornais e periódicos que começam a circular na época apresentam anúncios de máquinas de costura, lojas de tecidos, armarinhos em geral, ateliês de costura, roupas brancas (lingerie), chapéus e calçados, meias de seda e os produtos de casas que importavam modelos de Paris, concentradas principalmente na rua do Ouvidor, no Rio de Janeiro.

As principais revistas que circulavam na época tinham anúncios das casas importadoras de moda: Mappin Stores, Casa Bonilha, Casa Allemã, Casa Lemcke, Ao Empório Toscano, Casa Gerim, Au Petit Paris, entre outras.

Nesse período, os anúncios – geralmente de uma página – eram elaborados com ilustrações (somente traços) de mulheres, do produto, do estabelecimento ou, às vezes, somente com textos que descreviam as peças à venda. O anunciante não argumentava; apenas enumerava os artigos oferecidos.

O surgimento das revistas de moda

As revistas de moda fornecem-nos um verdadeiro acervo de imagens, com o registro fotográfico da história da moda no Brasil. A informação de moda na mídia impressa surge no século XIX em periódicos femininos ou de variedades. Cabe lembrar que, nessa época, muitas donas de casa costuravam seus próprios vestidos. *O Espelho Diamantino*, o primeiro periódico feminino brasileiro de que se tem registro, foi lançado em 1827, no Rio de Janeiro, pelo francês Pierre Plancher, que teve a iniciativa de criar o primeiro jornal dedicado à moda no Brasil.

A moda era apresentada apenas em gravuras de trajes. Detalhes das roupas, como bordados, punhos e golas, começam a ser explorados, até surgirem os moldes, na metade do século XIX. A indústria têxtil e de vestuário em geral começa a ter um relacionamento cada vez maior com a imprensa dedicada às mulheres.

Publicada entre 1879 e 1904, *A Estação* ocupou o posto da mais importante revista feminina do fim do século. Ela surgiu para suceder a *La Saison*, impressa em Paris e vendida no Brasil de 1872 a 1878, com as novidades do vestuário na Europa.

No início do século XX a *Revista da Semana* fez grande sucesso entre os leitores, com a apresentação de notícias, editoriais, comentários e literatura, além de artigos sobre moda, beleza e trabalhos manuais. Também nesse período circula a *Ilustração Brasileira*. Em 1914, surge *A Cigarra*, revista ilustrada que circulou até 1956.

As publicações começam a dar mais importância às novidades da moda, do cinema e dos eventos sociais. *A Senhorita*, *A Vida Moderna*, *A Vida Galante* e *Fon-Fon* – esta última bastante longeva, tendo circulado desde 1907 até 1958 – estavam entre as opções de leitura feminina na época.

A primeira grande revista voltada a esse público foi a *Revista Feminina*, fundada por Virgilina de Souza Salles em junho de 1914, em São Paulo. Com 90 páginas aproximadamente, essa publicação apresentava uma diagramação inovadora e seções variadas: culinária, com o título "O Menu do Meu Marido"; moda, saúde e beleza – incluindo a seção "Cultura Physica", com dicas de ginástica –; crônicas e poemas de autores como Olavo Bilac e Coelho Neto; e por fim a seção "Vida Feminina", que informava sobre movimentos de mulheres no mundo e no Brasil. A *Revista Feminina* circulou até dezembro de 1936.

Em novembro de 1928 surge *O Cruzeiro*, de periodicidade semanal. A publicação torna-se a maior revista ilustrada brasileira e ganha grande popularidade, principalmente na década de 1940. A partir de 1938, O Cruzeiro apresenta semanalmente a seção "As Garotas", com desenhos do ilustrador e estilista mineiro Alceu Penna acompanhados por textos bem-humorados. Graciosas, sensuais e modernas, as "garotas do Alceu", como ficaram conhecidas, ditavam moda e comportamento. O Cruzeiro circulou até 1983.

Na década de 1940, o *Jornal das Moças* (1914-1961) constava entre os títulos mais vendidos. Dentro do setor de revistas em geral, o segmento feminino já liderava a veiculação de anúncios e diferenciava-se por ter a melhor qualidade visual.

A grande imprensa feminina propriamente dita começa com *Capricho*, lançada a 18 de junho de 1952 pela Editora Abril, em São Paulo. "A revista da mulher moderna", como se autonomeava, começou com fotonovela, tendo apenas algumas páginas voltadas para moda, culinária, contos, etc.

Na década de 1950, com o crescimento das indústrias relacionadas à mulher e à casa, o fortalecimento do mercado interno e o crescimento da classe média, o vínculo do consumo com a imprensa feminina se fortalece.

Em 1959, surge *Manequim*, a primeira revista da Editora Abril voltada especificamente à moda e a primeira publicação de prestação de serviços nessa área, que ensina a mulher a costurar seus próprios vestidos, ou fornece moldes para que elas os encomende.

Em 1961, a Editora Abril lança *Claudia*, que trata de moda, beleza, culinária e decoração. A revista substitui o molde para costurar em casa pelo endereço da confecção onde a leitora poderia encontrar os modelos das tendências da moda.

Claudia começa a trabalhar com equipe estruturada de manequins, fotógrafos e produtores de moda em seus editoriais, o que valoriza o trabalho desses profissionais e a crescente indústria nacional de tecelagem e confecção. Mas a importância da publicação foi além:

Claudia ajudou na formação de uma moda nacional e possibilitou que essa nova indústria chegasse até as mulheres.

A partir da década de 1970, títulos internacionais começam a chegar ao Brasil para as leitoras mais informadas e sofisticadas: *Vogue Brasil*, lançada em maio de 1975; *Elle*, em 1987; *Marie Claire*, em 1991; *Estilo de Vida*, em 2002 (título nacional da revista americana *In Style*); e *L'Officiel Brasil*, em 2007.

Como se percebe por este breve relato, desde os primeiros periódicos, no século XIX, a moda é notícia, e foi conquistando mais espaço com o passar dos anos. Com o desenvolvimento da indústria de produtos femininos, a mulher torna-se um dos mais importantes públicos-alvo. Ao mesmo tempo, a imprensa feminina fortalece-se e as propagandas de moda tornam-se frequentes.

Um século de anúncios

Se no item anterior examinamos a evolução da imprensa feminina, agora vamos focalizar especificamente os anúncios veiculados nesses meios. Conhecer a evolução da propaganda é importante para analisar as mudanças do conceito da imagem através dos tempos e, também, para acompanhar essas mudanças, trabalhando com uma linguagem atual na imagem de moda.

Conforme já comentamos, os primeiros anúncios tinham abordagem direta e informativa, que visava primordialmente comunicar ao leitor o que havia no mercado. Somente em um segundo momento começa a utilização de recursos visuais. Até o final do século XIX, os anúncios eram ilustrados a mão, um a um. Versos e rimas também tinham presença marcante, pois facilitavam a memorização.

Na primeira década do século XX os anúncios descreviam os produtos e serviços oferecidos, suas vantagens e qualidades, muitas vezes com informações sobre preços. Geralmente havia ilustrações de damas com os trajes da moda ou dos próprios estabelecimentos, com textos bem formais.

Em geral, as imagens eram emprestadas das revistas estrangeiras de propaganda. Os novos recursos gráficos, a necessidade de transmitir a mensagem com rapidez e o recurso de seduzir o público pela imagem fizeram do ilustrador um profissional imprescindível das revistas.

Estabelecimento emblemático da cidade de São Paulo, o Mappin Stores foi o grande anunciante do começo do século XX. Em cada anúncio a loja destacava um produto. Na *Revista Feminina* de novembro de 1917, por exemplo, anunciava "blusas para o verão" e, na edição de janeiro de 1919:

> Qualidade, elegância e chic reúnem-se em nossas últimas blusas para o verão. Representam todo o encanto dos caríssimos modelos francezes enquanto o seu preço não ultrapassa a metade destes últimos.
> Para ver a Blusa na sua mais alta expressão de belleza e utilidade visitem a nossa exposição de Modas para o verão. Mappin Stores. Rua 15 de Novembro, 26. S. Paulo. A Casa de Qualidade. (*Revista Feminina*, 1917)

Em um anúncio de 1919, o foco era uma "bellissima collecção de vestidos":

> Convidamos nossa distincta clientela a vir a examinar em nossas lojas, a bellissima collecção de vestidos modelos que recebemos de Paris nestes últimos dias. Mappin Stores. Rua 15 de Novembro, 26 – S. Paulo. (*Revista Feminina*, 1919)

"Toilettes" para o verão

Convidamos a nossa distincta clientela a vir a examinar em nossas lojas, à bellissima collecção de vestidos modelos que recebemos de Paris nestes ultimos dias.

MAPPIN STORES
Rua 15 de Novembro, 26 — S. PAULO

Anúncio do Mappin Stores de 1919.

Na década de 1920, em geral os anúncios mantiveram esse formato. O magazine Notre Dame de Paris, estabelecido à movimentada rua do Ouvidor, no Rio de Janeiro, anuncia a exposição das últimas criações da capital francesa não com uma ilustração, mas com uma foto de página inteira. Já o anúncio da Parc Royal exibe uma linda ilustração artística sobrescrita com texto a mão:

> A Moda é a Belleza da Mulher
> A Mulher é a Belleza da Vida
> Lindas Senhoras, as que vestem as
> Lindas Modas de Parc Royal. (*Revista da Semana*, 1922)

Anúncio da Parc Royal de 1922.

Em 1925, o Mappin Stores também anuncia exposição de modelos de Paris e cópias das criações parisienses:

> Inspirações de Pariz. Expomos Actualmente modelos assignados por Dorat, Bernard, Zim's, Mauby, Yvonne e Jean Pateau.
>
> Copias de modelos de Paris que interpretam fielmente a graça, a belleza e o encanto
>
> Robes, Manteaux, Sahida de theatro, Chales, Echarpes e Chapéus
>
> Visitem em liberdade franca, esta escolhida e opportuna exposição, que não implica em compromisso algum de compra. Mappin Stores. (*Revista Feminina*, 1925)

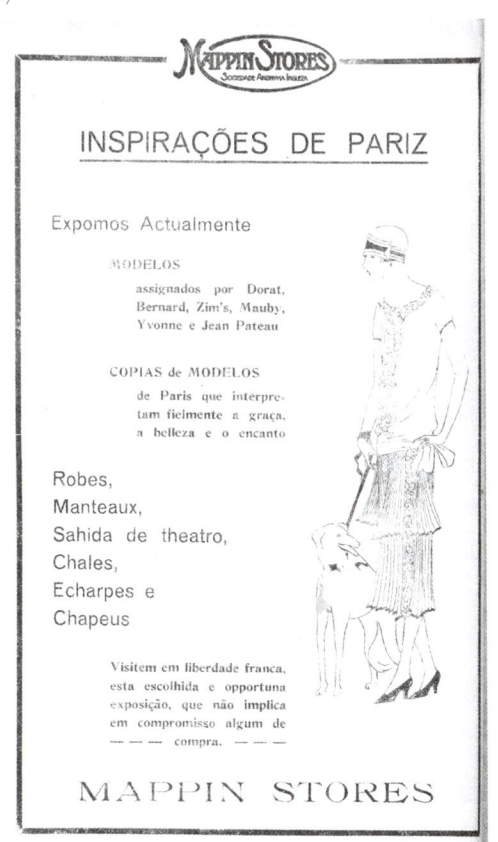

Anúncio do Mappin Stores de 1925.

Depois de uma década sem grandes mudanças, devido à crise econômica e política em que se encontra o país na época, a indústria brasileira só volta a evoluir nos anos 1940, quando surgem as primeiras confecções e a propaganda se desenvolve mais rapidamente. Essa década traz anúncios cheios de informações, com ilustrações ou fotografias de pessoas e produtos, textos em tipologias variadas que descrevem as peças e informam seus preços – era tanta informação que dificultava a identificação da própria marca.

Desde o início do século XX as propagandas de lingeries, até então chamadas de "roupas brancas" (pois eram confeccionadas apenas na cor branca), eram frequentes em todas as revistas. A Valisère, por exemplo, publicava anúncios nas revistas desde os anos 1940. Os anúncios da década de 1950 são os que mais chamam atenção, com ilustrações encantadoras que são verdadeiras obras de arte. Delicadas e poéticas, as imagens são acompanhadas por textos – "modelada com arte e capricho", "macia como pétalas de rosa", "sutil presente", "obra final do criador" –, bem diferentes dos anúncios de outras marcas, que destacam apenas as características funcionais dos produtos.

Anúncio publicado na revista *O Cruzeiro* em dezembro de 1952.
Fonte: Valisère.

Para atender o crescente número de revistas, a propaganda brasileira começou a profissionalizar-se a partir dos anos 1950. Começam a ser veiculados anúncios da Far-West – uma versão da São Paulo Alpargatas para a calça de brim norte-americana – que descrevem os benefícios do produto, a princípio com ilustrações e mais tarde com fotografias. Nessa época, os Estados Unidos passam a ter grande influência na moda, sobretudo pela popularização do jeans.

Com o crescimento da indústria têxtil na década de 1960, os anúncios ganham força nas revistas, principalmente na revista *Claudia*, que apoia a moda brasileira. A Rhodia instala-se no país para produzir fios sintéticos como a helanca, o tergal e o rhodianyl. Propagandas dos fios e tecidos aparecem frequentemente nas revistas de moda, que muitas vezes também estampam seus logotipos nos anúncios das confecções. Nessa década, quase todas as propagandas exibem fotografias.

Nos anos 1970, os anúncios de jeans e moda jovem começam a surgir com grande força. A maioria das propagandas ostenta mais de uma foto, o que deixa a imagem com muita informação e poluída visualmente. Algumas marcas, como a Staroup e a Ellus, diferenciam-se por meio de anúncios mais ousados e sensuais, com uma única modelo e cortes fechados.

Nessa década começa a preocupação com o corpo e com a prática de exercícios, o que faz surgir anúncios de moda esportiva, como os da marca Adidas, que apresenta seus agasalhos. O esporte também inspira a moda jovem, cuja publicidade costuma mostrar vários modelos na mesma foto, entre homens e mulheres, com criações e imagens que remetem ao clima de academia.

Na década de 1980, o jeans explode nas revistas, com propagandas de marcas variadas, ao lado das marcas de moda praia, que destacam os tecidos da Rosset e o fio de Lycra® da DuPont. A Lycra®, aliás, torna-se uma sensação e aparece também no jeans. As fotos são posadas, com cenas do dia a dia ou cortes mais fechados, em que as modelos exibem a parte traseira da calça, evidenciando o bordado com a assinatura ou etiqueta da marca. Luiza Brunet destaca-se na propaganda para a marca Dijon, usando jeans bem justos em poses sensuais.

As cores fortes são características dessa década. Começam a surgir anúncios inovadores que não mostram o produto, mas sim a marca. É o caso de uma peça publicitária da Zoomp que exibe o símbolo da marca – um raio amarelo – no bolso traseiro de uma calça mergulhada em uma piscina, com o texto "Jeans é um pedacinho de amarelo cercado de azul por todos os lados" (publicado na revista *Vogue* em outubro de 1988).

Nos anos 1990, tornam-se frequentes fotos em preto e branco, cortadas das mais diferentes formas, com *closes* do rosto dos modelos. Os anúncios são diagramados de maneira bem diversificada. A partir dessa década, podemos encontrar propagandas de moda das mais variadas naturezas: conceituais (sem apresentar necessariamente o produto), irreverentes (fugindo dos padrões de imagem de moda) ou informativas (com a descrição e os preços das peças fotografadas).

As imagens não se limitam a poses rígidas e exprimem atitudes. A partir do final dessa década, a fotografia de moda passa a apresentar modelos esquisitos ou exóticos, fora do padrão usual de beleza. A androginia estava em voga, e as mulheres apareciam com pouca maquiagem. Um dos elementos mais explorados era a sexualidade.

No início dos anos 2000 busca-se uma perfeição plástica: as modelos parecem bonecas de cera, com uma pele quase irreal. Algumas campanhas trazem desenhos e ilustrações.

Desde o início do novo milênio a propaganda de moda apresenta imagens diversas, com maior liberdade de criação. Modelos são clicadas em poses relaxadas, como se não se dessem conta da presença da câmera. A sensualidade e a sexualidade continuam sendo exploradas nas imagens de moda, que podem também insinuar homossexualismo. Fotos exprimem atitudes e vendem um estilo de vida. As celebridades também são muito fotografadas em campanhas de moda, com o objetivo de valorizar a marca e conferir-lhe reconhecimento. Há ainda campanhas que mostram apenas uma modelo bonita produzida de acordo com a tendência da estação ou com a coleção, em uma pose simples, no intuito de despertar o desejo da leitora de se espelhar na moça em questão. Tudo depende da proposta da marca anunciante.

Anúncio publicado na revista *Caras* em agosto de 2009.
Fonte: Equus.
Crédito: Fernando Louza.

A evolução da propaganda de moda

Acompanhando toda a evolução da imagem de moda nas revistas, percebe-se que a linguagem e o foco mudaram radicalmente. No início, predominava a informação dos atributos e dos benefícios oferecidos por uma marca ou loja, em relação ao material, preço e outros fatores. Com o passar dos anos, a imagem foi sendo simplificada, ao passo que a mensagem adquiria complexidade: as ilustrações foram substituídas pela fotografia, a quantidade de texto diminuiu, muitas vezes chegando-se a uma imagem somente. As imagens, porém, são expressivas, capazes de transmitir mensagens além do que se vê e de fazer o leitor refletir.

Uma imagem bem construída pode dizer tudo sobre uma marca: como é, o que oferece e para quem. Conceito, marca e estilo de vida – essa é a mensagem a ser transmitida; a roupa fica em segundo plano.

O domínio do processo cabe à imagem, responsável por atrair o consumidor e manter o elo de comunicação com ele. O segredo está no uso estratégico da emoção, que levará as pessoas à decisão de compra.

A propaganda estimula e motiva as vendas, mas, para alcançar os objetivos desejados, é preciso que ela esteja associada a outros fatores: qualidade, apresentação atraente, bom atendimento, serviços, preços, facilidade de distribuição, etc.

A comunicação é responsável por construir a imagem da marca para o público, motivo pelo qual deve ser bem planejada. Define-se o tipo de anúncio – comercial ou institucional – de acordo com os objetivos e o retorno que se espera alcançar: obter resultados em curto ou longo prazo; vender um produto ou fortalecer a imagem da marca. Além disso, as marcas de moda devem estar atentas aos hábitos de leitura e estilo de vida de seus consumidores para anunciar nos veículos corretos.

Duas peças podem ser confeccionadas com tecido e aviamentos dos mesmos fornecedores e com a mesma mão de obra, mas, quando se acrescenta uma etiqueta reconhecida no mercado a uma delas, esta pode valer dez vezes mais do que a outra. Uma marca forte tem esse poder, e sua imagem é responsável por esse sucesso.

BIBLIOGRAFIA

AAKER, David A. & JOACHIMSTHALER, Erich. *Criando e administrando marcas de sucesso*. São Paulo: Futura, 1996.

_____. *Como construir marcas líderes*. São Paulo: Futura, 2000.

BUITONI, Dulcília Schroeder. *Imprensa feminina*. São Paulo: Ática, 1986.

CADENA, Nelson Varón. *450 anos de propaganda na Bahia*. Camaçari: Copene Cultura e Arte Especial, 1998.

COBRA, Marcos. *Administração de marketing*. São Paulo: Atlas, 1992.

_____. *Marketing & moda*. São Paulo: Editora Senac São Paulo, 2007.

GADE, Christiane. *Psicologia do consumidor e da propaganda*. São Paulo: EPU, 1998.

GONTIJO, Silvana. *80 anos de moda no Brasil*. Rio de Janeiro: Nova Fronteira: 1986.

HISTÓRIA DO JEANS, A. Em *Rede Modaspot.com*. Disponível em http://manequim.abril.com.br/moda/historia-da-moda/historia_da_moda_277858.shtml (acesso em 8-8-2012).

JONES, John Philip. *Quando a propaganda funciona: novas provas de que a publicidade estimula as vendas*. São Paulo: Globo, 1999.

KLEIN, Naomi. *Sem logo: a tirania das marcas em um planeta vendido*. Rio de Janeiro: Record, 2002.

KOTLER, Philip. *Administração de marketing: a edição do novo milênio*. São Paulo: Prentice Hall, 2000.

LAS CASAS, Alexandre Luzzi. *Marketing de varejo*. São Paulo: Atlas, 2000.

LINDSTROM, Martin. *A lógica do consumo: verdades e mentiras sobre por que compramos*. Rio de Janeiro: Nova Fronteira, 2009.

LIPOVETSKY, Gilles. *O império do efêmero: a moda e seu destino nas sociedades modernas*. São Paulo: Companhia das Letras, 1980.

MARTINS, José. *Arquétipos em marketing: o uso dos arquétipos emocionais na formação da imagem da marca*. São Paulo: STS, 1995.

MARTINS, Ana Luiza. *Revistas em revista: imprensa e práticas culturais em tempos de República*. São Paulo: Edusp/Fapesp/Imprensa Oficial do Estado, 2001.

MARTINS, Zeca. *Propaganda é isso aí!: um guia para novos anunciantes e futuros publicitários.* São Paulo: Futura, 1999.

MESQUITA, Cristiane. *Incômoda moda: uma escrita sobre roupas e corpos instáveis.* Dissertação de mestrado. São Paulo: PUC-SP, 2000.

PALOMINO, Erika. *A moda.* São Paulo: Publifolha, 2002.

RAINHO, Maria do Carmo Teixeira. *A cidade e a moda: novas pretensões, novas distinções – Rio de Janeiro, século XIX.* Brasília: Ed. da UnB, 2002.

RAMOS, Ricardo & MARCONDES, Pyr. *200 anos de propaganda no Brasil: do reclame ao cyber-anúncio.* São Paulo: Meio & Mensagem, 1995.

REVISTA DA SEMANA, 7-10-1922.

REVISTA FEMININA, nº 43, novembro de 1917.

_____, nº 56, janeiro de 1919.

_____, nº 129, janeiro de 1925.

REVISTA no Brasil, A. São Paulo, Abril, 2000.

SAMPAIO, Rafael. *Propaganda de A a Z: como usar a propaganda para construir marcas e empresas de sucesso.* Rio de Janeiro: Campus/ABP, 1999.

SANT'ANNA, Armando. *Propaganda: teoria, técnica e prática.* São Paulo: Pioneira Thomson Learning, 2001.

SCHMITT, Bernd & SIMONSON, Alex. *A estética do marketing.* São Paulo: Nobel, 2000.

TEIXEIRA, Ana Paula F. Viegas *et al. Liderança da revista Claudia há 40 anos no mercado editorial brasileiro de revistas femininas.* Monografia de pós-graduação em administração de marketing. São Paulo: FAAP, 2002.

VESTERGAARD, Torben & SCHIRODER, Kim. *A linguagem da propaganda.* São Paulo: Martins Fontes, 2000.

VIEIRA, Lula *et al. Marcas de valor no mercado brasileiro.* Rio de Janeiro: Editora Senac Rio, 2000.

ZYMAN, Sérgio. *A propaganda que funciona: como obter resultados com estratégias eficazes.* Rio de Janeiro: Campus, 2003.

A comunicação do intangível: análise do elemento imaterial da marca

Luciane Adário Biscolla Robic

Resumo

A marca vem assumindo importância cada vez maior. As pessoas não buscam mais apenas um produto, mas uma marca com a qual possam se relacionar e estabelecer vínculos. Assim, para desenvolver uma marca forte é fundamental construir vínculos emocionais profundos entre ela e seu público. A literatura sobre marcas aborda com frequência o aspecto gerencial dessa questão, mas contempla apenas superficialmente o caráter simbólico e imaterial presente na comunicação entre consumidor e marca.

Por meio de uma revisão bibliográfica dos principais autores de gestão de marcas, o objetivo deste trabalho é estudar as dimensões--chave que compõem o imaginário da marca e como elas se imprimem no segmento da moda. O imaginário será abordado sob a ótica de sua contribuição para a construção do valor intangível da marca, tendo em vista que a roupa é um dos produtos mais intimamente ligados com a representação estética e de personalidade aspiracional dos consumidores, envolvendo, portanto, um alto nível de qualificação emocional em seus processos comunicativos.

Introdução: o styling e o imaginário das marcas

Com o desenvolvimento industrial, poucos são os segmentos que enfrentam desafios para fabricar seus produtos ou até mesmo alcançar um nível de posicionamento técnico e funcional aceitável no mercado em que se propõem a atender. No setor da moda, segmento que se pretende adotar como objeto de estudo neste trabalho, isso é mais evidente ainda, visto tratar-se de um mercado altamente pulverizado e em regime de concorrência perfeita, inclusive com grande facilidade de cópia dos produtos e das marcas mais desejadas pelos consumidores. Nesse cenário, onde diferenciar-se apenas pelos aspectos utilitários e funcionais dos produtos não é suficiente para atender às expectativas de consumo, faz-se ainda mais necessário buscar vínculos fundamentados na imaterialidade que permeia a comunicação da marca.

É muito comum nos depararmos com marcas cujo valor intangível é bem maior do que seu próprio valor patrimonial. Esse valor intangível está intrinsecamente ligado ao imaginário da marca, que, por sua vez, é fruto de sua comunicação. Dessa forma, o objetivo deste trabalho é estudar as dimensões-chave que compõem o imaginário das marcas, tendo como foco o segmento da moda.

Por que marca?

A marca assumiu enorme importância na economia atual. Hoje, o que não faltam são publicações especializadas em gestão de marcas, talvez uma das áreas com maior número de títulos lançados nos últimos tempos. Esse fato está diretamente ligado à necessidade intrínseca do mercado de administrar marcas, cada vez mais valorizadas e potencialmente lucrativas. Institutos especializados realizam auditorias de marcas, elaborando *rankings* nacionais e internacionais das mais valorizadas.

Para essas avaliações, normalmente são utilizados critérios ligados a benefícios funcionais e emocionais. Enquanto os atributos funcionais, que apelam ao lado mais racional do consumidor, estão cada vez mais fáceis de copiar, os benefícios emocionais, mais simbólicos, intangíveis e relacionados com o que a marca representa para cada um de seus consumidores, passam a receber uma atenção cada vez maior. Afinal, para o desenvolvimento de marcas fortes é fundamental construir vínculos emocionais mais profundos, portanto de caráter mais simbólico, em todas as interações comunicacionais entre consumidor e marca.

Para entender e organizar esse contexto, percorreremos aqui os modelos de construção de identidade de marca apresentados pelos principais autores da área, depois vamos nos aprofundar nas dimensões-chave que compõem o valor imaterial das marcas e em seu processo de comunicação. A imaterialidade observa-se principalmente na construção do imaginário da marca, nos aspectos estéticos e sensoriais do produto e na qualificação dos benefícios emocionais que essa marca promove, normalmente representados pela personalidade da marca, que projeta o estilo de vida do consumidor, e ainda pelos aspectos simbólicos percebidos nas experiências de contato entre esse consumidor e a marca.

As teorias mais clássicas do marketing consideram as marcas como identificadores, ou seja, nesse contexto elas teriam apenas a função de identificar o produto com uma estrutura que o subsidie e garanta sua qualidade. Como apontam Schmitt e Simonson (2000), além disso, elas deveriam contemplar a essencialidade imaterial desse produto, as associações sensórias, emotivas e cognitivas capazes de estimular a criação de vínculos com a marca.

O poder de diferenciação para tornar uma marca exclusiva e única em um mercado ultracompetitivo caminha cada vez mais por sua composição imaterial. O acesso à imaterialidade da marca é o que conduz seus consumidores não mais a uma conexão racional, vinculada apenas pelo produto, mas sim a uma conexão emocional à marca como um todo. Dessa forma, conhecer e organizar estrategicamente a imaterialidade da marca torna-se o principal alicerce para construir as bases de relacionamento na comunicação.

Por que moda?

O segmento de moda foi escolhido como objeto deste estudo pelo fato de que a roupa é um dos produtos mais intimamente ligados às representações estéticas e de personalidade aspiracional dos consumidores, envolvendo um alto nível de qualificação emocional.

Segundo McCracken (2003, p. 99), "os bens de consumo têm uma significação que vai além de seu caráter utilitário e de seu valor comercial. Esta significação consiste largamente em sua habilidade em carregar e em comunicar significado cultural". Tal significado está constantemente em trânsito, fluindo rumo às suas diversas localizações no mundo social, com a ajuda de esforços individuais e coletivos de designers, produtores, publicitários e consumidores.

As marcas e a moda relacionam-se pelos significados que são capazes de transmitir. Em um primeiro momento simbolizaram marcadores sociais de *status*. Com o passar do tempo, adquiriram novos aspectos. Considerando as afirmações de McCracken e entendendo a moda como um sistema, e não apenas como um segmento de mercado, podemos ver nela um "instrumento de movimentação de significado", que tem capacidade de transferir significados culturais para bens de consumo e, ao mesmo tempo, criar novos significados e promover uma reformulação radical nos já existentes, mobilizando, assim, a sociedade e o consumo em torno desse fluxo simbólico. A moda, hoje, está inserida em uma nova categoria cultural, podendo exercer a função de uma mídia que veicula significados culturais diversos e, ao mesmo tempo, a expressão dos conteúdos simbólicos dos indivíduos.

Nessa direção, para Svendsen (2010) a moda contemporaneamente passou a funcionar sobre uma lógica de suplantação, ou seja, suas novas tendências não buscam mais superar as antigas, mas sim complementá-las. "O resultado é que a moda hoje se caracteriza por uma contemporaneidade geral de todos os estilos" (Svendsen, 2010, p. 36), ou seja, não vemos mais a predominância de um estilo, mas sim a convivência de vários estilos que por sua vez se ligam a diferentes grupos e indivíduos, que neles encontram recursos para expressar seu estilo de vida e compartilhá-lo com outros indivíduos. As marcas funcionariam, então, como lugares de encontro entre o mercado, a autoexpressão dos indivíduos e a moda. Elas são capazes de transmitir sentido aos indivíduos, que podem se associar por meio do estilo de vida expressados por elas.

Dessa forma, considerando a moda como um sistema simbólico que veicula significados culturais, tomamos como objetivo principal deste trabalho analisar a comunicação do valor imaterial das marcas de moda, procurando assim compreender de que forma elas representam sentido ao construir seu imaginário.

A marca na sociedade contemporânea

De acordo com Semprini (2006), as marcas no mundo contemporâneo são constituídas por três dimensões imbricadas: a economia, a comunicação e o consumo. No cruzamento dessas dimensões, as marcas suplantaram os patamares atingidos anteriormente: elas se apresentam hoje como aglomerados de sentido condensado, que oferecem aos consumidores "um projeto de sentido, que estabelece uma relação e um contrato fundados sobre uma cumplicidade partilhada" (Semprini, 2006, p. 20). As marcas extrapolaram os âmbitos estritamente mercadológicos para se tornarem provedores de sentido nos espaços sociais.

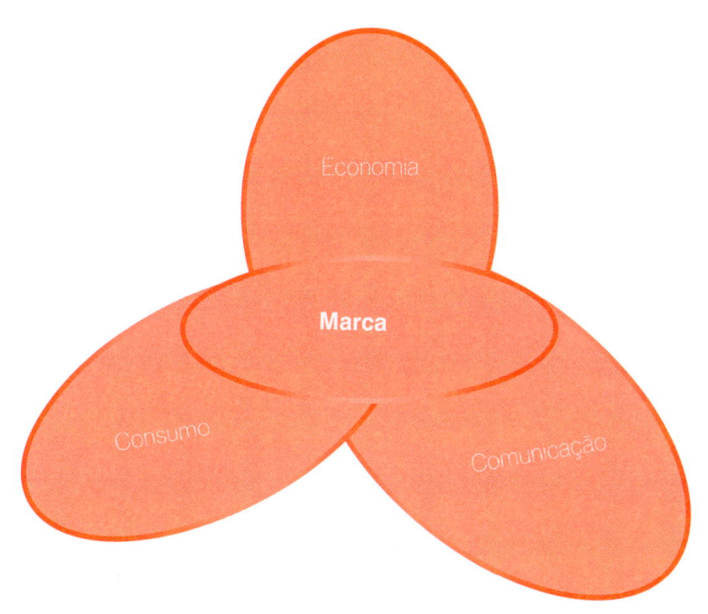

Os três motores da lógica da marca.
Fonte: SEMPRINI, Andrea. *A marca pós-moderna*. São Paulo: Estação das Letras, 2006, p. 56.

CONSUMO

O primeiro motor que impulsiona os mecanismos da marca é o consumo. Não se trata apenas do consumo em si, mas do que ele expressa nas denominadas **sociedades de consumo**. Essas sociedades, por ter a estrutura calcada em uma condução irrestrita do consumo, são marcadas pela abrangência democrática e ao mesmo tempo pelo individualismo.

Na composição do consumo contemporâneo, Semprini (2006) divisa cinco temas gerais que se entrelaçam: o individualismo, o corpo, a imaterialidade, a mobilidade e o imaginário, conforme ilustrado a seguir:

Os cinco motores do consumo contemporâneo.
Fonte: elaborada pela autora, com base em Semprini (2006).

O **individualismo**, a partir da expansão da cultura de massa, trouxe consigo as noções de desejo e prazer centrados no indivíduo. Essa cultura popularizou a construção de projetos individuais em busca de uma felicidade particular.

O **corpo** passou a ser um desdobramento sintomático de tal individualidade. Ele passa a ser o meio pelo qual se dão o prazer e a experimentação do mundo; torna-se o objetivo dos desejos e o veículo das sensações, cujos sentidos passam a ser enfatizados e estimulados. Logo, as ofertas de consumo a esse indivíduo de sensibilidade estimulada passam a contemplar o âmbito sensorial, desenvolvendo nos produtos uma dimensão imaterial.

A **imaterialidade** é a terceira dimensão do consumo contemporâneo, representada pela desmaterialização dos produtos e pela valorização da sua dimensão simbólica. Ela faz prevalecerem, na vida cotidiana e na interação com o ambiente social, os desejos e os projetos pessoais dos indivíduos.

A **mobilidade** caracteriza-se como mais uma dimensão do consumo pelo amplo transitar entre lugares, profissões e ideias. Ela dialoga com o consumo principalmente por meio da tecnologia da informação, que propicia a troca constante de informações e de conteúdos simbólicos da marca.

Nessa ordem, Semprini apresenta o **imaginário** como a última dimensão do consumo contemporâneo. A construção de um imaginário é a busca de sentido, que visa configurar dentro de um universo simbólico um projeto de sentido, no qual o indivíduo projeta seus sonhos e desejos, e por meio do qual encontra formas de se autoexpressar (Aaker, 2001). A essa formulação de sentido, Semprini (2006) dá o nome de "construção de mundos", uma ação cujo objetivo é:

> Criar universos fictícios no interior dos quais os indivíduos possam projetar suas aspirações, seus desejos e seus projetos. Estes mundos funcionam então, como verdadeiros relatos, que ajudam os indivíduos a dar um sentido a sua experiência e a orientar sua escolha e suas ações. (Semprini, 2006, pp. 68-69)

A relação entre esses cinco temas envolvidos no consumo nas sociedades contemporâneas nos faz compreender de que forma eles se entrelaçam e de que maneira a marca causa impacto no consumidor.

COMUNICAÇÃO

A comunicação, que antes desempenhava um papel funcional como difusora de informações, atualmente passa a ser encarada como motor semiótico da marca. Com a onipresença das mídias, ela visa difundir os aspectos da marca para além de sua dimensão comercial, em busca da construção de um projeto de sentido. Esse projeto é responsável, inclusive, pela escolha das ferramentas comerciais mais adequadas, que devem ser aplicadas em prol da construção da imaterialidade da marca.

Outro aspecto dessa articulação está ligado à expansão do poder de influência da marca. Após se libertar do produto, ela estendeu seu alcance para outros territórios da discursividade social. Dessa forma, as marcas foram além do âmbito comercial e passaram a influenciar também outras esferas, como a política, a educação, os esportes e a cultura.

ECONOMIA

Temos acompanhado a transição de uma economia de mercado para uma economia de marcas, que deve tributos não só às escolhas de consumo individuais, mas também aos valores promovidos pelas marcas para seus proprietários, como a reputação e a confiabilidade. O jogo econômico encontra-se, portanto, permeado de aspectos simbólicos, imateriais, o que demonstra que sua estrutura interage com a estrutura comunicacional do espaço social contemporâneo. Dessa maneira, os espaços econômicos e sociais passam a estabelecer conexões em um nível mais profundo, em que os valores e demandas sociais passam a penetrar a esfera econômica e a influenciar seus rumos.

As marcas vêm assumindo uma importância cada vez maior, seja pelo lado de quem as consome, seja pelo lado de quem as administra. As pessoas não buscam mais apenas um produto, mas desejam uma marca com a qual possam se relacionar e estabelecer vínculos. É imprescindível que as organizações considerem esse novo dado na gestão dos negócios – afinal, é comum nos depararmos com marcas cujo valor intangível é bem maior do que o patrimonial.

No esquema apresentado a seguir podemos observar que o valor dos aspectos intangíveis da marca pode ser organizado hierarquicamente em três pilares: lucro social, lucro emocional e lucro financeiro.

Lucro social	↑	Comportamento
Lucro emocional		Relacionamento
Lucro financeiro		Atitude

Valor dos aspectos intangíveis da marca.

O **lucro social** trata dos resultados colhidos pela empresa em razão de suas relações sociais com a comunidade de forma geral. As empresas devem assumir uma responsabilidade pelo bem-estar social por meio de sua postura institucional, que deve ser estabelecida de acordo com os valores e regras declarados pela comunidade onde atuam. Dessa forma, devem estar sempre atentas às tendências globais que orientam os comportamentos de consumo.

Um exemplo nesse aspecto é a Nike, que enfrentou muitos problemas no passado devido a denúncias de exploração de trabalho escravo e infantil em países como Vietnã e Indonésia. Para reconquistar a reputação, nos últimos 15 anos a empresa teve de investir pesadamente tanto no setor manufatureiro como em relação aos direitos do trabalhador, e até criou uma diretoria de sustentabilidade. No final dos anos 1990, a companhia decidiu abolir o uso de hexafluoreto de enxofre nos tênis com amortecimento a ar, por ser um gás muito mais danoso que o dióxido de carbono em relação ao aquecimento do planeta. Foram necessários quase dez anos de estudos até que a Nike deixasse de usar o gás por completo, em 2006. Hoje, essa linha de produtos usa o nitrogênio para amortecimento e todos os tênis Nike têm o impacto ambiental calculado desde a primeira ideia dos designers (Herzog, 2010).

O **lucro emocional** advém da percepção de qualificação emocional que a marca promove por meio do relacionamento com seus consumidores. Normalmente essa qualificação é percebida pelos benefícios emocionais incorporados nas experiências, sensações e sentimentos que a marca proporciona ao consumidor, em grande parte concentrados em suas dimensões imateriais. Para ilustrar o lucro emocional podemos tomar como exemplo a marca Harley-Davidson, cujo símbolo muitas vezes vemos tatuado no braço dos fãs. Mais do que uma motocicleta ou meio de transporte, a marca representa um estilo de vida pautado pelo "amor à liberdade". É um símbolo de honra, camaradagem e fraternidade, valores fortalecidos pelas ações conduzidas pela marca por meio do Harley Owners Group (HOG). Fundado em 1983, esse clube tem o objetivo de atrair novos clientes para o estilo de vida que a marca propõe, pregando o andar de moto como diversão para a família e uma maneira de conhecer o mundo e se divertir, agregando assim o valor de pertencimento à "família Harley".

Marcas que promovem melhor qualificação social e emocional provavelmente terão um melhor resultado no **lucro financeiro**, pois terão conseguido fundamentar-se nas relações imateriais e nos vínculos emocionais. É importante reforçar que esse sistema parte do princípio de acompanhar os ventos do comportamento de consumo e adaptar a eles toda e qualquer atividade da empresa. Além disso, a marca deve desenvolver um diálogo constante com seus pares internamente, e com seus consumidores externamente, buscando por meio desse relacionamento uma comunicação permanente de sua cultura e de seus valores.

Como as marcas se formam?

Para o desenvolvimento deste tópico consideramos David Aaker (2001), Bernd Schmitt (2001) e Andrea Semprini (2006), os três autores que mais se destacam na literatura de gestão de marcas. Para além das diferentes abordagens de cada autor, o exame dessa literatura conduz necessariamente a uma proposta de construção da identidade da marca. Aqui, nosso objetivo é analisar e organizar as dimensões-chave da parte imaterial apresentadas no modelo de cada autor.

Os modelos de identidade da marca estudados expõem diferentes visões de como a marca é constituída e das formas pelas quais se relaciona com o público. Porém, ao mesmo tempo em que apresentam perspectivas distintas, eles se complementam.

O quadro a seguir apresenta as relações e complementações entre os modelos dos autores mencionados.

Comparação de três modelos de construção da identidade da marca.

Aaker	Schmitt	Semprini
Identidade de marca (ID) Produto Organização Personalidade Símbolos Proposta de valor	Modelos estratégicos experimentais (MEE's) Sentidos Sentimentos Pensamento Ação Identificação APLICADOS NOS PEX's (provedores de experiências)	Projeto de marca Enunciação Promessa Especificação da promessa Inscrição de um território Valores da marca + Manifestações da marca: • nível dos valores • nível das narrativas • nível dos discursos

A marca é composta de estruturas materiais e imateriais. Procuraremos agora apreender as dimensões imateriais da marca em sua dinâmica interior. Para tanto, discutiremos o modelo de dimensões-chave proposto por Semprini (2006), segundo o qual a marca se compõe de dimensões interativas que formam um conjunto complexo, por sua vez composto por diversos subconjuntos.

Para compreendermos a composição da dimensão imaterial da marca, precisamos retomar a definição de marca proposta por Semprini (2006), que enfatiza seu caráter semiótico, pois a caracteriza como produto de discursos (sociais ou individuais), capaz de concatenar, estruturar e atribuir sentido. É importante lembrar que essas práticas discursivas que compõem a marca têm caráter relativo, ou seja, os discursos promovidos pela marca (institucionalmente) relacionam-se com os discursos produzidos sobre a marca (coletivamente).

A engenharia que permite à marca realizar os feitos elencados tem três naturezas principais: uma natureza semiótica, uma natureza relacional e uma natureza evolutiva da marca (Semprini, 2006).

A **natureza semiótica** da marca reside sobre narrativas estruturadas consistentemente, transmitidas ao longo do tempo com o objetivo de formar um todo coerente, por meio de escolhas estratégicas de ações. O poder dessa natureza está alocado sobre o equilíbrio entre a comunicação da marca e seus receptores, e a mensagem transmitida deve, portanto, organizar os elementos que compõem sua narração, bem como expô-los de forma pertinente para sensibilizar o público. Assim, a natureza semiótica da marca deve potencializar a construção de sentido, denominada por Semprini, como já dito, de "construção de mundos".

Por sua vez, a **natureza relacional** da marca está constituída de duas instâncias: as dimensões intersubjetiva e contratual. Na **dimensão intersubjetiva** atuam três polos: o da produção, o da recepção e o do contexto geral. O polo da **produção** reúne os elementos que detêm sobre a marca o direito de "enunciação fundamental" (Semprini, 2006, p. 109). Esse polo pode ser compreendido também como o conjunto de indivíduos aglutinados por um empreendimento, uma "empresa", pois é aqui que se concentram a decisão e a ação. Todavia, essas decisões e ações não emergem unicamente do polo da produção – também são influenciadas pelas outras dimensões da marca.

O polo seguinte é o da **recepção**, termo que assume, nesse contexto, uma acepção mais ampla do que *consumo*, pois se reveste de uma denotação eminentemente semiótica (simbólica). É nesse polo que as mensagens emitidas pelo polo da produção são lidas, interpretadas e avaliadas. Participam do polo da recepção diversos agentes sociais: os usuários de marcas, os consumidores das marcas concorrentes e outros grupos e organizações que afetam a marca, como associações de classe e interesses.

O polo do **contexto geral** representa a posição relacional entre os polos de produção e recepção com o ambiente social da marca, influenciado por tendências e comportamentos diversos.

Ainda dentro da natureza relacional da marca reside a **dimensão contratual**, na qual as interações entre os consumidores e a marca se solidificam em relações que abstratamente formam contratos, ou melhor, promessas e solicitações propostas pelas trocas envolvendo a marca. Essa dimensão envolve, portanto, aspectos de fidelidade e continuidade que reproduzem a marca no tempo e no espaço. Como as proposições se modificam ao longo do tempo, esses termos podem ser percebidos de forma equivocada. Além de estarem atentos a isso, os proprietários da marca devem saber distinguir, entre os termos, os tangenciais e aqueles que ocupam posição mais proeminente.

Por fim, a **natureza evolutiva** da marca está embasada em seu caráter progressivo, considerando seu processo de mutação e evolução. Semprini (2006) considera que a marca deve ser dotada de vida e, portanto, sensível e reativa às mudanças do espaço onde está inserida. Ela pode se desenrolar aleatoriamente ao longo do tempo, ou se manter fiel ao projeto original. Para que a evolução da marca se torne possível é importante aplicar inovações constantes e, ao mesmo tempo, manter-se fincado em sua história e nas questões mais fundamentais de seu projeto.

Considerações finais

A questão da imaterialidade nos faz refletir na forma pela qual as empresas atualmente vêm se relacionando com os consumidores. O estímulo de troca de produtos não se dá somente pela propriedade que eles carregam, mas principalmente pelas experiências que eles promovem (Schmitt, 2001). Nos dias de hoje, fluir é mais importante do que possuir, ou seja, um dos principais fatores de decisão de escolha das marcas considera o poder de acesso que elas proporcionam ao usuário (Pavitt, 2000), percebido e experienciado por meio do imaginário da marca, carregado de significado.

Podemos perceber que no sistema da moda os consumidores estão mais interessados no estilo de vida do que no *status* social que as marcas lhe oferecem. Consideram em suas relações de consumo as características sensoriais, emocionais e estéticas promovidas pelo imaginário da marca. A construção desse imaginário deve contemplar principalmente uma arquitetura sensorial – sentir, ver, tocar, ouvir são ações que marcam com muito mais força do que a simples exposição à apresentação tradicional, baseada apenas nos benefícios e características do produto.

Na passagem do material ao imaterial, o novo e desafiador aprendizado concentra-se na extensão do foco, antes limitado à porção tangível do produto e agora abrangendo sua porção imaterial. Gorz (2005, p. 48) resume brilhantemente essa passagem ao explicar que, "na medida em que o valor simbólico do produto se torna a fonte principal do lucro, a criação de valor se desloca para um campo em que os progressos de produtividade podem continuar sem efeito sensível sobre o nível dos preços". E, quando se alcança esse nível, complementa o autor: "O capital fixo imaterial da marca compreende agora sua notoriedade, seu prestígio, constitutivos de um capital simbólico. E o talento, a competência, a criatividade das pessoas que produzem a dimensão artística dos seus artigos".

É importante encontrar novos caminhos de comunicação com o consumidor e os diferentes públicos de interesse das marcas por meio do planejamento dos elementos que compõem sua imaterialidade – enfim, o que podemos chamar de imaginário da marca. Isso possibilitará a formação de estruturas de comunicação mais consistentes, que promoverão vínculos afetivos e criativos mais exclusivos e duradouros.

BIBLIOGRAFIA

AAKER, David A. *Criando e administrando marcas de sucesso*. São Paulo: Futura, 2001.

BAITELLO, Norval Jr. *A serpente, a maçã e o holograma*. São Paulo: Paulus, 2010.

FLUSSER, Vilém. *O mundo codificado*. São Paulo: Cosac Naify, 2007.

_____. *O universo das imagens técnicas*. São Paulo: Annablume, 2008.

GOBÉ, Marc. *A emoção das marcas*. São Paulo: Negócio Editora, 2002.

GORZ, André. *O imaterial*. São Paulo: Annablume, 2005.

HERZOG, Ana Luiza. "Virando o jogo". Em *Exame*, São Paulo, 2-6-2010.

KAMPER, Dietmar. "Estrutura temporal das imagens". Em *Ghrebh: Revista de Semiótica, Cultura e Mídia*, São Paulo, outubro de 2002. Disponível em http://revista.cisc.org.br/ghrebh1/artigos/01kamper30092002.html (acesso em 14-5-2012).

KAMPER, Dietmar; MERSMANN, Birke; BAITELLO, Norval Jr. "Sobre o futuro da visibilidade". Em Seminário de Imagem e Violência, Centro Interdisciplinar de Semiótica da Cultura – CISC, São Paulo, março de 2002.

LIPOVETSKY, Gilles. *O império do efêmero: a moda e seu destino nas sociedades modernas*. Trad. Maria Lúcia Machado. São Paulo: Companhia das Letras, 1989.

LIPOVETSKY, Gilles & CHARLES, Sebastien. *Os tempos hipermodernos*. São Paulo: Barcarolla, 2004.

LIPOVETSKY, Gilles & ROUX, Elyette. *Luxo eterno: da idade do sagrado ao tempo das marcas*. São Paulo: Companhia das Letras, 2005.

McCRACKEN, Grant. *Cultura e consumo*. Rio de Janeiro: Mauad, 2003.

PAVITT, Jane. *Brand.new*. Princeton: Princeton University Press, 2000.

RIFKIN, Jeremy. *A era do acesso*. São Paulo: Makron, 2000.

SCHMITT, Bernd. *Marketing experimental*. São Paulo: Nobel, 2001.

_____. & SIMONSON, Alex. *A estética do marketing*. São Paulo: Nobel, 2000.

SEMPRINI, Andrea. *A marca pós-moderna*. São Paulo: Estação das Letras, 2006.

SVENDSEN, Lars. *Moda: uma filosofia*. São Paulo: Jorge Zahar, 2010.

PARTE V
Styling por criadores e stylists

As ideias e as imagens: entrevista com Karlla Girotto

Suzy Okamoto

AS IDEIAS E AS IMAGENS: ENTREVISTA COM KARLLA GIROTTO

Karlla Girotto não é apenas a estilista mais experimental de toda a sua geração, como também uma das mais comentadas em mídias especializadas durante as apresentações na Casa dos Criadores, no Fashion Rio ou na São Paulo Fashion Week. Seu trabalho habita a zona limítrofe entre a moda, as artes visuais e o teatro. Desde sua estreia no Projeto Lab, no verão de 2002, com o desfile *O Lugar que Cada um Ocupa no Mundo*, Karlla traz uma imagem de moda carregada de ficção. O mundo da estilista é construído por sua memória – texturas e toques aprendidos na infância –, por seu interesse em artistas contemporâneos, como Matthew Barney ou o encenador e dramaturgo Robert Wilson, por fragmentos da cidade de São Paulo e por símbolos familiares, como animais, soldados e mulheres-princesas cujas imagens permeiam as fábulas sem data.

Karlla nasceu em São Paulo, capital. A paixão pelas roupas é herança da avó, de quem ganhou uma caixa de costura aos quatro anos. Estudou na Faculdade de Moda Santa Marcelina e teve uma breve passagem pelo Centro de Pesquisas Teatrais (CPT) de Antunes Filho. Apresentou suas coleções na Casa de Criadores, no Fashion Rio e na São Paulo Fashion Week. Colaborou para as marcas Reinaldo Lourenço, Ellus, Animale e Cavalera. Atualmente, vive no interior do estado de São Paulo, é consultora de moda e tem trabalhos paralelos nas artes visuais e no teatro.

Ao longo da entrevista que se segue, resultado de três encontros virtuais de algumas horas, Karlla admitiu uma relutância em falar sobre a moda como a conhecemos pelos jornais ou eventos. A entrevista fluiu quando abordei questões subjetivas: tornou-se uma troca de ideias e de experiências estéticas que a moda é capaz de proporcionar de forma imediata, simples, com profundidade e bom humor.

🕊 **SO** – Para fazer esta entrevista, fiz um *flashback* pelas suas coleções, desde o começo de sua carreira no Projeto Lab. É interessante notar como imagens de seu desfile de quase uma década atrás nos parecem tão atuais. Acredito que seja uma questão de estilo. Como você vê isso?
KG – Estilo é desenho de ideias, seja de qual procedência for, é desenho de personalidade, de caráter, de vontades...

🕊 **SO** – Só para esclarecer: o que você chama de desenho não é só o suporte artístico bidimensional. Tem uma envergadura maior que pode vir do sentido etimológico da palavra desenho: vem de desejo, de desígnio... É isso?
KG – Sim. Meus desfiles já nasciam desenhados em sua completude e nasciam a partir de uma imagem forte. Quando eu falo que já nasciam desenhados não significa desenho de roupas. Era tudo ao mesmo tempo: a imagem, o *environment*, a música.

🕊 **SO** – Lendo a sua resposta, parece que a construção do desfile acontecia em um passe de mágica; um *insight*, em um fechar e abrir os olhos. Mas sabemos que a coisa não acontece bem assim. Fale um pouco disso.
KG – Basicamente é pesquisa e muita, muita, muita observação.

🕊 **SO** – E quais são suas fontes de pesquisa?
KG – Não se trata somente de pesquisa formal, intelectual ou das tendências ditadas pelo *bureau* ou pelo Hemisfério Norte. Tenho interesse pelas coisas comuns, pelo cotidiano, pelas pessoas. Gosto de ir à padaria, de ver gente, saber que existe uma história por trás de cada um, adoro!

🕊 **SO** – Me lembrei do cineasta alemão Wim Wenders e do estilista japonês Yohji Yamamoto no filme *Cadernos de* *notas sobre roupas e cidades* (1989). Assim como você, Yohji Yamamoto afirma o gosto pela observação do cotidiano. Ele se interessa pelas pessoas comuns e pelas incoerências que elas possuem. Inclusive, Yamamoto tem como referência primordial o livro *People of 20th century*, do fotógrafo August Sander. E você, tem referências primordiais que influenciam todos os seus trabalhos?

KG – Tenho algumas referências primordiais também! Observo tudo ao meu entorno e, assim como Yohji Yamamoto, penso muito nas ambiguidades humanas. Mas a literatura é especial para mim. Muito mais do que a própria moda. Por exemplo, uma das referências do desfile *Um Voo para o Escuro* (Casa dos Criadores – verão de 2003) foi o romance O *lobo da estepe*, de Hermann Hesse.

SO – A imagem de seres frágeis (mulheres especialmente), sem rumo e voláteis, vestindo roupas delicadas e fluidas e atravessando um exército em marcha, ora vestidos de vermelho, ora de verde-oliva em *Um Voo para o Escuro* foi um de seus trabalhos mais marcantes. O desfile retratava uma imagem inconformada e insólita para uma passarela. Pode falar um pouco sobre isso?

KG – Infelizmente, todos nós sabemos que o sistema da moda tem um lado superficial que sobressai, deixando em segundo plano os lados mais interessantes e criativos. Existem deslumbramentos momentâneos, imediatistas e efemeridades. Poucos questionam ou refletem sobre o assunto. Basicamente, não há subversão!

SO – É curioso pensar nisso, pois a própria história da moda registra os momentos mais subversivos como os mais marcantes. Por exemplo, o fim do espartilho no começo do século XX e a criação da minissaia nos anos 1960.

KG – Sim, porque, se não há subversão, também não há mudanças. Tudo se torna monótono e enfadonho.

ಜ**SO** – Acredito que o estranhamento causado por *Um Voo para o Escuro* contribuiu muito para certa "redenção" da moda. Quando um trabalho de moda se reporta à literatura, a Hermann Hesse, às ambivalências, ao sofrimento e à importância de outros campos da cultura que nos mostram os limites humanos, previne a moda de um processo de autodestruição.[1]

KG – Sim, é isto: a moda correu, corre e sempre correrá o risco de se perder em meio aos fetiches criados por ela mesma. Em uma visão otimista, podemos dizer que isso sempre foi assim e é aí onde se situa a graça da moda, mas é muito difícil, para mim, assumir uma visão tão conformadora. As imagens que crio são as imagens que penso e que gostaria de compartilhar com os outros.

ಜ**SO** – Voltando, então, ao estilo como um desenho de ideias. Como você junta as peças do quebra-cabeça – suas memórias, referências artísticas, literárias, de moda – para construir uma imagem?

KG – O processo criativo é uma coisa difícil de explicar. A minha imaginação é fértil... (risos). Mas o processo não é linear, isso é um fato relevante. Quando percebo que tenho uma

---

[1] Em nota do autor, em *O lobo da estepe*, Hesse escreve: "É claro que não posso nem pretendo dizer aos meus leitores como devem entender a minha história. Que cada um nele encontre aquilo que lhe possa ferir a corda íntima e o que lhe seja de alguma utilidade! Mas eu me sentiria contente se alguns desses leitores pudessem perceber que a história do Lobo da Estepe, embora retrate enfermidade e crise, não conduz à destruição e à morte, mas, ao contrário, à redenção" (Hesse, s/d., p. 224).

ideia que não vai para frente e fica estagnada, eu sofro, mas recomeço o trabalho. Na moda, isso é muito cruel. O tempo é exíguo. Mal acabamos um trabalho, temos que começar outro. Devo admitir que, por algumas vezes, passei por um momento Calvin e Haroldo (risos).[2]

🙵 **SO – (Risos) Faz parte do processo criativo, uma hora temos que dar um fim no que iniciamos, senão o trabalho não se concretiza! Foi bom você tocar neste assunto: o tempo da moda. Como você sincroniza o tempo da criação com o tempo da moda?**
KG – É complicado. O tempo da criação é praticamente uma arritmia: às vezes é veloz e às vezes é lento. A fase do experimento é vital para um trabalho ser criativo: rabiscar, modelar, costurar... Parar, pensar... Tudo passa por um tubo de ensaio, antes de ser finalizado. E o tempo da moda, da indústria e do comércio, é linear, com prazos, custos, etc. Como profissional, faço parte desse universo maior, mas não domino todos os seus processos e tenho que lidar com a situação da melhor maneira possível.

🙵 **SO – Mesmo que a moda seja comandada pelas indústrias e pelo capital, é imprescindível, para a sua própria sobrevivência, que ela nos surpreenda por meio de suas imagens e de suas ideias. Como se manter criativo?**
KG – Mantendo-se alerta e consciente. Estivemos o tempo todo falando de imagem. Imagem não é só aquilo que a gente

---

[2] Calvin e Haroldo são personagens de histórias em quadrinhos criados pelo norte-americano Bill Watterson. Em uma de suas tiras, lemos o seguinte diálogo: Calvin – "Não se pode abrir a criatividade como uma torneira, você tem que estar no pique certo." Haroldo – "E que pique é esse?" Calvin – "Pânico do último minuto." (Watterson, 2009).

vê pura e simplesmente, e da qual tira uma conclusão em termos de significados ou pistas de algo. Imagem tem a ver com o imaginário, com as vontades nossas e alheias. As imagens de moda nunca devem ser conclusivas como uma ressonância magnética, nem aceitar um padrão de beleza X ou Y. Se for assim, onde o público viverá seus sonhos?

BIBLIOGRAFIA

CADERNOS de notas sobre roupas e cidades. Direção: Wim Wenders. Anchor Bay Entertainment, 1989. 1 DVD (79 min.).
HESSE, Hermann. *O lobo da estepe*. 22ª ed. Rio de Janeiro: Record, s/d.
WATTERSON, Bill. *A hora da vingança*. São Paulo: Conrad, 2009.

Styling ao pé da letra: entrevista com Márcio Banfi

Astrid Façanha

O paulistano **Márcio Banfi**, 38 anos, é o que se pode chamar de um profissional atípico. Formado em artes plásticas, trabalha com moda e comunicação, porém continua expondo como artista. Atua tanto no meio acadêmico quanto na indústria e transita com naturalidade entre os espaços editoriais e comerciais.

Ele faz um estilo *low profile* que dificilmente revelaria sua profissão, se não fossem pequenos detalhes que passariam despercebidos por olhares menos avisados, como um abotoamento de uma camisa aqui, um sapato sem meia ali...

Nesta entrevista, Banfi, que desde 2010 é editor de moda da revista *Gloss*, revela como é a exaustiva rotina da produção de imagem para uma revista feminina mensal, de circulação nacional. Por outro lado, confessa que em seus trabalhos de styling nunca se esquece de acrescentar uma "licença poética".

꙰ **AF – Como é a rotina de trabalho do editor de moda de uma revista feminina?**

MB – Começa com um processo burocrático, que é definir a pauta, a partir das características da revista. Na *Gloss*, que é uma revista pop, seguimos um pouco as tendências, mas não somos fiéis a elas, como em uma revista de moda. Focamos nas dicas de styling de como uma garota (de 18 a 28 anos) pode se vestir no dia a dia. Produzimos dois, às vezes três editoriais de moda. Além dos editoriais, temos as pautas de sessão (que também ficam sob responsabilidade do editor de moda), com dicas do que está acontecendo no universo da leitora.

❧ **AF – Como são definidos os editoriais de moda?**
MB – Na reunião de pauta surgem as ideias. O processo é semelhante ao trabalho de um artista, porque tentamos conceitualizar até chegar ao que queremos. Por exemplo, se vamos fazer os anos 1960, questionamos qual o clima dessa época, o que não pode faltar. Nosso processo metodológico inclui definir quem vai fotografar, onde vai fotografar, o porquê daquele look, por que a roupa vai ser usada daquele jeito. A leitora não é uma profunda conhecedora de moda, mas uma garota que está interessada nisso.

❧ **AF – E quanto à execução da produção?**
MB – Feito isso, partimos para a produção. A equipe de produção vai para a rua, garimpar roupas nas assessorias, nas lojas ou diretamente com os estilistas. A partir dessa produção gigantesca, que rende sacolas e mais sacolas, fazemos a edição, eu, como editor, junto com a produtora, que traz algumas ideias de styling.

❧ **AF – Qual a diferença do trabalho da produtora, do stylist e do editor de moda? Enfim, como é a equipe da editoria de moda?**
MB – O editor de moda define as pautas da revista, escreve os textos e legendas com informações suficientes para determinada matéria. Além disso, define a equipe e a ideia da foto em si, escolhe as roupas e os looks finais que vão ser mostrados na revista. O stylist é o profissional que o editor de moda escolhe para interpretar suas ideias por meio de roupas, modos de usar, etc. Muitas vezes o próprio editor é também o stylist, como é meu caso. O produtor é quem vai atrás das roupas, faz a busca geral, a partir de todas as coordenadas passadas para ele; é um

trabalho mais braçal. Na revista *Gloss* sou stylist e editor da revista; a minha produtora de moda também faz o styling, que é completado por mim. Antigamente não era assim: o próprio stylist saía na rua para produzir. Quando comecei, eu próprio fazia tudo, produzia, fazia styling, agora cada um faz uma coisa.

AF – Como é essa edição?
MB – Eu revejo o que a produção produziu, a partir da pauta definida. Damos uma olhada na pauta geral, retomamos algumas coisas, pergunto se a produtora pegou tal coisa, fez tal coisa, tenho tudo anotado, ou na cabeça mesmo. Em seguida, vamos para o acervo. Começamos com as peças de que mais gostamos, dificilmente partimos com looks prontos, começamos com peças para depois fazermos as montagens. Levamos em consideração tudo que um stylist e tudo com que um editorial tem que se preocupar, como proporção, cartela de cores, composição, acessórios, o que vai com quê. Além disso, nunca esquecemos a parte lúdica, para fazer uma brincadeira, criar uma licença poética.

AF – Quando acontece essa licença poética?
MB – A partir dessa brincadeira, deixamos claro para a leitora o que estamos fazendo, do que a gente está falando. A ideia não é que as pessoas usem aquilo, mas a gente entrega o mapa da mina. Por exemplo, se temos uma matéria *navy*, vamos colocar o chapéu de marinheiro para deixar claro; porém, nem sempre de uma maneira tão óbvia, e sim poética. Ou seja, podemos usar elementos que nem entram nos créditos. Após esse processo, fazemos as montagens, o número de looks que tem que ter naquela edição, os serviços: preço, variedade, qualidade, tudo isso é importante, além, é claro, das dicas de styling.

Por exemplo, se colocarmos um anel prendendo o lenço, ressaltamos: "Tá vendo como um anel vira broche?".

AF – Como é a montagem dos looks?
MB – Se precisamos de 12 looks, montamos 14 ou 15 e colocamos todos um ao lado do outro. Às vezes fazemos prova de roupa, com uma modelo ou no manequim. É um trabalho bastante árduo, levamos um dia inteiro para isso. Em seguida, definimos quem vai usar o quê, pois às vezes uma roupa combina mais com determinada pessoa. Decidimos quem vai fotografar melhor aquela matéria, quem é o maquiador que vai se virar melhor para aquela foto.

AF – E no dia da foto?
MB – Definimos se a foto vai ser locação ou estúdio e, no dia marcado, há uma equipe de 10 a 15 pessoas. Isso inclui modelo, camareira, produtor, editor, stylist, maquiador e assistentes. São muitas pessoas envolvidas para produzir tudo aquilo que nós propomos.

AF – E quanto à edição final do editorial?
MB – Depois de fazer a foto, vem a parte do texto: definimos título, olho (subtítulo) e legendas. No título e no olho, o texto tem que ser autoexplicativo, ser mais literal, para ajudar no entendimento. Procuramos fazer um styling "ao pé da letra". Percebo o styling como um fator facilitador, isto é, para que se entenda determinado tema, trabalhado em determinada imagem de moda. Criamos caminhos que facilitam o entendimento.

AF – O editor também participa da edição das fotos?
MB – Depois do texto pronto, vem a edição de fotos. Escolhemos as melhores fotos que vão caber naquele determinado número

de páginas. Nos reunimos com o editor de fotografia e o editor de arte, para decidir a ordem das fotos, qual vai ser a tipologia usada no título, onde entram as legendas, tudo isso é um trabalho em grupo. O editor de moda participa, pois também dá as dicas nas legendas e créditos. São muitas partes até a parte final, sempre com o editor de moda ao lado. Participo do processo todo, do embrião até o nascimento e crescimento da matéria; da matéria editada à revisão, até a revista ir para a impressão.

☙ **AF – Como é o processo de pesquisa para produzir uma matéria de moda?**
MB – Na minha equipe tenho uma assistente e uma estagiária, todo mundo pesquisa tudo, o tempo todo. Temos um processo intenso de pesquisa. Pesquisamos muitos livros, muitas revistas, jornais, sites, acompanhamos os *cool hunters* e blogs como *The Sartorialist*. Também vamos para a rua ver as coisas. Tudo isso é importante para o processo. Ao terminar tudo isso, começa tudo de novo.

☙ **AF – Existe um período de pesquisa específico dentro do processo ou trata-se de uma pesquisa constante?**
MB – A pesquisa é constante, mas tem um período mais intenso, entre o fechamento de uma edição e o começo da próxima. Depois que uma edição está fechada, começamos uma pesquisa intensa para definir as próximas pautas, olhamos muita coisa para saber o que podemos trazer de novo. Ficamos de quatro a cinco dias nesse processo, quando também tem todo o processo de devolução das peças usadas nos últimos editoriais.

☙ **AF – Além disso, o que entra na pesquisa?**
MB – A pesquisa inclui tudo que uma pessoa que trabalha com moda tem que saber. Trata-se de um estudo constante

sobre tipos de tecido, quem são os estilistas, como chama tal corte, tal peça, nomenclaturas, tudo isso é um estudo constante. Temos que saber a diferença entre uma renda guipure e uma renda renascença, temos que saber todas essas diferenças para informar o leitor, essa é a pesquisa constante. Já a pesquisa mais direcionada é feita em cima das primeiras ideias que tivemos para os editoriais.

AF – Quanto tempo dura todo o processo, da pesquisa à devolução das peças?
MB – O processo inteiro dura em torno de 20 a 25 dias, entre pensar a matéria e finalizá-la. Esse é o tempo que levamos para produzir duas matérias ao mês, já que cada matéria dura em média 10 dias – o processo inteiro, desde a ideia até a pesquisa, produção, fotografia, finalização e edição.

AF – Quando editoriais de moda são fato e quando são ficção?
MB – Acho que dá para ser os dois, tudo depende da ideia da matéria. O editorial é quando você para e tem um pouco de frescor nos olhos, tem uma experiência visual. Trata-se de um momento que te dá uma possibilidade de sonhar, momento que você tem desejo de uma roupa, de uma pessoa, de uma locação, você quer estar naquele lugar, acha divertido... É como se assistisse a um filme, é uma pausa para um momento lúdico, ou de reflexão até, uma pausa para ver imagens bonitas, com serviços, obviamente. Portanto o editorial pode estar ligado à realidade, ou ser 100% um conto de fadas.

AF – Quando é um conto de fadas?
MB – Quando não há uma razão lógica, apesar de que o real também pode ser questionado. O fotógrafo David LaChapelle

fala uma frase que eu amo: "Se você quiser uma realidade, vá pegar um ônibus". Acho que é exatamente isso: a gente pode ser real; ainda assim, tem que ter esse lado lúdico, a licença poética.

AF – De que forma o lúdico é trabalhado no mundo real?

MB – A garota que a gente coloca no editorial de moda é aspiracional, ou seja, você tem que desejar aquilo. Não é só uma venda de produto, é um *way of life*, um estilo de vida que você quer ter. Pode ser que não tenha este mês, pode ser que tenha no mês que vem. Em algum ponto a gente tenta alcançar isso, tenta fazer com que uma pessoa sinta desejo em ter aquilo, consumir aquele modo de vida, estar naquele lugar, usar aquela roupa, ser aquela menina, ter aquele corpo, não ter aquele corpo, ter aquela maquiagem, aquele cabelo... É aspiracional, tem que servir de inspiração para a leitora, muitas vezes ela tem desejo de mudar, mas não muda. O editorial de moda é esse momento em que você faz uma pausa para uma experiência lúdica.

AF – Quando o editorial é documental?

MB – Quanto mais possível for aquela roupa, mais na realidade estarão as formas de usá-la. Ou seja, é desse jeito que a roupa é usada, nós até damos algumas dicas para ser diferente, mas é daquele jeito.

AF – Quando é mais conceitual?

MB – Quando o editorial é mais conceitual, você pode usar a roupa de mil maneiras, usar roupas "inusáveis", ou roupas extremamente conceituais de estilistas, que no próprio desfile são colocadas como imagem de moda. Não é uma roupa para ser usada, é uma peça que na passarela ajuda a entender o que o estilista está propondo.

AF – Neste caso diria que é mais artístico?

MB – Como um trabalho de arte, aquela roupa vem com uma discussão do usável e não usável, para a gente refletir. Este é o momento mais conceitual, vai para o surreal, para o universo dos sonhos, é quando se aproxima mais do universo das artes. Por outro lado, você também pode fazer um universo de sonho com roupas possíveis.

AF – Mesmo quando no plano da realidade, as roupas nem sempre aparecem nos editoriais como estão nas vitrines das lojas...

MB – A roupa pode ser um curinga, você pode propor uma roupa vestida de uma maneira diferente. As pessoas nem sempre conseguem imaginar que podem comprar uma camisa e usar dobrada, ou se compram uma calça podem transformar em calça curta, apenas por dobrar. Ou seja, você pode abotoar a camisa até o final ou usar aberta e com isso ganha quase um segundo look. As pessoas têm dificuldade em entender que a roupa tem diversas possibilidades. Você pode levantar a gola, colocar um broche, uma gravata... Você ganha peças conforme utiliza, da melhor maneira, uma peça só.

AF – Explique melhor esse vocabulário...

MB – Você usa uma camisa fechada, coloca o colar para fora, usa camisa aberta, deixa um pedaço do seu *underwear* aparecendo, as pessoas têm dificuldade em visualizar isso. Então você realmente tem que mostrar o caminho. Por exemplo, na revista a gente mostra uma camisa dobrada, para que a leitora perceba: "Olha, existem outras formas de usar a camisa!". As revistas conceituais vão mais longe nesse sentido, mostram que você pode usar um terno como saia, por exemplo. Porém, além do discurso conceitual, mais artístico, tem algo supersimples, que é mostrar que usar dois relógios pode ser interessante, pode ser engraçado.

AF – A função do editor de moda é ensinar essa linguagem?
MB – São poucas as pessoas que arriscam e questionam: "Será que se eu arregaçar o meu blazer tudo bem?". Mostrar que uma mesma peça pode ser usada de tantas formas – essa é a função do editor, ele deve provar que existem outras maneiras de usar. Costumo dizer que é muito mais difícil fazer uma revista pop, na qual você tem que dar dicas de moda sem ser extremamente conceitual.

AF – O editorial de moda antecipa ou reforça o que está acontecendo?
MB – Mesmo as revistas de vanguarda já estão atrasadas, porque, quando alguma coisa sai, já tem outra coisa acontecendo, principalmente hoje em dia, devido à velocidade da internet. A internet diminuiu a margem entre a novidade e o velho. A novidade está cada vez mais difícil de conseguir trazer. Os *bureaux* de tendências trabalham com antecedência de cinco anos, mas algumas coisas são previsíveis, com base no que está acontecendo agora.

AF – A revista então antecipa ou é atual?
MB – A revista é atual. É muito difícil antecipar, ainda mais porque, se você falar de alguma coisa que ainda não está acontecendo, será difícil a pessoa assimilar, tomar para ela. Revistas como as inglesas *ID* e *Dazed* lá são vendidas nos supermercados, são superpops, mas a cultura de moda europeia é completamente diferente da nossa. As revistas de lá têm que ser muito de vanguarda para trazer o que ainda não está se usando, ou

seja, antes do que o estilista vai fazer. Isso é raro, mas existe; são revistas que pensam à frente. Não estão preocupadas com tendências e, nesse ponto, se relacionam com a nossa revista pop, já que não nos preocupamos com as tendências, e sim com os comportamentos. Então, muitas vezes, podemos adiantar alguma coisa sem querer.

AF – Qual o peso do editor-chefe, do diretor de arte, do editor de moda e do fotógrafo na decisão da imagem a ser publicada?
MB – A ideia parte do editor de moda, é ele quem define as pautas de moda, e o editor-chefe vai dar o *OK* final. A pauta tem que seguir a linha editorial da revista. A nossa preocupação é com o que está acontecendo no momento, em termos mais de comportamento e menos de tendências; a moda entra nessa questão. A gente se preocupa menos com a estampa que veio com a tendência X do que com a atitude. As tendências vão se encaixando perante essa atitude. O fotógrafo é posterior: você passa a ideia para ele e ele contribui com novas ideias e torna a imagem possível, física. A escolha do fotógrafo é muito importante, pois tem que ter a linguagem da história que você pensou. É um trabalho conjunto, todo mundo opina. O diretor de arte vai dar ideias de locação, de fotos, cartela de cores. Já as ideias de roupas é o editor de moda que decide, mas no final todo mundo dá pitaco.

AF – Qual a posição atual do stylist no sistema da moda?
MB – O stylist tem ocupado um lugar cada vez mais central, a exemplo de Nicola Formichett, que virou diretor criativo da marca Mugler e tem uma loja *pop up* que passeia por Londres e Nova York. O stylist passou a ter um lugar tão importante

quanto o do estilista, por exemplo, por conseguir trazer a imagem de moda para determinada foto ou determinado desfile, de forma a mostrar não apenas roupas, e sim atitudes com a linguagem de moda e de arte. Claro que existem os *pop stars*, que viraram celebridades. Acho que todo mundo tem trabalhos diferentes, então tem para todos os gostos, o importante é que o stylist tenha identidade, que consiga fazer uma coisa com a cara dele.

AF – Portanto, a atividade de styling está valorizada?
MB – Uma coisa que no Brasil até há pouco tempo nem existia, que era o trabalho do stylist, hoje em dia é um trabalho extremamente importante, pois é ele quem decide a imagem de moda final, na qual a roupa é apenas mais uma das peças que compõem o grande quebra-cabeça. O stylist ajuda a fechar tudo e criar uma imagem de moda final. A imagem final é uma imagem que não é necessariamente para ser usada, mas representa um estilo de vida.

O stylist
na moda
masculina

Mário Queiroz

Resumo

Este texto trata da criação de imagem de moda para desfiles sob o ponto de vista do estilista, com foco na moda masculina. O trabalho do stylist é apresentado como elemento diferenciador e gerador de desejo nas marcas de moda.

Introdução: o desafio da criatividade

A criação na moda começa no desenvolvimento das coleções, partindo de temas que inspiram designers para conseguir surpreender seus públicos. Muitas marcas, porém, não seguem esse caminho – especialmente as masculinas, que na grande maioria das vezes parecem dispensar os fatores criatividade e diversidade.

Ainda há empresas que consideram o público masculino como uma grande massa homogênea, desconhecendo os diferentes estilos do homem, as diversas nuanças dos subgrupos masculinos. Pode parecer mais fácil pensar em um público que permaneça engessado e mantenha sempre as mesmas preferências por formas e cores. Se não há interesse em conceber coleções criativas e diferenciadas, então não se escolhe tema exclusivo, não há pesquisa, logo não há criação. Examinando as vitrines de um shopping, principalmente em lojas masculinas, percebemos repetições de fórmulas: elas parecem competir apenas no preço ou no poder de marca. O styling em moda masculina vê-se, então, diante do desafio de imprimir diferenciação em um universo em que as próprias marcas ainda estão se desenvolvendo nesse quesito.

Vender roupas × vender sonhos

Se os produtos não se diferenciam, como distinguir uma marca de moda masculina de outra? Também na comunicação, como catálogos e anúncios, as empresas parecem preferir caminhos comuns. Quando as marcas trabalham com a alfaiataria clássica, os homens estão no escritório; quando o produto é casual, as fotos mostram modelos junto a carros, motos ou lanchas. Dessa forma parece que a moda, enquanto universo do imaginário, não existe. Tais marcas vendem roupas, mas não sonhos.

Os desejos ficam limitados às campanhas em que jogadores de futebol ou outras celebridades bem-sucedidas servem de modelos. Em outras palavras, os desejos se restringem à ascensão econômica. O poder está acima de tudo, a ponto de os desejos sexuais acabarem se misturando com ele: muitas campanhas mostram homens posando com mulheres sensuais como se fossem troféus, por exemplo.

Como marcas masculinas que não se importam com a inovação de suas coleções realizam desfiles? Se um desfile é um show, o que elas fazem para se diferenciar? Desde os anos 1980, é possível observar artifícios que tentam levar alguma graça aos desfiles masculinos, para esconder a ausência de criatividade dos produtos.

Modelos de camisa aberta, exibindo o tórax musculoso, são um desses artifícios. Outro seria a criação de personagens por meio de acessórios – como boinas de marinheiros para um desfile "náutico". Há também os desfiles em que mulheres substituem os modelos masculinos, entre as inúmeras ideias que um produtor pode ter para evitar o desastre de um show insosso. Em suma, para criar um tema onde não havia nenhum.

A figura do profissional "produtor de moda", que depois passou a ser o stylist, sempre esteve ligada, para as marcas masculinas, àquela pessoa que traz o tema para atender à necessidade de um desfile. O amontoado de peças sem relação entre si quase sempre foi chamado de coleção "comercial" – argumento sem conteúdo, já que entende inspiração como exigência apenas de uma coleção "conceitual".

Em casos assim, o grande desafio do stylist é não ter de onde partir. Além de sofrer com a falta de um bom *briefing* dos designers, ele também enfrenta a insistência dos diretores da empresa em exibir todos os produtos de uma grande coleção em um único desfile (como fazer isso, se hoje um desfile não dura mais do que 15 minutos?).

Com o avanço da difusão da cultura de moda e da profissionalização dos eventos, os stylists passaram a encontrar novos tipos de clientes que já entendem melhor seu papel. Em marcas mais criativas, o stylist passou a atuar próximo do processo de criação. Nos anos 1990, à medida que os desfiles ganhavam importância e sofisticação, os stylists passaram a ser responsáveis por selecionar as peças e sugerir acessórios para deixar o evento mais surpreendente.

A moda masculina nos desfiles

Nestas duas últimas décadas, conheci no Brasil alguns stylists e pude perceber suas diferentes formas de trabalho e analisar seu papel na apresentação das coleções. O *boom* da moda no Brasil deu-se pelo surgimento dos grandes eventos: Phytoervas Fashion, Morumbi Fashion, Semana de Moda – Casa de Criadores e Mercado Mundo Mix. Graças à criatividade dos stylists, esses desfiles popularizaram-se e hoje seus convites são tão disputados quanto os de concertos de rock.

Na moda masculina, os shows de moda demonstraram que os homens também podem surpreender, mas para isso foi necessário fugir completamente da realidade e chocar. Foi o que fizeram, por exemplo, os desfiles de Jorginho Kaufmann, Jeziel Morais, Jun Nakao e meu primeiro desfile no Phytoervas Fashion, em que trabalhei a questão da androginia.

Em razão do grande número de desfiles, alguns stylists eram chamados para atender vários clientes em um mesmo evento. Fosse pela alta demanda, fosse pela restrição dos orçamentos, sua atuação começava apenas poucos dias antes do evento. A figura desse profissional que surgia somente no final do processo, com todo o produto finalizado à sua espera, somada à áurea em volta dele, transformava sua aparição em algo excepcional.

O nome do stylist representou muitas vezes uma assinatura mais importante até que a do próprio designer. Essa hipervalorização gerou dois problemas: como não havia tempo para entender o processo de cada coleção, alguns stylists, em vez de gerar uma perspectiva nova para a marca, contribuíam para engessar seu perfil, colocando o estilo dentro de uma caixa fechada – até mesmo para não correr o risco de confundi-lo com o de outro cliente.

As marcas muitas vezes não se preocupam em partir de um tema e desenvolver as peças com coerência entre si, como seria adequado para uma coleção de moda. No momento da apresentação do trabalho em desfiles, estas marcas convidam stylists para dar uma ordem, incluir outras peças e acessórios. A falta de método de criação de uma coleção e o trabalho de stylists com tal propósito acaba por deixar a marca sem um estilo próprio.

Também havia outro problema notório: stylists com fórmulas que se repetiam e deixavam todos os trabalhos de seus clientes semelhantes entre si. O que chamava atenção nesse caso era a assinatura do stylist, quando o estilo que deveria estar em evidência era o da própria marca.

Os bons trabalhos sempre são a soma do esforço de vários profissionais: certamente a atuação de um stylist em uma boa equipe sempre traz resultados melhores. Pude ver desfiles em que a conjugação dos talentos resultou em sucesso. Em todos eles, o stylist contribuía para deixar os looks mais interessantes – o que às vezes também significava *mais intrigantes*. Eram composições inesperadas ou detalhes inesquecíveis. O conjunto trazia harmonia e ao mesmo tempo provocava, atiçava.

Podemos dizer que o impacto de um desfile masculino pode ser conseguido de muitas formas, mas há dois caminhos bem distintos:

o conservador e o inovador. Os inovadores utilizam o fashion show para surpreender, seja em termos de cenário, iluminação, beauty ou de trilha sonora, por exemplo. Os conservadores buscam se identificar com o dia a dia dos clientes e utilizam recursos facilmente reconhecíveis.

Surpreender pode ser a palavra-chave porque, afinal, na forma, a estrutura se repete: a passarela no centro entre duas plateias é, com algumas variações, o que entendemos por um desfile de moda. Seja para quem assiste ao vivo, seja quem acompanha simultaneamente pela internet, sempre é bom ter uma surpresa.

Um desfile pode ter várias intenções e por isso vários públicos, mas sempre é um instrumento de comunicação. Como em outros meios – editoriais, catálogos, *sites* –, a comunicação algumas vezes não acontece. A ansiedade em "colar" no público pode ser tão grande a ponto de a empresa não conseguir oferecer nada de novo, não trazer nenhuma informação.

Grandes imagens transformam um produto porque mexem com as pessoas, e os fotógrafos são grandes responsáveis pela nova comunicação da moda. Eles trazem um *status* artístico muito grande à imagem de moda, já que suas obras são vendidas cada vez mais para galerias e museus. Stylists também participam do trabalho de fotografia, o que implica diferentes olhares atentos aos diferentes aspectos envolvidos na imagem de moda.

Mesmo em territórios tão desafiadores como o da moda masculina, em que os projetos têm diferentes formas e orçamentos, o sucesso do stylist sempre dependerá de seu repertório de cultura de moda, de quem o contrata e da sintonia entre eles.

O nome de Paulo Martinez merece destaque entre os profissionais de styling que trouxeram inovação à moda masculina. Trabalhando há tempos para a revista *MAG!*, Martinez é o responsável por grandes imagens que sempre surpreendem e, mais do que tudo, demonstram o conhecimento e a maturidade de quem compreende o trabalho do designer e o interpreta com maestria.

Em 16 anos de marca tive a possibilidade de trabalhar com grandes stylists que nos ajudaram a construir a imagem de moda de nossa marca. No início foi César Fassina, que também atuava na *Speed* – uma revista que ele inovou de todas as formas e acabou alçando ao nível de publicação de vanguarda. O trabalho de César traduzia nossas coleções dentro de um conceito de *street-chic*. Quem acrescentou ousadia à marca foi a stylist Chiara Gadaleta, que trabalhou conosco em alguns trabalhos, dentre os quais se destacaram "Paraíso" e "Vinho", da mesma época em que realizamos catálogos com o clique de Daniel Klajmic. Outros trabalhos importantes tiveram o styling de Higor Alexandra e Lara Gerin.

Vejo no distanciamento um dos pontos que mais justificam a presença do stylist na realização de um desfile, de uma campanha ou de um catálogo. Sua posição é diferente da dos criadores que estão envolvidos desde o início do processo – para eles, é muito difícil selecionar peças entre todas as que criaram e desenvolveram. Por outro lado, o stylist deve tomar cuidado para não deixar seu próprio estilo prevalecer sobre o da marca. Como ocorre em todas as áreas, é a integração entre os diferentes profissionais que garante a qualidade do projeto.

Styling de desfiles: entrevista com Maurício Ianês

Mariana Rachel Roncoletta

Maurício Ianês é natural de Santos, São Paulo. É stylist de moda, consultor criativo e artista e transita entre os campos da moda e da arte. Formado em artes plásticas pela Fundação Armando Álvares Penteado (Faap), atua como consultor criativo da Herchcovitch; Alexandre, entre outras marcas de moda. Participou da 28ª e da 29ª Bienais de São Paulo, bem como de diversas exposições coletivas e individuais. Entre suas principais performances, estão *Emet, do Sopro ao Silêncio* (2011), *Salvo o Nome* (2010) e *Mensageiro* (2006).

🕊 **MRR – Como você trabalha uma coleção de moda? Existe um método a ser seguido?**

MI – Existe, e eu sou rígido com tudo que tenha ligação com o método. Existe começo, meio e fim. O processo se inicia com a escolha do tema ou da inspiração da coleção, que pode ser uma jornada, um filme, uma técnica ou algo que pesquisei, que vi na rua, muitas vezes a temática vem dessa pesquisa. A minha pesquisa é na rua, eu não costumo olhar revistas para ver o que vai acontecer, prefiro ir para a rua para perceber tendências. Dessas tendências, encontro um tema, depois faço a cartela de cores, é uma das primeiras coisas que eu gosto de fazer quando dou consultoria, e em seguida vou buscar silhuetas, formas e acabamentos da coleção. Isso tudo ligado ao tema, sempre.

🕊 **MRR – O que você observa na pesquisa?**

MI – Vou para a rua não para ver o que as pessoas estão vestindo, mas para ver o que elas estão ouvindo, do que estão falando, seus interesses, por exemplo, se estão bebendo mais uísque do que cerveja. É esse tipo de comportamento que observo, porque eu acho que isso indica muito o caminho que o mundo está seguindo, indica mais as vontades das pessoas.

Eu observo as ruas do mundo inteiro. Quando eu viajo fico com a antena ligada, procuro ir a lugares alternativos para encontrar novas soluções. Talvez as melhores não estejam ali, mas o novo está, e isso me inspira muito. Dessa pesquisa encontrarei o tema da coleção em algo que eu vi – uma música nova, por exemplo, elas sempre me inspiram. O tema pode vir de coisas mais abstratas ou mais materiais.

MRR – Depois da temática da coleção definida, você trabalha, junto com a equipe de estilo, os aspectos formais do produto de moda: cartela de cores, silhuetas, materiais e acabamentos. Como acontece esse processo?

MI – Talvez eu vá procurar uma silhueta nova para um tema que já tem a silhueta definida. Por exemplo, o tema *China*, que tem aquela silhueta reta, eu penso e me pergunto como ficaria se eu fizesse balonê. Isso dá certo? Faço um estudo, se der certo vamos mudar, para trazer o novo. Vamos fazer China com um corte império balonê e aí trabalhar essa silhueta que provavelmente vai permear toda a coleção. Mas não dá para ter 30 saias balonês numa coleção, então procuro outras soluções. Uso, por exemplo, um tecido que lembra o tema em uma saia longa e faço o mesmo acabamento na coleção inteira. Uso, sei lá, só zíper grosso na coleção, mesmo no vestido de georgette, para ver o que acontece. Procuro por elementos que amarrem a coleção.

MRR – Você é um stylist que trabalha desde o começo da coleção com a equipe de criação, oferece consultoria para o desenvolvimento do produto e da imagem de moda. Seus clientes trabalham nesse mesmo sistema ou se preocupam apenas com a imagem de moda?

MI – Eu terminei ano passado[1] uma consultoria com a Cori que eu tinha junto com o Alexandre [Herchcovitch]. Ele cuidava de uma parte da coleção e eu cuidava de outra, mas isso acabou. Era uma consultoria desde o começo, desde a escolha do tema, mas nem sempre é assim.

[*Na época em que a entrevista foi realizada, Ianês trabalha como consultor da marca Herchcovitch; Alexandre, nos segmentos feminino e masculino, e da Rosa Chá. Suas visitas são semanais para discutir desde a escolha do tema, muitas vezes proposto por ele, até o desenvolvimento do produto. Em entrevista concedida em junho de 2009 para o blog* A Moda É, *Ianês enfatizou a importância de manter um contato constante com a equipe, "para que todos possam trazer seu olhar e assim enriquecer o trabalho". Em 2010, ele assumiu a direção criativa da streetwear TNG, "por ser desafiador", acrescentou em outra entrevista no mesmo ano.*]

MRR – Quando você não é consultor da marca, com quanto tempo de antecedência o procuram para fazer o styling do desfile? Nesse caso, quais são suas principais preocupações com relação à imagem de moda?

MI – Quando você faz só o styling do desfile, você chega em cima da hora, [o cliente] te liga um mês antes do desfile. As pessoas que se preocupam um pouco mais com a imagem do desfile, ou que estão com o processo mais adiantado, te ligam com dois meses de antecedência. Eu chego e procuro compreender o estilo da coleção para acrescentar looks que auxiliem no entendimento didático do conceito e da imagem de moda.

---

[1] Este capítulo possui como essência uma entrevista realizada em 11-5-2007 para o trabalho de conclusão de curso (TCC) *O poder do styling nos desfiles* da São Paulo Fashion Week. De lá para cá, vários encontros com o stylist Maurício Ianês foram registrados, com enfoque jornalístico, para o blog *A Moda É*. Acrescentei alguns trechos dessas entrevistas, realizadas por mim e pela colaboradora do blog Paula Guillen. Esses trechos estão em itálico e entre colchetes.

Esses looks, normalmente, só estarão no desfile, eventualmente eles entram na coleção, mas geralmente não, já que não dá tempo para produzir, para comprar tecido e tudo o mais. Essas peças tornam-se peças únicas, mas nem sempre elas têm o enraizamento que poderiam ter se tivessem sido feitas junto com a consultoria e com mais tempo. Acho esse processo válido, mas o que eu adoro mesmo é entrar no universo das pessoas para desenvolver meu trabalho.

MRR – Você poderia comentar mais esta sua última frase: "Eu adoro entrar no universo das pessoas".
MI – Para mim esse trabalho é muito interessante, o stylist é quase um psicólogo do estilista. Eu quero conhecer a pessoa, conversar com ela e tento entender não só aquela coleção específica, mas um pouco o universo pessoal além da coleção. Às vezes o estilista está me falando de um gosto por uma moda um pouco mais rebelde e não tão arrumadinha, assim vou transportar esse conceito para o desfile. Eu tenho que entender um pouco a pessoa. Não gosto de trabalhos em que o stylist se sobrepõe ao estilista, e a gente vê isso no mundo inteiro, tanto que, se você chama um stylist para fazer um desfile e depois chama outro, aí a marca muda. Se a estratégia é mudar a cara da marca, tudo bem, vou mudar. Se não me pedem, vou querer entender o universo da pessoa para criar junto. Não vou me impor. Por exemplo, se a pessoa sempre usou acessório prateado e eu coloco um colar dourado gigantesco no pescoço da modelo, eu serei agressivo com a pessoa que criou a coleção. Eu não tenho essa postura agressiva, gosto de entrar no universo da pessoa mesmo que eu pessoalmente não goste daquilo, mesmo que não concorde e saiba que no fim vão falar mal do desfile e do meu trabalho. Se já sei que é uma marca que

eu realmente não gosto e não tem nada a ver comigo, prefiro não aceitar o trabalho, a não ser que a marca me chame para mudar tudo.

MRR – Existe um método para realizar o styling de um desfile?

MI – De certa forma sim, na verdade tenho um processo narrativo. Crio uma narração. A edição [de looks] para mim é uma coisa muito importante, se eu não consigo fazer a passagem do preto para o amarelo direitinho, eu surto! Tem que ter um *lacinho* na calça preta que vem depois do vestido preto para, aí sim, entrar o vestido amarelo, que tem que ter a mesma silhueta do vestido preto, senão já não houve a transição [de um look para o outro] e isso me incomoda muito até resolver. A edição possui começo, meio e fim, não dá para trocar um look de lugar. Se não deu tempo de a modelo trocar sua roupa, estragará a ordem do desfile, a não ser que eu consiga resolver a situação na hora e veja uma possibilidade de colocar esse look em outro lugar. Faço desfiles didáticos e crio uma narrativa dentro da história da coleção.

MRR – Você comentou sobre a edição de looks e a importância da passagem de um look para o outro. Quais são os outros elementos do desfile com que você, como stylist, lida diretamente, além do desenvolvimento de produtos, já comentado?

MI – Eu tento esclarecer o que nós estávamos pensando quando criamos a coleção. Trago esse espírito da coleção para a cenografia, trilha e beleza, então, sou fiel à ideia inicial e me esforço para que ela apareça na coleção inteira. Não são todos os stylists que têm a mesma visão. No meu processo de trabalho o primeiro passo é conhecer quem criou, saber o que a marca e a pessoa querem ou precisam, de acordo com o mercado, conhecer o passado para saber o que foi, o que é e no que pode se transformar essa marca. Essa é uma pesquisa muito importante. Em seguida, ver a coleção, a roupa, às vezes redesenhar alguma peça ou criar alguma coisa, trazer referências dentro do que é essa roupa e, se tiver abertura, pegar o tema da coleção e dar uma transformada, para ficar mais contemporâneo. Depois disso, pôr a mão na massa, criar looks e colocá-los juntos, editá-los. Idealizar em cima da história e pensar no cabelo e na maquiagem. Eu também gosto de participar da trilha sonora do desfile, quando eu posso fazer melhor ainda! Nos primeiros desfiles do Alexandre eu varava a madrugada junto com o DJ, que possuía formação erudita, ele era maestro. Eu trazia as minhas referências e ele me mostrava outras, discutíamos e criávamos juntos. Era uma delícia, porque gosto de música, é uma forte inspiração para mim.

MRR – Seria o stylist responsável por orquestrar todos esses elementos?
MI – Existe o diretor do desfile, acho que essa pessoa é a mais responsável, mas atualmente o diretor do desfile trabalha muito em sintonia com o stylist, e normalmente ele [o stylist] acaba viabilizando todas as ideias e acrescentando outras. O ideal para mim é: diretor do desfile, stylist, diretor de casting (que nem sempre temos por aqui), estilista, cenógrafo e DJ. Esse grupo deve estar unido e trabalhar em equipe, o que é muito bom.

MRR – Se você voltar no tempo, nos desfiles do Phytoervas e do Morumbi Fashion Brasil, você fazia tudo isso sozinho.
MI – É, não existiam essas profissões. Eu acho supergostoso ver as pessoas e essas especializações surgindo, se fortalecendo, é uma pena que nem sempre o mercado sabe receber.

[*Maurício Ianês trabalha com Alexandre Herchcovitch desde o início da carreira do designer (1993-1994). O próprio Ianês considerava-se uma espécie de assistente de Herchcovitch e também produtor dos desfiles do amigo: "Um cargo meio nublado, ninguém sabia muito bem o que um produtor de desfile fazia, ele dava uma ajeitada na coleção", comentou, em junho de 2008. No final dos anos 1990, Ianês mudou-se para Londres, onde conheceu Sebastian, então assistente do designer inglês Alexander McQueen, que o apresentou à editora de moda Isabella Blow e à stylist Kate England. Ele observou o trabalho de England: "Ela trabalhava na marca, dava consultoria, fazia o styling dos desfiles, e também fazia editoriais de revistas, e aí eu descobri que é isso que eu sou... Voltei para o Brasil e disse para o Alê: "Sou o seu stylist!".*]

🕊 MRR – Quanto às especializações profissionais que você citou, por que você acredita que o mercado não as absorve?

MI – Falta mercado para moda brasileira. A população brasileira é enorme, mas quem consome moda no Brasil? Sei lá... apenas 1%? E [o resto] não é nem que vai comprar moda popular, é quem não compra moda nenhuma. O mercado já é pequeno e muitas pessoas não querem que esse mercado cresça, no sentido de transmitir conhecimento: não há ousadia por parte das grandes marcas, elas não querem correr riscos para garantir as vendas, porque se não se vende não se tem dinheiro e se não se tem dinheiro as pessoas são mal pagas, assim o mercado não se fortalece, fica tudo muito complicado. É falta de dinheiro e falta de coragem!

🕊 MRR – As grandes marcas que estão no mercado subestimam o próprio público?

MI – Eu acho que sim, mas isso é geral no Brasil. É da cultura: veja a televisão brasileira, os livros que são publicados no Brasil, os filmes exibidos nos grandes cinemas. Claro que a cultura de moda não vai mudar do dia para a noite; seria um processo de mais de 20 anos, mas, se não começar, não vai acontecer nunca!

> **MRR – Falando em público, quando você faz o styling de um desfile, como lida com o público-alvo da marca?**
> **MI** – Quando eu faço um trabalho é claro que eu quero saber qual o público da marca, mas há um aspecto de que nem todas as marcas possuem consciência: o desfile é para a mídia, é o que vão falar da marca [refere-se à mídia espontânea, ou seja, se vai gerar notícia e em qual proporção]. Um desfile não é para o consumidor final! Claro que, se você conseguir criar uma imagem que o consumidor final vai querer assumir para si, é ótimo, mas não é para isso que serve o desfile, e sim para criar a imagem da coleção, e não necessariamente do produto. Estou falando de desfiles em eventos como a São Paulo Fashion Week (SPFW) e o Fashion Rio. Claro que existem outros casos voltados mais para o produto, e não para a imagem de moda em si.

> **MRR – Você observou alguma mudança de valores das confecções e do público em geral desde o início da sua carreira na moda?**
> **MI** – Acho que o interesse. Primeiro eu acho que as pessoas hoje se interessam mais pela moda, de maneira geral. A maior divulgação da moda na mídia gerou uma situação social completamente diferente do que era nos anos 1990. Existe interesse, discussão na rua, na internet, às vezes as pessoas não têm a informação completa, mas estão discutindo, o que é bom.

As marcas começaram a gerar imagens para serem divulgadas, mas ainda com medo e esse medo vai acabar, porém será fruto de um longo processo. O que quero dizer é que o desfile no formato clássico não vai acabar, não é isso, mas acontecerá sem medo de questionar.

MRR – Essa sua afirmação vale tanto para o posicionamento das marcas de moda no mercado brasileiro quanto para o fortalecimento da cultura de moda e da crítica jornalística no país. A seu ver, as marcas de moda possuem medo de uma crítica negativa?

MI – É questionando que nós vamos para frente. No exterior, existem as semanas de desfiles, só que ninguém assiste o desfile da Diesel com o mesmo olhar do desfile da Dior, e pronto! E nem o desfile da Diesel vai ter a mesma importância de um desfile da Dior. Aqui no Brasil o crítico que assiste o desfile da Cavalera, por exemplo, vai com o mesmo olhar e o mesmo senso crítico para assistir um desfile do Reinaldo Lourenço ou um do Alexandre Herchcovitch. Não é assim que se constrói a crítica, é completamente diferente.

MRR – Diferente como?

MI – Uma marca como a Cavalera, por mais que ela tenha uma imagem de moda forte, é uma marca de *streetwear*. Vende camiseta e calça jeans, sem menosprezar. Não é alta-costura nem prêt-à-porter sofisticado, é streetwear. A crítica julga a Cavalera com o mesmo olhar com que o Reinaldo [Lourenço] é criticado. A Diesel possui campanhas inesquecíveis. Particularmente eu não gosto das calças jeans deles, mas a marca possui imagem e marketing incríveis, mas você sabe que as pessoas não assistirão aos desfiles da Diesel ou da Dsquared2 e até mesmo ao da Betsey Johnson com os mesmos olhos que criticarão o da Dior. Aqui, no Brasil, a crítica nivela as grandes marcas de streetwear que fazem desfiles, como Cavalera, Colcci, Forum e Zoomp, com a do Reinaldo, do Alexandre. Falta técnica e cultura de moda para saber criticar os desfiles. Lembro do primeiro desfile da Zoomp que eu fiz quando o Alexandre foi contratado para trabalhar com eles. A passarela era toda de ladrilhos brancos, os looks eram compostos de camisetas e jeans, só que de um jeito interessante. Esse desfile foi o mais bem falado da Zoomp. Era fresco, uma linda imagem que transmitia o que a marca é. Claro que se você [o jornalista] vai achando que a marca de streetwear trará a próxima revolução do [estilista Cristóbal] Balenciaga, você não saberá criticar. Esqueça, Cavalera não é Balenciaga! Os dois são bons, são coisas diferentes e ponto, sem julgar. Não é para tratar igual, deve-se tratar de um jeito diferente, é para sair na crítica se perguntando: a Cavalera fez um desfile sem inovação, mas de que tipo de inovação [estamos falando]? No desenho? Na lavagem? Porque no jeans existia uma lavagem nova, aliás muito nova, que ninguém nunca tinha feito. Os críticos sabem falar da lavagem? Não, eles esperam na passarela a silhueta da Balenciaga, que não encontrarão na Cavalera, porque não é para estar lá! O "porém" é que as marcas se preocuparam com as críticas, e algumas delas escolheram caminhos errados. É um problema que eu vejo muito no Brasil, e espero que aos poucos se resolverá.

ꙮ **MRR –** Compreendo o styling da imagem de moda na sua totalidade, ou seja, quem assiste a um desfile vê a cenografia, a edição de looks, o casting, o beauty e até mesmo a coreografia. Todos esses elementos auxiliam na absorção da imagem, inclusive a trilha sonora. Essa imagem muitas vezes tem como intuito principal atrair a imprensa, o que é uma grande responsabilidade. Sua parceria com o Alexandre Herchcovitch é, no Brasil, uma das que alcançaram maior sucesso, não só pelo potencial da imagem de moda, como também pela duração. Como que você lida com essa cobrança a cada estação?

MI – Eu adoro trabalhar com o Alê, já tive momentos de falar: quero sair, não aguento mais, mas eu sei que é um lugar onde eu tenho uma liberdade que não vou encontrar em outros lugares e isso para mim é muito legal. Eu também sou apaixonado pelo que nós fazemos, nós já namoramos, somos amigos, então, é um relacionamento que nos olhamos e não precisa nem falar que já nos entendemos, mas também quando a gente quebra o pau vira um barraco. Nós trabalhamos sério e é prazeroso. Eu também sei que é um dos desfiles mais importantes do Brasil e isso é importante para mim como profissional. Portanto, eu gosto. Sou livre e é importante na minha vida profissional. Não vou falar que é confortável, mas é por isso que continuo, porque o nosso processo não é confortável e é por isso que eu gosto tanto, e as coleções são o que são. É um desafio!

O oxigênio da generosidade: uma conversa com Ronaldo Fraga sobre sua relação com o stylist Daniel Ueda

Biti Averbach

Acompanho o trabalho de **Ronaldo Fraga**, um dos estilistas brasileiros mais importantes da atualidade, desde sua estreia no Phytoervas Fashion, em 1996. No decorrer desses quinze anos de convivência, tive o privilégio de compartilhar momentos inesquecíveis com ele, em passarelas, camarins, entrevistas e conversas. Sua visão de mundo – e da moda – sempre demonstrou uma sensibilidade e uma integridade excepcionais. Em grande medida, penso que isso se deve a seu olhar único, poético e regional, que não deixa de carregar um forte caráter universal.

Fraga é o tipo de estilista que cria coleções com base em histórias e referências bastante complexas. Todo o conjunto da coleção é desenvolvido em função do tema escolhido, do sapato à maquiagem, do cenário à trilha sonora. Quero dizer, com isso, que em sua concepção todos os pequenos detalhes estão sempre muito bem amarrados. Outra particularidade de Fraga é que, por muitos anos, ele cuidou por conta própria do styling de seus desfiles. Apenas na coleção de verão de 2010, cujo tema era a Disneylândia, começou a estabelecer uma parceria com o stylist Daniel Ueda, que desde então assina seus desfiles. A seguir, conversamos sobre a delicada relação entre estilista e stylist.

> BA – Quando e por que motivo sentiu necessidade de chamar alguém de fora para assinar o styling?
> RF – Nos últimos tempos, estava ficando sobrecarregado, porque venho acumulando várias funções além da criação das duas coleções anuais da minha marca. Faço a direção criativa do Minas Trend, coleções e desfiles para empresas, além de li-

nhas de produtos com o meu nome. E aí, quando chegava a hora de fazer a minha coleção, apesar de já ter toda a pesquisa pronta, eu sentia necessidade de ter uma troca. Então veio a ideia de chamar o Daniel Ueda,[1] que tem um trabalho que sempre admirei, é um dos melhores profissionais do país. E, mais do que um olhar antenado, ele tem um olhar generoso para as marcas com que trabalha.

BA – Quais as dificuldades ao estabelecer a relação com um stylist?
RF – A maior dificuldade, na relação entre o estilista, ou dono da marca, e o stylist é a questão da generosidade, de haver um olhar generoso entre as duas partes. Da mesma forma que eu espero que o stylist receba com carinho a minha coleção, como se tivesse sido criada por ele, eu, por minha vez, entrego a coleção na mão do stylist, e o que ele editou, está editado. Quando o Daniel Ueda sugere eliminar algo do desfile, e ele sempre fala isso com muito jeito, eu confio cegamente. Nesse momento, passo a dividir a criação com o outro profissional. É um exercício de generosidade extremamente saudável e oxigenante, dentro desse processo angustiante que é criar algo, expor – e se expor. Fazer moda, para o estilista, tem um grande peso. Depois de apresentar uma coleção você se sente esvaziado. Não conheço ninguém que tenha angústia de não vender, ou de ser comparado com outro estilista. O difícil é você estar nu diante de uma plateia enorme. Na minha sala de desfile,

---

[1] Daniel Ueda é considerado um dos mais talentosos stylists de sua geração, sendo reconhecido por sua capacidade de criar imagens singulares para desfiles e coleções. Começou trabalhando como assistente de David Pollak e Debby Gram na revista Vogue, em 1996. Assina o estilo de diversos desfiles da SPFW, do Fashion Rio e de outros eventos, atuando ao lado de importantes marcas e designers. Trabalha também em ensaios fotográficos para as principais publicações e fotógrafos de moda do país e atua em projetos independentes, como a revista Gudi, celeiro de novos talentos.

por exemplo, cabem 800 pessoas, no mínimo. E essa audiência se multiplica ainda mais graças à internet. Não é fácil se desnudar diante do mundo.

BA – Fale um pouco sobre a dinâmica do trabalho. O que pode contribuir para que a parceria dê certo?
RF – Não creio que a eficiência do trabalho de um stylist, para uma marca, possa ser medida em uma ou duas coleções. Eu me lembro quando algumas marcas poderosas, como a Forum de Tufi Duek, por exemplo, traziam stylists de fora do país para cuidar de seus desfiles. Os profissionais faziam isso por uma ou duas estações e nem chegavam a estabelecer uma relação de cumplicidade com a grife. Para mim, o sucesso da parceria depende disso, da confiança, da cumplicidade. O estilista não pode se agarrar com unhas e dentes ao que criou. O exercício do desapego é o que te liberta. Uma relação como a que eu tenho hoje com a equipe que trabalha comigo – não só o stylist, mas também o cenógrafo, o designer gráfico, o maquiador – é alimentadora. É como se eu jogasse a bola com a certeza de que eles vão agarrar. Meses antes do desfile, o Daniel Ueda e o Marcos Costa, que cuida da beleza, já estão loucos querendo saber qual vai ser o tema da coleção. Sentamos para conversar e eu não levo uma ideia pronta, prefiro indicar um caminho. E peço para que eles não concordem comigo, para que tragam outras ideias. Essa hora é muito boa, é um exercício de prazer. No último desfile, inspirado em Noel Rosa, estava tudo tranquilo quando, um mês antes da apresentação, me dei conta que tinha que ser tudo em preto e branco. Isso porque meu fascínio pelo compositor veio da imagética, das fotos do Rio de Janeiro distante, nos anos 1930. Quando eu contei para o Daniel Ueda, ele vibrou com isso.

BA – Por que você não teve um stylist antes?
RF – Eu sempre fui o gestor do meu negócio, sempre tive que contar moedas para fazer tudo, além de contar com a sorte também. Houve época em que não podia simplesmente contratar o cenógrafo que quisesse, pedir que ele construísse isso e aquilo. Além desse aspecto econômico, juntava-se o meu prazer em fazer.

BA – Você vive e trabalha em Belo Horizonte, enquanto o Daniel Ueda fica em São Paulo. Como é a dinâmica de trabalho? A distância geográfica atrapalha?
RF – No meu caso específico com o Daniel, trabalhamos juntos na coleção da minha marca e no Minas Trend, então nos encontramos pessoalmente ao menos umas 8 vezes por ano. Como temos muitas semelhanças de visão de mundo, e nos tornamos amigos, já estabelecemos uma relação de cumplicidade. Falando em termos gerais, acho que a distância e o *timing* podem atrapalhar, sim. O stylist não pode chegar para mexer na coleção depois que ela está pronta. Eu vejo casos de marcas que chamam o stylist depois da coleção estar terminada para que ele invente uma história, uma pesquisa. Acho um horror. No início da minha carreira, inclusive, eu cheguei a ser contratado para fazer isso.

BA – Quais as qualidades essenciais de um bom stylist?
RF – Ter o olhar generoso e ser capaz de se apropriar do trabalho alheio. Pode parecer contraditório, mas é algo complementar.

❧ **BA – O que o olhar do Daniel Ueda trouxe para o seu trabalho?**
RF – Em primeiro lugar, trouxe a assinatura dele. Poucas pessoas conseguem trabalhar com sobreposição como ele. Como estilista, costumo pesar a mão naquilo que adoro, que me fascina, me emociona. E que, pejorativamente, muita gente chama de "regional". Sempre foi importante para mim entender a minha terra, o meu lugar, antes de qualquer coisa. Quando o Daniel pega isso, ele preserva a essência, mas dá uma qualidade mais global.

❧ **BA – Quais os erros que um stylist não pode cometer?**
RF – O pior erro é reproduzir a imagem de um desfile internacional. Às vezes, a marca nacional nem copiou aquele determinado estilista estrangeiro, a roupa não tem nada a ver com aquele design, mas, se o stylist propõe uma beleza, uma luz, um styling que dialoga com aquilo, ele dá *status* de cópia a algo que nem era. Referências internacionais são importantes e fazem parte do repertório de qualquer profissional, mas é preciso saber filtrar. Outro equívoco é pesar demais a mão e deixar o desfile com a cara dele próprio, e não da marca.

PARTE VI
Styling por especialistas em styling

Zeitgeist nas viradas dos séculos XX e XXI

Bernardo de Aguiar Pereira Filho

Resumo

Editoriais de moda são elementos importantes para possíveis leituras sobre o espírito do tempo (*Zeitgeist*), tal como as pinturas do século XIX forneceram a Charles Baudelaire uma chave que lhe permitiu, por meio da análise crítica, entender seu tempo e formatar conceitos de modernidade. É justamente na esteira desses conceitos e suas representações que nos reportamos a pensadores contemporâneos para verificar como o espírito de nosso tempo é apresentado em editoriais de moda, bem como na moda em si.

Introdução: a moda e as tensões dos finais de século

"A fotografia de moda é muito mais do que simplesmente fotografar a moda."
Susan Sontag, *British Vogue*

O artigo "Na virada: corpos do milênio e o significado do tempo na fotografia de moda de Andrea Giacobbe", de Paul Jobling (2002), foi o ponto de partida para a monografia Zeitgeist *nas viradas dos séculos XX e XXI*, em que procuramos fazer uma reflexão sobre a fotografia de moda e "espírito do tempo", examinando as tensões apocalípticas que envolvem períodos de virada de milênio. Gostaríamos de deixar claro que o que chamamos de tensões apocalípticas diz respeito ao sentido etimológico da palavra *apocalipse*, que alude a revelações ou se traduz como discurso confuso.

Como ponto de partida, remetemos o leitor ao ensaio de Andrea Giacobbe para o editorial da extinta revista *The Face*, de julho de 1996, no qual, por meio de manipulação digital na fotografia, o fotógrafo italiano realiza uma transmutação corpórea, colocando um corpo masculino em um feminino e vice-versa e, assim, indo além da apresentação de roupas na construção da imagem de moda. Nesse trabalho, o fotógrafo aciona um universo futurista particular, levando em conta possibilidades da engenharia genética para a reconstrução corporal. Apresentamos aqui uma síntese da monografia apresentada em março de 2006.

O editorial de Andrea Giacobbe

A biotecnologia desperta discussões sobre ética e mutação da raça humana no meio científico e filosófico. O editorial proposto por Andrea Giacobbe e analisado por Jobling (2002) traz importantes reflexões sobre a ideia de tempo à qual estamos atrelados e nos faz pensar sobre quebra de paradigmas no final do século XX. O texto incitou-nos a pensar sobre aspectos simbólicos e as possíveis leituras do porvir. "[...] o tempo apocalíptico do ensaio e sua visão de um futuro e de um lugar onde identidades estão em constante transformação e onde o tempo é elemento de redenção parecem abrir caminho para as mensagens do milênio [...]" (2002, p. 11).

O que nos interessou no texto de Jobling não foi apenas a interpretação da ideia de transmutação corporal, ou a discussão sobre as identidades fluidas do mito do *cyborg*, mas também – e principalmente – o simbolismo temporal ali registrado e o discurso embutido com a ideia de espírito do tempo (*Zeitgeist*) focados na virada do milênio. O que nos pareceu fundamental foi atestar a necessidade de repensar a própria ideia de fim de século, seus anseios, suas representações, seu olhar para o futuro, suas inquietações quanto ao presente, seus valores em mutação.

A frase que Jobling destaca do livro *Cyberspace, Cyberbodies, Cyberpunk: Cultures of Technological Embodiment* – "Não se trata apenas de fazer ou refazer corpos, mas de fazer ou refazer mundos" (Featherstone & Burrows *apud* Jobling, 2002) – serviu como parâmetro para assinalarmos a necessidade de refundar o pensamento contemporâneo, com base nas transformações que a sociedade vem sofrendo desde o final do século passado. Para além do bem ou do mal, existe um sentimento de inquietação ante o futuro, e sentimo-nos desafiados a lidar com essas mudanças e sinais. Para o jornalista e ensaísta francês Jean-Claude Guillebaud (2003, p. 377) também é hora de pensar sobre a modernidade: "[...] o planeta do futuro não será nossa herança e sim nossa criação ou invenção. O mundo que nos espera não está para ser conquistado, está para ser (re)fundado".

Se a questão de transmutação corporal parece instigante, trata-se de especular a respeito dos limites da biotecnologia e de qual representação corporal do futuro nos é apresentada. Podemos notar que, ao longo da história, a humanidade vê em cada época sua própria representação corporal, existindo um desejo de transcender a limitação do corpo. Desde as formas mais antigas de "vestuário", que foram os adornos e pinturas corporais, já havia muitos elementos que deformavam, reformavam ou modificavam de alguma forma o corpo humano.

Cada vez que folheamos uma revista de moda, muitas questões são levantadas além da própria estética fotográfica dos editoriais. Podemos nos questionar sobre as mais variadas intenções ali contidas, desde a roupa como a pele que modifica o corpo, até os padrões de beleza infringidos ou as mensagens comunicadas por aqueles ensaios. O que nos instiga em particular na fotografia de moda é que ela consegue ir além da própria moda e da manipulação para sinalizar escolhas, opções e comportamentos de consumo. Vemos na moda um dos elementos mais significativos para a leitura do espírito do tempo, da cultura e comportamento da sociedade.

O que é a fotografia de moda, além de agente que alimenta o desejo de consumo? Por meio de conceitos criados na fotografia de moda, essa indústria provoca algum tipo de revolução dos costumes? O stylist e o fotógrafo nos editoriais são os agentes que subvertem o próprio valor embutido no design das roupas? Quais as questões sobre o tempo ali enfocadas?

Pareceu-nos importante fazer um balanço e uma leitura das viradas de milênio para que pudéssemos compreender, por meio do espírito do tempo, os sentidos que se referenciam como perspectivas e direção nesses períodos.

Névoa – temporalidade de fim de século

Tensões apocalípticas são marcadas, em geral, por complexidade, por uma leitura nebulosa, por territórios ainda indefinidos. Essa parece ser a marca geral dos períodos transitórios, que recebem carga simbólica extremamente forte quando se trata de virada de século e, em nosso caso, de milênio. O vislumbre do que nos reserva o futuro, baseado nas conquistas técnicas, científicas, sociais, artísticas e culturais que o homem alcançou ao longo do processo evolutivo, no período de virada adquire uma conotação amplificada, despertando ora pessimismo, ora otimismo e quase sempre dúvidas.

Enquanto por volta de 1890, na França, François Mainguy (*apud* Weber, 1988), editor da revista financeira *Le Fin de Siècle*, explicava as ideias da época como tudo misturado, confundido, indistinto e reembaralhado numa visão caleidoscópica, Donna Haraway, no *Cyborg Manifesto*, comenta sobre nosso tempo:

> Eu não sei de nenhum outro momento na história em que houvesse tanta necessidade de uma unidade política para confrontar efetivamente as dominações de "raça", "gênero", "sexualidade" e "classe" [...]. Nenhum de "nós" tem mais a capacidade material ou simbólica de ditar a forma da realidade a nenhum deles. Ou pelo menos "nós" não podemos clamar por inocência na prática dessas dominações. (Haraway, *apud* Jobling, 2002, p. 14)

Esses relatos comprovam que esses períodos de virada se apresentam como um território nebuloso, com interpretações que refletem uma ótica caótica, não tanto pelo fato de assistirem a uma verdadeira transformação cultural, social, de comportamento e estruturas gerais, mas por certa mitologia que cerca tais períodos.

Fin de siècle: amálgama do século XX

Foi preciso que houvesse a Primeira Guerra Mundial em 1914 para que historiadores dessem por findo o século XIX. A partir de então se tornou comum confundir o período de *fin de siècle* das décadas de 1880 e 1890 com o que se passou a chamar Belle Époque (1890-1914), ou o período anterior à guerra. Se por um lado a Belle Époque estava associada a uma visão otimista dos anos anteriores a 1914, o *fin de siécle* representava uma época de depressão moral e econômica.

A expressão *fin de siècle* foi criado pelos franceses para designar o período que marcava o término do século XIX e podia designar tanto o que era moderno quanto a decadência ou o declínio dos padrões. Trazia consigo certa confusão e, muitas vezes, servia para justificar a descrença no futuro e o declínio das instituições e modos de vida:

> A anarquia moral, ou o que era descrito como tal, subvertia ideias e padrões até então tomados como naturais, pelo menos em público. Não se acreditava mais em nada, o vício estava em toda parte; não era simplesmente um *fin de siécle*, escrevia Fin de Siècle [revista semanal] mas um fin de race [fim de raça]: o final de uma raça doente (as pessoas) [...]. Não é de admirar que um crescente número de pessoas, especialmente dentro da Igreja Católica, acreditasse ver a mão do diabo atrás do declínio acelerado. Em 1891, o abade Jeanim publicara *Église et fin de siècle*, que censurava a decadência dos tempos. No final do século, o fim do mundo parecia próximo. (Weber, 1988, p. 21)

Assumindo diferentes formas, o sentimento de decadência foi amplamente difundido e teve bastante repercussão no meio literário e artístico da época. Servia de certa forma como antídoto à mediocridade. É bem possível que existisse aí certo exagero diante dos fatos reais e uma visão distorcida do que estava sendo sobrepujado pelos novos valores.

O SURGIMENTO DA FOTOGRAFIA

Nesse contexto de transformação da sociedade, a invenção da fotografia trouxe novos elementos para a reflexão sobre memória e beleza. Foi em 1839 que Louis Jacques Mandé Daguerre (1787-1851) registrou patente sobre sua técnica para fixação de uma imagem sobre uma placa de metal, pela ação direta da luz após um quarto de hora de exposição. Com isso foi dado o pontapé para o aperfeiçoamento da fotografia e consequentemente para sua disseminação.

Por volta de 1854, Disdéri consegue reduzir o tempo de pose e reduzir os custos da fotografia produzida em série, permitindo a vulgarização do retrato. Ao mesmo tempo, os fotografados passam a assumir poses mais elaboradas, na tentativa de conferir sofisticação à apresentação de si. As fotografias dessa época revelam a teatralização das atitudes, o desejo de idealizar aparências e o repúdio ao feio. Na década de 1860 difundiram-se técnicas de retoque, capazes de suavizar traços indesejados, como rugas, manchas e vermelhidões. O retrato criaria, então, uma forma diferente de registro do tempo e da própria realidade:

> Esteio da rememoração, a foto renova a nostalgia. Pela primeira vez, a maior parte da população tem a possibilidade de representar antepassados desaparecidos e parentes conhecidos. A juventude dos ascendentes com quem se convive no dia a dia torna-se perceptível. Opera-se no mesmo processo uma mudança das referências da memória familiar. De uma maneira geral, a possessão simbólica de outra pessoa tende a canalizar os fluxos sentimentais, valoriza a relação visual em detrimento da relação orgânica, modifica as condições psicológicas da ausência. A foto dos defuntos atenua a angústia da perda e contribui para desarmar o remorso causado pelo desaparecimento. (Ariès & Duby, 1997, p. 426)

A fotografia passou a ser a maior fonte documental dos fatos e costumes, da evolução das cidades e da própria história. Serviu de influência e parâmetro para se repensar a própria arte.

A MODA

No final do século XIX, a moda passou por períodos ora de busca por simplicidade nas formas, ora de exagero, mas podemos dizer que a grande revolução do vestuário nesse período deu-se no guarda-

-roupa masculino, que adquiriu maior sobriedade, ficando o aspecto fantasioso relegado ao repertório feminino.

A burguesia surgida com a Revolução Industrial consolidou valores relacionados ao trabalho e ao esforço, que exigiam tanto conforto como sobriedade – características bem diferentes do exagero que prevalecia no período aristocrático. Conforme Elizabeth Wilson (1985) comenta no livro *Enfeitada de sonhos: moda e modernidade*, uma das possíveis explicações para essa simplificação da moda masculina seria o medo de parecer homossexual, já que o termo, surgido por volta de 1809, estava ligado à ideia de uma condição psicológica permanente, não mais relacionada apenas ao pecado, mas também a uma patologia que precisava ser "curada".

A moda feminina no século XIX trafegou entre a relativa simplicidade, com o **estilo império**, de inspiração greco-romana, e uma moda de inspiração no passado com mais atenção para os detalhes. Esse último estilo permitia ao homem burguês exibir, por meio da esposa, seu poderio econômico aos olhos da sociedade. A moda feminina esteve atrelada ao papel que as mulheres desempenhavam na sociedade da época, subjugadas pelo homem dentro da estrutura patriarcal.

A última etapa da moda no século XIX teve início na última década, por volta de 1890, e estendeu-se até a Primeira Grande Guerra, em 1914. Foi denominada moda da Belle Époque na França e representava o ápice do luxo, uma seleção de peças reservada para poucos – os muito ricos e privilegiados pelo nascimento.

Houve no período mudanças significativas na silhueta feminina. A cintura tornou-se o foco, e o espartilho, já usado há bastante tempo, comprimia ao máximo sua largura. A inspiração nas formas orgânicas da arquitetura refletiu-se na silhueta: as curvas eram buscadas a qualquer preço. A mulher tornou-se refém de uma estética que a impossibilitava de trabalhar ou até mesmo de executar movimentos básicos, como andar, sentar ou abaixar-se, dificultando a própria respiração e atestando um caráter de submissão em comparação com a liberdade e autoridade masculina.

Por volta de 1900, a **silhueta eduardiana** surgiu como variante. Era composta de duas partes: uma saia que se alargava a partir dos quadris e nas bordas e, na parte superior, um paletó, peça que pela primeira vez passava a ser usada pelas mulheres. Essa forma de vestuário buscava oferecer uma roupa de trabalho para a mulher moderna e, ao longo da década, efetivamente estabelece-se como tal. Até então as mulheres só usavam vestidos, por isso a moda eduardiana foi um avanço rumo ao repertório que estaria por vir.

Os esportes, como a equitação, inspiraram a criação dessa linguagem no vestuário feminino e, nesse sentido, buscava-se uma aproximação com o repertório masculino. Os homens naturalmente se opunham à imagem dos paletós femininos, porque viam ali questionada sua autoridade. No entanto, isso servia como uma afirmação clara de que as mulheres queriam mais independência. Vale salientar que nessa época o vestuário feminino incluía um vasto repertório, com vários códigos relacionados às horas do dia, o que gerava multiplicidade e podia alimentar a própria dinâmica da moda:

> A moda acelerou o seu processo e proliferou-se, para andar ao ritmo da vida moderna. Por um lado, abraçava e expressava a vida compartimentada, obsessivamente subdividida da burguesia. Havia vestidos para usar de manhã, para hora do chá, para hora do jantar, para sair à rua, para viajar, para estar no campo, para vários tipos de desportos (mais tarde), para o luto carregado, para o luto aliviado, para o meio-luto; trajes que não refletiam uma posição ou estatutos definidos, mas que indicavam antes uma certa hora do dia socialmente estabelecida, ou uma ocasião ou estado de espírito pessoais. (Wilson, 1985, p. 51)

A partir de 1890, os esportes femininos progrediram. A eles é atribuído um importante papel nas mudanças que aconteceriam na moda ao longo do século XX, já que a ideia de mobilidade e conforto exigia formas diferenciadas. O ciclismo – o esporte mais difundido, já que não ficava restrito às aristocratas –, por exemplo, pedia novos trajes. É com esse esporte, aliás, que surgem os primeiros projetos de calças compridas femininas.

O crescimento das cidades no século XIX, em especial de Paris, forneceria o palco ideal para a demonstração das últimas modas. Os passeios pelos bosques e pelas largas avenidas permitiam tanto o exibicionismo como o voyeurismo. As roupas deixavam transparecer, nesse caso, uma reserva em relação ao corpo, na medida em que mostravam descrição, representavam o pudor e ofereciam proteção perante os olhares anônimos. Segundo Elisabeth Wilson, dentro desse anonimato existiam códigos de diferenciação e leitura:

> Paradoxalmente, no entanto, o vestuário urbano passou a estar cheio de indícios expressivos, que subvertiam o seu anonimato, porque era ainda importante, ou mesmo mais importante, mostrar ao mundo que gênero de pessoa se era, e ter a possibilidade de interpretar pelo menos alguns dos mesmos indícios nos vestuários dos outros. Passou a ser fundamental ler o caráter e a proclividade nesses pormenores que eram imediatamente perceptíveis. Novos "códigos de vestuário", mais complicados, apareceram, porque na metrópole toda a gente andava disfarçada, incógnita e, no entanto, ao mesmo tempo, um indivíduo era cada vez mais aquilo que vestia.
> (Wilson, 1985, p. 185)

Os aspectos da vida na metrópole e a movimentação em círculos sociais mais vastos aceleravam a dinâmica da moda, ao mesmo tempo em que acentuavam o individualismo nascido na era industrial. Para o sociólogo alemão Georg Simmel (1858-1918), essa relação com a cidade e um número maior de indivíduos estranhos trazia consciência da própria subjetividade e alimentava a manipulação na representação do eu (Wilson, 1985).

O mundo contemporâneo

Friedrich Hegel (1770-1831) pode ser considerado um dos pioneiros na tarefa de conceituar a modernidade. Para tanto, ele tomou como base os três séculos precedentes, levando em conta os acontecimentos ocorridos em torno de 1500, como a descoberta do Novo Mundo, o Renascimento e a Reforma, que passam a ser entendidos como o começo da Idade Moderna e fim da Era Medieval. A expressão *tempos modernos* ou *novos tempos* passou a ser usada por volta de 1800. Hegel emprega o termo *modernidade* como conceito de época, passando a tratar o "nosso tempo" (o dele) como "o tempo mais recente" (Habermas, 2002).

O filósofo alemão fez o diagnóstico dos novos tempos comparando-os a épocas passadas e concluindo que eles traziam uma experiência de progresso e aceleração em relação a elas. No entanto, segundo Hegel, a modernidade não tomava modelos de outras épocas; em vez disso, referia-se a si mesma e criava seus próprios padrões. Um dos termos que inspiraram Hegel foi o já mencionado *Zeitgeist* ou espírito do tempo, que caracterizava o presente como transição, um tempo que se abre para o novo (Habermas, 2002).

O surgimento da noção de modernidade como um aspecto central da filosofia hegeliana desdobrou-se no conceito de "tempo-presente", ou *Jeztzeit*, em Walter Benjamin. Esse autor atribuiu a todas as épocas passadas um horizonte de expectativas insatisfeitas e, ao presente, a tarefa e a responsabilidade de orientar o futuro a partir dessas reminiscências (Habermas, 2002).

Por meio da crítica estética feita por Charles Baudelaire (1821-1867) é que se tomou consciência de uma autofundamentação da modernidade, mediada por um ponto de intersecção entre o atual e o eterno: "A modernidade é o transitório, o efêmero, o contingente, é a metade da arte, sendo a outra o eterno e o imutável" (Baudelaire, 2004, p. 26).

Nesse sentido, a modernidade consome-se nela mesma, no instante fugaz, formatando o conceito de movimento contínuo e impermanência. Outra característica da modernidade seria extrair de seu próprio tempo os critérios de orientação para o futuro, de modo que o presente não seja lido rejeitando-se a figura do passado, porém criando com ele um ponto de intersecção e transitoriedade.

Mas o que tudo isso tem a ver com fotografia de editoriais de moda? Voltemos a Baudelaire. Foi por meio da reflexão crítica sobre o papel da arte, da representação da vida burguesa e da moda naquele período que esse autor tirou suas conclusões sobre modernidade. A **experiência estética** por meio da crítica de arte possibilitou a fundamentação da **experiência histórica** da modernidade. A compreensão do tempo como transitório justificava, para ele, a afinidade da modernidade com a moda.

Não teriam os editoriais de moda hoje um *status* de representação da sociedade igual ao do papel da arte que inspirou Baudelaire no século XIX? "O tempo", afirmam Polhemus e Procter (*apud* Barnard, 2003, p. 32), inferindo da obra do antropólogo Evans-Pritchard, "é um conceito sociocultural que reflete e exprime a situação social real ou ideal de uma sociedade ou de uma pessoa". E Barnard (*ibidem*) acrescenta: "O próprio conceito de tempo pode ser usado para expressar os pontos de vista de uma cultura sobre o mundo e seus conceitos [...] e a moda é um modelo de tempo enquanto mudança".

Essas definições nos levam a concluir que a fotografia de moda, muito mais que a própria moda ali representada, presta-se à representação temporal da modernidade, e hoje, mais do que nunca, seu valor como indício do espírito do tempo torna-se inquestionável.

Para o ensaísta francês Jean Claude Guillebaud, a aceleração do tempo faz com que o tempo real não possa mais ser apreendido, corrompendo qualquer projeção que se pudesse fazer a respeito do futuro, ao mesmo tempo em que o passado recente fica cada vez mais próximo como referência. O futuro incerto traz um sentimento nostálgico com relação a esse passado vivido há pouco:

> O presente nos escorre entre os dedos como uma porção de água, antes mesmo de termos podido explorá-lo e compreendê-lo. O saber, fragmentado e complexificado, flutua sem cessar. Nosso conhecimento das coisas e do mundo não é mais que uma sequência de configurações circunstanciais, uma sucessão de concretizações efêmeras, um fluxo ininterrupto de hipóteses rapidamente varridas. Nossas ideias envelhecem em seis meses. (Guillebaud, 2003, p. 362).

Essa configuração do tempo é o próprio retrato da moda a partir da década de 1990, quando a velocidade e a referência ao passado próximo tornaram-se cada vez mais evidentes. Antes mesmo de ser totalmente absorvida, uma moda ou época recente torna-se o valor a ser explorado. Isso também provoca um paradoxo: se olharmos editoriais de moda produzidos nos últimos quinze anos, não só aquela moda, mas o próprio tempo ali representado vão nos parecer atuais. Pela própria incapacidade de absorção desse tempo e pela nostalgia de tempos recentes, existe a estranha sensação de que as coisas também não envelhecem, pois quem nos garante que aquele passado já não é a "próxima visita"?

Desse modo, a chamada **crise do futuro** veio a ser uma questão dominante neste fim de século, e muito dela se relaciona ao progresso da tecnologia e da ciência, o que tem provocado a reflexão de vários autores. Gilles Lipovetsky, por exemplo, trata do assunto e arrisca um termo para designar o porvir: "Assistimos não ao fim de toda crença no progresso, mas ao surgimento de uma ideia pós-religiosa do progresso, ou seja, de um porvir indeterminado e problemático – um futuro hipermoderno" (Lipovetsky e Charles, 2004, p. 67).

Pesadelo ou sonho, uma nova história parece se descortinar à nossa frente. Da engenharia genética à cibercultura, a história urge por ser novamente (re)classificada, (re)aprendida, (re)fundada. Com a emergência deste cibermundo que adentramos, já temos motivos suficientes para uma cadeia de mudanças complexas relacionadas, por exemplo, à comunicação, às representações de mundo, à multiplicidade de singularidades que trazem impacto e ruptura em todos os níveis.

Considerações sobre tempo e moda no fim do século XX

A ideia de efemeridade, básica para o funcionamento do sistema moda, ganhou força extra a partir dos anos 1950 com o incremento da indústria e seus métodos de produção, com a disseminação do prêt-à-porter (roupa pronta para vestir) e com a busca por individualização e diferenciação que marca a moda dos jovens. De acordo com Mesquita (2004), os motivos para a "aceleração do tempo" que sustenta essa efemeridade são: as grandes mudanças nas telecomunicações e na tecnologia em geral, a globalização, a multiplicação do número de criadores de moda, a pluralização das tendências e a indústria da cópia.

Mas é principalmente a partir dos anos 1980 que a moda assumiu, na intenção de alimentar a roda do "novo", paradoxalmente um olhar intenso e exaustivo sobre o passado, incorporando qualquer época que desejasse, trazendo-nos uma permanente sensação de *déjà-vu*. "Segundo Poynter, toda percepção de tempo é percepção de mudança. [...] O momento presente, o novo e tudo aquilo que muda rapidamente é extremamente valorizado, em detrimento do que é estável ou constante" (Mesquita, 2004, p. 39).

Todas as conexões se tornaram possíveis no fim do século XX, portanto o ecletismo é uma das características mais notáveis desse período. Todas as referências e misturas foram permitidas. Basta olhar para o topo da pirâmide, seja na alta-costura, seja no prêt-à-porter, para verificar as diversas linhas de pensamento e construção de repertório. Os olhares tomaram as mais diversas direções e beberam das mais variadas fontes de inspiração e épocas. Não existia uma tendência dominante e a moda passou cada vez mais pelo crivo da subjetividade, outra das marcas do espírito do tempo.

Ao mesmo tempo em que essa multiplicidade se estabelecia entre os criadores, os consumidores por sua vez tendiam (e continuam tendendo) cada vez mais a construir seu próprio repertório de moda com base em valores subjetivos:

> [...] a possibilidade de "multiplicação" da existência, diversificação, o "viver vidas diferentes numa vida só" é extremamente sedutora. A moda é, sem dúvida, um precioso instrumento dessa construção. A roupa e as imagens de moda estimulam o sujeito a romper limites identitários, a se metamorfosear. É como se a indústria dissesse o todo o tempo: "Seja você mesmo, mas... se não estiver gostando, estamos aqui, a postos, para ajudá-lo a se modificar...". (Mesquita, 2004, pp. 19-20)

A MENSAGEM FOTOGRÁFICA

Sendo a pintura o principal veículo de representação da realidade e dos costumes até o surgimento e difusão da fotografia, não espanta que esta tenha sido vista como uma ameaça àquela. Conforme pontua Sontag (2004, p. 160), "para Baudelaire, a fotografia era inimiga mortal da pintura; mas, no fim, elaborou-se uma trégua, segundo a qual a fotografia era tida como libertadora da pintura [...]. Libertada pela fotografia, da cansativa faina da representação fiel, a pintura pôde partir no encalço de uma tarefa mais elevada: a abstração".

Se a pintura enveredou, durante o século XX, para a abstração, podemos dizer também que cedeu lugar à fotografia na leitura da realidade ou do imaginário contemporâneo, principalmente em nosso viver midiático, que adota a moda como um dos signos de representação cultural da sociedade. Nesse sentido, a fotografia de moda assume papel relevante ao retratar o espírito do tempo, e – como acreditamos que a fotografia é uma forma de arte inconteste – o fotógrafo também se torna um visionário nas leituras que faz do futuro, já que muitas vezes a arte serve como parâmetro para tais proposições.

No passado, em torno das décadas de 1940 e 1950, a fotografia de moda retratava as roupas como se estivessem em um manequim, buscando poses que até podiam ser originais, mas cuja maior preocupação era exibir bem as peças. Nessas fotos eram criados arquétipos de beleza e elegância, que se distanciavam da representação de uma mulher real. Um dos grandes nomes desse período foi o fotógrafo norte-americano Irving Penn (1917-2009), reconhecido pelo rigor formal e pela sofisticação, com idealização de estética e beleza, baseada no *glamour* de pessoas da elite.

William Klein (1928-), também norte-americano, a partir da década de 1960 mudou a relação entre a fotografia de moda e o consumidor de moda, tornando-o um participante implícito daquela, por meio de imagens que traziam situações reais. A modelo tinha aqui o mesmo valor que as roupas. Klein frequentemente fotografava em espaços públicos e fazia com que tudo – modelo, roupa, *background*, luz, cenário e leitor – participasse da narrativa.

O alemão Helmut Newton (1920-2004), por sua vez, rompeu com a imagem da mulher ingênua, jogando sobre o corpo feminino uma visão mais agressiva e selvagem, envolta em poder e sensualidade. Enquanto isso, Guy Bourdin (1928-1991) trouxe para o universo da moda humor negro, decadência, perversão e violência, uma característica aliás bastante explorada pelos fotógrafos na década de 1990. Richard Avedon (1923-) antecipa o poder de celebridades em campanhas de publicidade, reconhecendo a poderosa fórmula que une moda e fama.

A produção de moda da década de 1990 esteve bastante focada nos jovens, principalmente por serem consumidores ávidos e terem elevado seu poder econômico. Muitos designers se inspiraram na vitalidade da moda jovem criada nas ruas, e a fotografia de moda seguiu os mesmos passos, não só trazendo modelos muito jovens, como também incorporando essa linguagem a seu repertório e cultura, logo assumindo toda a multiplicidade de *lifestyles* e o desejo de individualidade na moda.

Outra característica da moda na década de 1990 foi sua associação com a arte. Os ensaios fotográficos, assim como a moda em si, começaram a adquirir esse *status* artístico. Um marco para a emergência desse cenário se deu no ano de 1982, quando a revista *Artforum*, especializada em arte contemporânea, publicou na capa uma foto de Eiichiro Sakata com um trabalho do estilista japonês Issey Miyake; nesse número, os editores discutiam a relação entre arte, comércio e cultura de massas. A partir dessa época a moda começou a ganhar maior visibilidade no campo da arte, ao mesmo tempo em que artistas e estilistas passaram a atuar juntos com maior frequência. Contribuiu para isso uma geração de fotógrafos relacionados com a fotografia artística que publicavam suas produções em revistas de moda, de certa forma como marketing para seu próprio trabalho. Nomes como Diane Arbus, William Klein e Garry Winogrand ajudaram a dar esse respaldo à fotografia de moda e a seu reconhecimento como arte.

O cinema foi, sem dúvida, a linguagem visual mais popular no século XX e é inevitável pensar em sua relação com a fotografia. Foi justamente o desejo de construir uma narrativa, de reproduzir o melodrama ou o *glamour* do cinema, que inspirou fotógrafos a incorporar a linguagem cinematográfica em seu trabalho. Essa forma de atuação, em que o fotógrafo agia como o diretor de um filme, chegou à produção de imagens de moda nos anos 1970. Durante a década de 1990, Cindy Sherman, Philip-Lorca diCorcia, Ellen von Unwerth, Glen Luchford, Cedric Buchet e Nick Night são alguns dos fotógrafos de moda que se destacaram no uso da narrativa cinematográfica.

A cena musical, a cultura *rave* e *grunge* e a moda de rua mudaram a atitude do vestir na década de 1990, propondo maior individualismo. A expressão pessoal tornou-se mais importante do que as próprias roupas. Entrou em cena o stylist (antes chamado de produtor de moda), unindo-se ao fotógrafo e ao diretor de arte, ganhando grande participação na criação da imagem de moda e trazendo um frescor e uma atitude que refletiam os anseios da época.

Outro caminho seguido tanto na arte como na fotografia de moda foi o aspecto privado, com influência das fotos instantâneas (polaroides) e dos álbuns de família. No caso dos instantâneos, a referência ficava por conta do aspecto casual, inocente, sem prévia construção, que capturava a vida e as pessoas como eram realmente. Essa se tornou, aliás, uma das vertentes estéticas da fotografia de moda nos anos 1990, e uma das novidades decorrentes disso foi a chegada de modelos da vida real, que vinham das ruas para os editoriais fotográficos, mudando o padrão de beleza vigente até então.

Os fotógrafos que privilegiavam a espontaneidade algumas vezes buscavam intencionalmente o amadorismo, por meio de fotos borradas ou tremidas, por exemplo. Essa estética mudou as convenções da fotografia de moda, transformando o realismo em um gênero glamouroso. Fazem parte desse grupo de fotógrafos Nan Goldin, Corinne Day, Juergen Teller, Mario Sorrenti, Terry Richardson, Elaine Constantine e Steven Meisel.

Dos álbuns de família veio a estética da pose frontal, parada e bem próxima, em tom autobiográfico, e os temas típicos desse tipo de foto, como a vida doméstica, a tradição, a harmonia idealizada, revelando certa nostalgia de uma época perdida. Mesmo essas ficções que parecem cândidas e estavam longe do confinamento dos códigos comerciais de fotografia de moda tinham também ali um caráter social, psicológico e cultural que ia além do mundo da moda. Essas narrativas foram usadas por Larry Sultan, Tina Barney e Steven Meisel, entre outros.

Nessa incorporação do "real" vale ressaltar uma evolução do ingênuo para aspectos ainda mais passíveis de reflexão. Segundo Mesquita, mais que artifício da indústria para atrair o consumidor, seguindo a lógica da identificação, e passada a fase de incorporação do cotidiano mais banal, outros territórios da "vida comum" são invadidos pela imagem de moda: as entranhas, a debilidade, a doença, a morte. A essa altura, mais do que provocar o desejo de consumo, essas imagens buscam chocar e provocar reflexões no público e na mídia (Mesquita, 2004).

Dentro dessa vertente que traz à tona a negra realidade, uma das estéticas mais controversas nos anos 1990 foi o que se convencionou chamar de *heroin chic:*

> O glamour que serviu de apelo aos jovens desta década inclui um certo quê de decadência e *destroy*, marcado pela individualidade, personalidade e alienação. Tanto que o período abre espaço para uma tendência que se convencionou chamar de *Heroin Chic*, um estilo e uma atitude que repassariam para a moda a aparência de quem usa heroína, instalada a partir de 1994. [...] Modelos excessivamente magras, com cabelos sebentos e aura apática, inundaram as páginas das publicações internacionais, originando protestos de leitores e muita polêmica. Inspirados na realidade verdadeiramente *junkie* de fotógrafos como Larry Clark (com seu famoso livro *Tulsa*, nos anos 60) e Nan Goldin, nos 80, fotógrafos alternativos e do *mainstream* alcançaram o mesmo tipo de imagens. (Palomino, 1999, p. 233)

Outro aspecto a ser mencionado é o advento da tecnologia digital na fotografia, cujo *début* se deu em 1982. Essas tecnologias foram aperfeiçoadas na década de 1990 e deixaram o domínio do fotojornalismo, com sua necessidade de imediatismo, passando também a ser incorporadas pela fotografia de moda, que pôde então manipular de maneira inédita os resultados de seu trabalho.

Dentro dessa corrente destacamos Elaine Constantine, Andrea Giacobbe, David LaChapelle e Michael Thompson. Na verdade, a introdução da tecnologia digital pode ser considerada uma mudança crucial na fotografia de moda, pois seu uso passou a colaborar de modo inventivo nas narrativas de editoriais.

Considerações finais

O tempo presente não destrói o passado, mas o incorpora, além de também se lançar ao futuro. Nem a negação do passado, nem a crise com relação ao futuro, nenhuma supremacia constitui a "ordem" presente. A modernidade, mesmo sujeita a uma reavaliação ou refundação, há de comportar seguramente verdades paradoxais. Como assevera Lipovetsky (2004, p. 67), "a decadência do culto mecânico ao progresso confunde-se não com o 'presente absoluto', mas com o *futuro puro*, a construir sem garantias, sem caminhos traçados, sem nenhuma lei implacável acerca do porvir."

O final de século ainda reverbera seus paradoxos, sua diversidade e suas mudanças aceleradas. A ideia de nebulosidade, com indefinições e caminhos tortuosos, é pertinente mesmo após a virada de século. A moda e sua representação nos editoriais são apenas retratos desses aspectos. A modernidade em que nos apoiamos até agora já não se sustenta em linearidade e compreensão exatas. Diante da velocidade que nós mesmos criamos, o porvir torna-se angustiante e muitas vezes indomável.

Tempo, tempo, tempo...

BIBLIOGRAFIA

ARIÈS, Philippe & DUBY, Georges. *História da vida privada: da Revolução Francesa à Primeira Guerra*. São Paulo: Companhia das Letras, 1997.

BARNARD, Malcolm. *Moda e comunicação*. Rio de Janeiro: Rocco, 2003.

BAUDELAIRE, Charles. *Sobre a modernidade*. São Paulo: Paz e Terra, 2004

BAUDRILLARD, Jean. *A ilusão vital*. Rio de Janeiro: Civilização Brasileira, 2001.

BRAGA, João. *História da moda: uma narrativa*. São Paulo: Anhembi Morumbi, 2004.

FEATHERSTONE, Mike & BURROWS, Roger (orgs.). *Cyberspace, Cyberbodies, Cyberpunk: Cultures of Technological Embodiment*. Nova York: Sage, 1995.

GUILLEBAUD, Jean-Claude. *A reinvenção do mundo: um adeus ao século XX*. Rio de Janeiro: Bertrand Brasil, 2003.

HABERMAS, Jurgen. *O discurso filosófico da modernidade*. São Paulo: Martins Fontes, 2002.

HARAWAY, Donna. "A cyborg manifesto: science, technology, and socialist-feminism in the late Twentieth Century". Em *Simians, Cyborgs and Women: The Reinvention of Nature*. Nova York: Routledge, 1991.

JOBLING, Paul. "Na virada: corpos do milênio e o significado do tempo na fotografia de moda de Andrea Giacobbe". Em *Revista Fashion Theory*, 1 (3). São Paulo: Anhembi Morumbi, setembro de 2002.

KISMARIC, Susan & RESPINI, Eva. *Fashioning Fiction in Photography Since 1990*. Nova York: The Museum of Modern Art, 2004.

LIPOVETSKY, Gilles & CHARLES, Sebastien. *Os tempos hipermodernos*. São Paulo: Barcarolla, 2004.

MESQUITA, Cristiane. *Moda contemporânea: quatro ou cinco conexões possíveis*. São Paulo: Anhembi Morumbi, 2004.

PALOMINO, Erika. *Babado forte: moda, música e noite na virada do século 21*. São Paulo: Mandarim, 1999.

SONTAG, Susan. *Sobre a fotografia*. São Paulo: Companhia das Letras, 2004.

THOMAS, Pauline. "La Belle Époque 1895-1914". Disponível em http://www.fashion-era.com/la_belle_epoque_1890-1914_fashion.htm (acesso em 18-6-2005).

WEBER, Eugen. *França fin-de-siècle*. São Paulo: Companhia das Letras, 1988.

WILSON, Elisabeth. *Enfeitada de sonhos: moda e modernidade*. Lisboa: Edições 70, 1985.

A realidade na fotografia: o estilo realista e a obra de Corinne Day

Fabiana Ruggiero

Resumo

A história da fotografia de moda pode ser encarada como uma sucessão de estilos. Mas é possível também distinguir a contribuição própria de um indivíduo, a ação de um grupo, de um movimento ou escola, ou então o espírito de uma época.

A obra de Corinne Day e o estilo realista ajudaram a definir a virada dos anos 1980 para os anos 1990, quando conceitos como individualidade, personalidade, atitude e autenticidade ganharam força no universo da moda e da cultura em geral. O mundo real, cotidiano, passava a ser o palco dos acontecimentos.

Introdução: realidade × ficção

A realidade sempre foi interpretada por meio de imagens. Hoje, na sociedade contemporânea, as imagens que desfrutam de uma autoridade quase ilimitada são, sobretudo, as fotográficas. Quanto mais produzimos fotografias e as consumimos, mais precisamos delas.

Mas uma fotografia não é apenas uma imagem, uma interpretação do real; é também vestígio, algo diretamente decalcado do real, como uma pegada. A fotografia é obra da construção humana subjetiva.

A fotografia de moda, desde seu começo, não está obrigada a ser um retrato fiel da realidade. Seu procedimento característico é fazer os elementos que compõem o mundo interagirem de tal modo que formem uma realidade sem par no mundo real, ao qual ela se refere. Essa nova realidade construída pela fotografia de moda pode visar tanto o verossímil quanto o inverossímil.

Ainda assim, a boa fotografia de moda diz algo acerca de sua época. Reflete a sociedade contemporânea, suas tendências, práticas e obsessões coletivas. As imagens de moda transformam-se em retratos da sociedade, em registros imagéticos da história.

A produção de fotografia de moda do início dos anos 1990, que seguia um estilo aqui denominado **realista**, trouxe à tona, pela primeira vez dentro desse universo, a discussão do paradoxo que ronda a fotografia em geral: realidade *versus* ficção.

Até então, a fotografia de moda preocupava-se apenas em criar um mundo de fantasia, despertando desejos e sonhos. Mas a própria evolução da moda, na virada da década de 1980 para a de 1990, possibilitou uma mudança de foco. O crescente interesse pelos jovens, pela espontaneidade das ruas, pelo cotidiano, acabou por contaminar a produção da fotografia de moda.

A essa nova temática, uma nova linguagem estética foi incorporada, próxima da fotografia documental. Jovens fotógrafos, trabalhando para inovadores veículos que tinham como público-alvo os jovens, acabaram por influenciar os grandes e tradicionais veículos e marcas.

A partir daí, do momento em que o estilo realista vira "moda", surgem as críticas e os dilemas. Essas imagens são fotografias de moda ou somente retratos "sujos" do cotidiano? E a fantasia, onde foi parar? E a possibilidade de criar sonhos e vontades? Ainda persiste por trás dessas "fortes" e "chocantes" imagens?

O estilo realista

A realidade já havia se feito presente na fotografia de moda em momentos isolados, por fotógrafos isolados. Primeiramente na década de 1930, com Munkácsi[1] e sua cena real. Depois nos anos 1950, com as expressões e os gestos de Avedon.[2] E, mais tarde, com o mergulho de Bailey[3] nos loucos anos 1960. Porém, a realidade nunca havia se constituído como um estilo dentro da fotografia de moda.

Em meados dos anos 1980, ao se aproximar do universo jovem e urbano, Herb Ritts[4] trouxe novas possibilidades para a fotografia de moda, que já estava saturada de tanto *glamour* e sensualidade. Era o momento perfeito para uma guinada de foco.

---

[1] Martin Munkácsi (1896-1963), fotógrafo húngaro especializado em fotojornalismo esportivo, foi contratado pela revista norte-americana *Harper's Bazaar* em 1933. Suas imagens de moda são cheias de movimento e espontaneidade, revelando uma nova feminilidade, diferente da beleza posada então vigente.

[2] O fotógrafo norte-americano Richard Avedon (1923-2004) inovou ao deslocar as modelos dos estúdios para as ruas de Paris. Sua produção fotográfica de moda traz, ao mesmo tempo, a subjetividade do fotógrafo e a da modelo.

[3] David Bailey, fotógrafo inglês nascido em 1938, fotografou a Londres dos anos 1960. Suas imagens, francas e expressivas, denunciam a intimidade da relação que nutria com seus modelos. Apesar de a dupla sexo e rock'n'roll se fazer bastante presente, sua fotografia fica longe da frivolidade.

[4] As imagens que o fotógrafo norte-americano Herb Ritts (1952-2002) produziu na década de 1980 contemplam a sensualidade de maneira bem sugestiva. Retratou astros do cinema e da música, imprimindo certa jovialidade à fotografia de moda. Abriu assim uma nova trilha, voltada ao universo jovem e urbano.

A REALIDADE NA FOTOGRAFIA: O ESTILO REALISTA E A OBRA DE CORINNE DAY

Novas e radicais abordagens da fotografia de moda começaram a emergir a partir de então. Jovens fotógrafos fotografavam outros jovens tendo como público-alvo os jovens. A inspiração vinha da vida cotidiana: pela primeira vez, a realidade constituiu-se como um estilo dentro da fotografia de moda, a ser compartilhado por um grupo de fotógrafos.

Centrados primeiramente em Londres, em torno das revistas *underground i-D*[5] e *The Face*,[6] Corinne Day, David Sims, Juergen Teller e Nigel Shafran foram os primeiros fotógrafos a se aventurarem por esse novo caminho. Porém, as mudanças não se limitaram somente ao foco, à retratação de uma realidade particular, mas também se estenderam à rejeição das precisas técnicas fotográficas que ajudaram a construir as imagens ideais do passado. A estética empregada aparentava amadorismo, era intencionalmente "não profissional".

Os primeiros trabalhos produzidos por esses fotógrafos eram imagens em branco e preto, que lembravam fotos instantâneas e amadoras. Essas características, somadas a uma abordagem documental e desglamourizada dos assuntos cotidianos, formaram a base do estilo realista.

O que vemos a partir de então é a pronunciação de um senso de individualidade e personalidade na fotografia de moda. Os criadores de imagens (além de fotógrafos, stylists e diretores de arte trabalhando em conjunto) começaram a construir narrativas em torno de personagens e suas realidades.

Essas imagens foram, muitas vezes, encenadas nas casas e vizinhanças de seus criadores. Tais espaços – a antítese do *glamour* exótico que alicerçou a fotografia de moda durante os anos 1980 – ressonavam histórias pessoais, enfatizando o significado do pessoal dentro da fotografia de moda no início da década de 1990.

---

[5] Revista britânica dedicada a moda, música, arte e cultura jovem. Foi fundada em 1980 por Terry Jones, ex-diretor de arte da *Vogue*.

[6] A revista *The Face* foi lançada na Inglaterra em 1980 pelo editor especializado em música Nick Logan. Encerrou suas atividades em 2004. Nesse período, revitalizou a cena da moda, da arte e da música.

A escolha dos modelos foi fundamental para a consolidação desse novo imaginário de moda. Corpos magros e jovens, bem diferentes do arquétipo glamouroso das supermodels. Muitas vezes os modelos eram os amigos dos próprios fotógrafos, outras vezes eram escolhidos nas ruas. O padrão de beleza estava mudando das supermodels para as *super-waifs*:[7] magreza, palidez; uma beleza imperfeita. A jovem modelo Kate Moss é a tradução perfeita desse novo ideal, com seu corpo magérrimo e seu olhar infantil e ingênuo. A fragilidade do corpo é mais bonita do que qualquer retoque que a imagem possa receber.

Podemos perceber no estilo realista uma forte influência da fotografia documental, principalmente dos trabalhos realizados por Nan Goldin[8] e Larry Clark.[9] Ao se aproximar dessa vertente, o estilo realista acabou por confundir as barreiras entre a fotografia de moda e a fotografia dita de arte. Porém, o papel que cada uma exerce é diferente. Enquanto a fotografia de moda cria um novo ideal de beleza, a fotografia documental torna visíveis a situação e a carência de uma parcela menos afortunada da sociedade. Mas o que realmente vai diferir uma da outra é o contexto em que se apresentam: revistas e catálogos de moda em um caso, galerias e livros de arte no outro.

Corinne Day e Nigel Shafran após um breve período transferiram seus olhares e interesses para outras áreas que não a moda. Day imprime um tom ainda mais documental a seu trabalho, publica um livro e expõe em uma galeria de arte. Essas imagens não são mais consideradas fotografias de moda, e sim arte.

---

[7] *Waif*, em inglês, significa "criança abandonada".

[8] Nascida em 1953, a artista norte-americana Nan Goldin começou sua trajetória artística documentando a cena pós-punk e gay de Nova York no fim dos anos 1970. Suas imagens retratam o submundo das drogas, prostituição e violência de modo bastante autobiográfico.

[9] O fotógrafo e diretor de filmes norte-americano Larry Clark (1943-) ganhou reconhecimento ao lançar em 1971 o livro *Tulsa*, onde retrata em preto e branco seus amigos usando drogas. Dando sequência a esse trabalho, lançou em 1983 o livro *Teenage lust*, uma "biografia" de sua adolescência contada por meio da imagem de outras pessoas. Em 1995 lançou seu primeiro filme, *Kids*, que mostra o comportamento dos jovens diante das drogas, do sexo e da aids.

E o caminho contrário também foi trilhado, quando Nan Goldin foi convidada por estilistas para fotografar moda. Porém, as intenções de Goldin continuaram as mesmas de seu trabalho documental: trabalhar com a emoção do espectador e moldar atitudes. Ela afronta o espectador questionando os ideais preconcebidos que a moda traz, ampliando as conotações ambíguas.

Tanto a fotografia de moda como a fotografia dita de arte foram imbuídas de novos significados: a moda apropriou-se da riqueza da arte, enquanto a arte pôde seguir os caminhos fictícios da moda.

Já em 1992, o estilo realista começou a despertar o interesse das grandes revistas e marcas de moda. Corinne Day foi convidada para fotografar para a *British Vogue* e David Sims para a Calvin Klein. A estética realista havia atingido o *mainstream*. Mas essas imagens assumiam uma conotação ainda mais extrema nas páginas de revistas comerciais como a *Vogue*. As fotografias de moda até então eram desenvolvidas para criar um ideal inatingível, uma fantasia, para funcionar como ficção.

O choque foi grande e, com essa maior visibilidade, o estilo realista passou a sofrer severas críticas. A mídia começou a tachar essas imagens de desconfortáveis e inquietantes, acusando os fotógrafos de incentivar o consumo de drogas e a desnutrição. Termos como *heroin chic*[10] ou *grunge*[11] foram empregados de maneira pejorativa para designar essa estética.

Em 1997, o então presidente dos Estados Unidos, Bill Clinton, em pronunciamento, evocou o mundo da moda a reagir em direção a uma aparência mais saudável. Essa reação consolidou-se em um editorial do fotógrafo Steven Meisel, publicado pela revista *Vogue Italia*

---

[10] O termo, traduzido como "heroína chique", faz alusão a um provável uso de drogas pelas pessoas envolvidas na criação dessas imagens.

[11] O termo *grunge*, além de fazer referência ao movimento musical, refere-se ao aspecto "sujo" das imagens, dos ambientes e das pessoas retratadas.

em novembro de 1997. As imagens, com inspiração nos anos 1950, trazem uma modelo de rosto corado, em situações de felicidade.

A partir de então, essa estética "saudável" passa a ser copiada mundo afora, tomando o espaço do estilo realista dentro do imaginário de moda.

A obra de Corinne Day

Corinne Day nasceu em 1965 na Inglaterra. Abandonou os estudos aos 16 anos e começou a trabalhar para garantir seu sustento. Aos 18 conheceu um fotógrafo que a convidou para posar como modelo. Day aceitou o convite e, a partir de então, seguiu carreira, tendo a oportunidade de viajar o mundo.

Quando estava no Japão, Day namorou um fotógrafo com quem aprendeu a usar a câmera. Começou então a fotografar os amigos que fazia enquanto viajava. Mas foi só algum tempo depois, quando se mudou para Milão, que passou a tirar fotos que lhe traziam algum significado.

Em 1989 Day volta para Londres e mostra suas imagens a um amigo fotógrafo, que sugere que ela as apresente para Phil Bicker, editor da revista *The Face*. Bicker pede então que ela faça algumas fotografias de moda em parceria como o stylist Malcolm Beckford.

Como não conhecia ninguém para fotografar, Day passou a visitar agências de modelo atrás de meninas sem experiência. E foi em uma delas que conheceu Kate Moss, uma menina de 15 anos muito magra e um pouco baixa para uma modelo. A identificação entre elas foi imediata.

As primeiras imagens que Day fez de Moss foram no jardim da casa onde crescera. As roupas eram simples. Das seis imagens que mostrou a Bicker, apenas uma foi publicada.

Alguns meses depois, Day foi convidada pela revista para fotografar um editorial de moda batizado "Third Summer of Love" ("Terceiro Verão do Amor") em uma referência clara aos anos 1960

A REALIDADE NA FOTOGRAFIA: O ESTILO REALISTA E A OBRA DE CORINNE DAY

e principalmente ao movimento *hippie*.[12] As imagens de Moss nos mostram uma garota livre e feliz, "brincando" na praia. Seu sorriso e seus olhos "espremidos" nos trazem uma jovialidade que é confirmada por seu corpo, ainda em formação. Sua seminudez não denota erotismo, mas naturalidade. A intimidade aparente nessas imagens reflete um momento espontâneo e de privacidade, como em uma fotografia de álbum de família, feita por um amador.

Day continuou a contribuir para a *The Face* até 1993, quando suas imagens chamaram a atenção dos editores da *British Vogue*, que a convidaram para trabalhar na edição de março do mesmo ano.

O editorial, com 16 fotos no total, continua de certa forma o trabalho que Day vinha realizando na *The Face*: imagens simples e com aparência amadora, de modelos jovens e extremamente magros em situações corriqueiras. Porém, essas imagens "empurram" Day para outra atmosfera, muito mais pessimista e melancólica, já que nos trazem uma forte sensação de solidão, isolamento e abandono.

A partir da publicação desse editorial, as imagens de Day passam a ter maior visibilidade. E, assim como a própria dinâmica da moda naquele início dos anos 1990, saem do *underground*, atingem o *mainstream* e passam a influenciar o imaginário de moda de maneira geral.

Logo na edição de maio do mesmo ano, Day é convidada novamente pela *Vogue* para fotografar outro editorial de moda, desta vez com a supermodel Linda Evangelista. Day não se deixa impressionar por seu rosto e corpo perfeitos; as imagens são melancólicas. Evangelista parece estar amortecida, seu olhar é triste e distante, de um modo como nunca havia sido fotografada antes.

Para a edição de junho de 1993 da *Vogue* inglesa, Day volta a fotografar Kate Moss. O editorial "Under-exposure" ("Sob exposição")

---

[12] *Summer of Love* refere-se ao encontro de jovens realizado em San Francisco em 1967, tido por muitos como o marco inicial do movimento *hippie*. O termo foi usado pela segunda vez – *Second Summer of Love* – em 1988, para descrever o surgimento da cultura *rave*.

"expõe" Moss em sua intimidade, de lingerie, no que parece ser o próprio apartamento dela. As imagens são muito realistas e evocam um forte sentimento de dor, solidão e alienação. O cabelo que parece desarrumado, a maquiagem que parece não existir e as roupas que parecem feitas para ficar em casa mostram uma clara intenção de "desglamourizar" a beleza feminina.

Essas imagens não agradaram Kate Moss e sua agência, nem os editores da revista ou a imprensa em geral. A parceria tanto com a revista como com a modelo foi rompida.

Certamente a polêmica em torno dessas imagens foi tão grande por terem sido publicadas em uma revista "brilhante",[13] tradicionalmente comprometida com o luxo e o *glamour*. Ao embebedar de realidade suas imagens, Day não estava criando um novo padrão de beleza mais democrático e real; ela estava, mesmo sem se dar conta, infringindo o mais importante código das revistas e da fotografia de moda: despertar sonhos.

Após esse episódio, descontente com a cena comercial, Day iniciou uma trajetória artística ainda mais documental e realista do que antes. Começou a produzir retratos mais íntimos de seus amigos. Essas imagens são fortes, tristes, confrontantes, violentas e quase sempre apresentam alguma conotação sexual. Mas, acima de tudo, são extremamente honestas.

Em 2000, Day realiza sua primeira exposição individual, na London's Photographer Gallery. Ponto culminante de dez anos de trabalho, "Diary" ("Diário") é um verdadeiro documento de sua vida e de seus amigos durante a última década do século XX. As imagens selecionadas são intensamente pessoais e sinceras. Nelas podemos reconhecer a vida cotidiana: felicidade, tristeza, amor, amizade, drogas e doença.

---

[13] Tradução do inglês *glossy*, termo usado para designar revistas de moda de grande circulação, em uma alusão ao papel brilhante que utilizam.

Essas imagens buscam principalmente criar uma história. Day começou "Diary" para preservar o presente, fotografando seus amigos para não perder a lembrança deles. A exposição virou livro e publicar essas imagens foi uma forma de exorcismo para Day.

Em 2002, Day recebe um convite da *Vogue* para voltar a fotografar a modelo Kate Moss. Haviam se passado quase dez anos desde o fim da parceria em 1993. O editorial "Freedom child" ("Criança libertada"), publicado na edição de fevereiro daquele ano, reflete uma sensação de improviso, recapturando parte do espírito original das imagens que Day produzira na década anterior. Apesar de essas imagens apresentarem uma sofisticação maior, tanto em relação à técnica fotográfica como em relação ao styling, elas ainda nos remetem às primeiras imagens de Day. O olhar de Moss continua triste e, se não mais transmite a sensação de abandono de outrora, sugere um certo isolamento.

Em tom de ironia, Day nos leva de volta ao editorial "Third Summer of Love". Moss volta a ser fotografada na praia, usando novamente uma coroa de penas na cabeça. O próprio título pode ser uma referência à menina que Day havia fotografado uma década antes, libertada agora por essa linda mulher.

Day volta a ser uma das mais requisitadas fotógrafas de moda do mundo, mas agora suas imagens estavam presentes também em acervos de importantes museus como Tate Modern, V&A e Andy Warhol Museum.

Considerações finais

O que mais desperta interesse nas imagens produzidas por Corinne Day e seus contemporâneos dentro do que aqui denominamos estilo realista é a capacidade que elas possuem de, ao mesmo tempo, despertar aplausos e críticas, talvez pelos mesmos motivos.

Um tom paradoxal percorre toda essa produção, que realmente se encontra sobre o fio da navalha. A moda, como sistema, lida com paradoxos complexos todo o tempo. Cria individualidades e propõe modelos.

Enquanto essas imagens ainda estavam restritas a um círculo fechado e de pequena circulação, das ditas revistas *underground* (que aliás possibilitaram e validaram toda a estética realista como estilo dentro da fotografia de moda), eram consideradas expressão máxima da individualidade. Mas, quando contaminaram toda a grande engrenagem da moda, passaram a ser vistas como retratos de mau gosto do submundo, ligadas ao consumo de drogas e a distúrbios alimentares.

Não podemos negar o fato de que essas imagens quebraram totalmente os padrões até então estabelecidos dentro da fotografia de moda, seja em relação ao tema abordado, às técnicas fotográficas, ou ainda ao padrão de beleza. A fotografia de moda ficou mais perto da realidade, da pessoa comum, como eu ou você. Mas, ao mesmo tempo, muitos disseram, perdeu a capacidade de despertar sonhos e desejos. Afinal, quem deseja usar roupas "velhas" e "sujas"? Talvez você, se assim a moda quiser e como já quis por algum tempo.

A moda vale-se da rapidez do mundo, da ânsia pelo novo e pela novidade para fazer sua engrenagem rodar. E vale-se também da força da imagem fotográfica para ditar seus modismos e fomentar o consumo. O simulacro tem mais importância do que o real.

Mas essas imagens são realmente retratos de uma realidade específica, vivida pelos indivíduos que as compõem? Ou são recriações de um mundo possível, imaginado por essas mesmas pessoas?

Provavelmente, o que essas imagens nos trazem de mais importante não é essa discussão entre realidade e ficção – que aliás norteia grande parte do estudo sobre a fotografia em geral –, nem uma maior flexibilização de ideias ou padrões, nem o estreitamento de laços entre moda e arte ou entre moda e realidade, mas sim a capacidade de refletir um conceito, uma ideia.

Até então, a produção da fotografia de moda estava presa à reflexão de um mundo, possível ou não. Após o impacto gerado pelo estilo realista, a fotografia de moda passa a ditar a realidade, a maneira pela qual as pessoas devem viver e se comportar, quer de modo "triste" e "sujo", quer de modo "feliz", tudo depende do estilo de vida que você quer seguir.

BIBLIOGRAFIA

BAUMET, Stéphane; BEAUPRÉ, Marion; POSCHARDT, Ulf (orgs.). *Archeology of Elegance: 1980-2000 – 20 Years of Fashion Photography*. Londres: Thames & Hudson, 2002.

BRUZZI, Stella & GIBSON, Pamela Church (orgs.). *Fashion Cultures: Theories, Explorations and Analysis*. Londres: Routledge, 2000.

COTTON, Charlotte. *Imperfect Beauty: The Making of Contemporary Fashion Photography*. Londres: V&A Publications, 2000.

FAUX, Dorothy Schefer. *Beleza do século*. São Paulo: Cosac & Naif, 2000.

FROST, Caroline. "Corinne Day diary". Disponível em http://www.bbc.co.uk/bbcfour/documentaries/features/corinne-day.html.

GARGETT, Adrian. "Fast times: the photography of Corinne Day". Disponível em http://www.getunderground.com (acesso em 10-8-2012).

HASTREITER, Kim & HERSHKOVITS, David (orgs.). *20 Years of Style: The World According to Paper*. Nova York: Harper Collins, 2004.

PALOMINO, Erika. *Babado forte: moda, música e noite*. São Paulo: Mandarim, 1999.

PORTFOLIO BIBLIOTHEK DER FOTOGRAFIE: Nan Golding. Berlim: Mosaik Verlag, 1999.

TEIXEIRA, Virna. "Sobrevivendo no playground do inferno: os portraits de Nan Goldin". Disponível em http://www.cronopios.com.br/site/colunistas.asp?id=465 (acesso em 10-8-2012).

artISTaSTYlist
Thais Graciotti

Resumo

Este texto traz uma coleção de pensamentos, ou simplesmente fragmentos, sobre o estado fronteiriço no processo de criação de uma artista e stylist. Em estrutura de diário, porém evitando a submissão a uma cronologia, para manter em aberto a possibilidade da leitura aleatória, trata-se de uma reflexão sobre arte e moda, não só como áreas que dialogam e se entrecruzam, mas sobre o lugar de criação no trânsito entre ambas.

Introdução: sobre fronteiras

À sua maneira, este texto é muitos textos, mas é, sobretudo, dois textos.[1] O leitor fica convidado a experimentar rotas por duas leituras desprendidas da cronologia. Como em um provador sem espelhos, tateando suas escolhas e trocas, o leitor deve-se permitir descombinações, ou mesmo, tangentes ao acaso. Aqui a proposta é o caótico, trocar tudo de lugar, misturar-se entre os fragmentos que a todo o momento se bifurcam.

Atenção: "Em caso de confusão ou esquecimento" (Cortázar, 1999, p. 5), continue e invente novos caminhos de leitura.

1

11h. Reunião com a equipe. Como sempre, já trocamos algumas informações por telefone do que eles andam pensando, e eu, sempre afoita, já catei imagens aos montes pelos cantos e frestas de universos inspiradores. Junta todo mundo e, na correria do dia a dia, alguns de cada equipe acabam não indo. Mas todos se colocam como figuras importantes ao longo do processo.

Colocamos as novidades em dia, e eles sempre desviando para responder a alguém ou algum telefonema com rostos apreensivos sobre atrasos na entrega ou erro na cor. Fico só observando, já acostumada com esse momento de entrar no jogo em plena partida. Todos a mil por hora e eu só acompanhando o movimento de funcionamento deles para entrar no ritmo com o mesmo fôlego.

---

[1] Parafraseando Julio Cortázar no livro *O jogo da amarelinha* (1999).

Ideia de todo lado, referências mil. Um se lembra do último filme de Spike Jonze, outro traz uma revista com detalhes de tonalidades de cores, que já me remete a um artista que usa a linha como linguagem em seus trabalhos. No meio disso tudo, o material *papel* surge como assunto para uma conversa. Muita imagem e memória de imagem. A sala naquele dia tinha flores brancas em vasos de vidro. Fotografo tudo que o olhar alcança. As paredes se dividiam entre desenhos, fotografias, texturas, estampas, fotos de flores, recortes de tecido e algumas palavras-chave, pelos cantos e pelo ar, para irem guiando o conceito até torná-lo real. Papel, selo, passarinhos exóticos que pareciam saídos de algum desenho botânico, escrita à mão, papel manchado, tempo, memória, frescor.

Sim, primavera, verão. Mudando tudo. A conversa, no entanto, sempre começa com um sussurro do passado, levemente, o que não deu certo e o que ficou interessante. Ok, vamos lá.

2

Começo em trânsito. Desejo de deslocamento para compartilhar com o outro uma conversa confusa, equivocada mesmo, mas que mude algo, que inverta, converta, substitua, transforme, troque, toque. Um escambo de si, uma troca com o outro e mim mesma. Um t(r)ocar.

Jogo-me de corpo inteiro em uma rota sem bússola, sem certezas, mas na busca de uma troca, seja ela qual for, em suas mais variadas formas. Espero o inesperado, mas vou, para ver, registrar e sentir o processo dessa troca ainda em esboço de desejo, mas cheia de vontade de trocar e tocar novos diálogos com o corpo, com a roupa e o outro. Seja lá quem for que queira entrar nesse provador sem espelhos, sem cortinas e com fôlego para desapegos, pois as trocas nem sempre são simétricas, às vezes não se recebe de volta o que se dá, e a gente fica completamente desconcertada na nudez da solidão. A troca pode ser uma substituição por outros caminhos, até mesmo um rasgo daqueles sonoros, estridentes, de roupa apertada que é inadequação no próprio corpo. Por isso já aviso: é de se entregar.

Deixo-me levar com olhos difusos, tateando o sensível para manter os botões desabotoados e a costura frouxa para intervenções que ainda virão. Impulsionada por lembranças flutuantes, escolho um recorte do mapa onde há resquícios de encontros outrora intensos.

Aporto.

3

Mergulhada em tecidos, imagens e anotações de uma memória que tenta escapar a todo momento, vou começando a esboçar um caminho. Cor, sempre me ajuda a organizar tudo. No começo, no meio ou no final, a cor orienta tudo. Enquanto isso, ao navegar vou encontrando afinidades, a rede vai tecendo rotas que sugerem histórias. Ligo para fornecedores de "passarinhos de mentira" e enquanto caminho pela cidade não paro de pensar em uma exposição que vi há uns quatro meses, que tinha uma foto... Os pés eu ainda não sei, geralmente a ideia me vem ao final. Aguardo por ela, enquanto corro e vou costurando ideias e informações.

Encontramo-nos de novo. Muito mais focados, principalmente eu, que já chego com propostas para cada coisa, pensando cada detalhe que eles aguardam ansiosos. Não é para menos: trata-se do complemento à etapa final de tudo que eles criaram até agora. Por isso mesmo, sabem muito bem o que querem. Adorei isso. Acho que esse não funciona, ninguém gosta no final. Esse aqui com isso. Hum, acho que não. Que você acha disso? Impossível conseguir até semana que vem (sim, menos de uma semana!). Dificuldades e decisões. Agora é comigo.

Tudo discutido, emprestado, criado, produzido. Volto. Edição ou, como em um filme de ação, o subtítulo: "A escolha final". O olhar sagaz – depois de mergulhos profundos em pesquisas de universos diversos – agiliza o movimento de decisão. Dentre tantos, separados por detalhe, tema, tipo, cor, vou aos poucos adentrando, recriando histórias a partir das confabulações iniciais.

Vou misturando, sobrepondo aqui, dobrando ali, e a foto da exposição de quatro meses antes sempre na cabeça, como ajuda para organizar as cores. Combinar e, principalmente, descombinar os elementos criados e produzidos na correria de uma semana. Imagens que acompanham desde o início, agora organizadas, e sempre à mão ou à vista, lembram rotas premeditadas, embora sempre haja a necessidade de tomar a tangente em determinado momento. Os desvios são parte do processo, o acaso é presença garantida.

4

Dia frio, em meio a uma arquitetura de canto e quina, o branco e o cinza tomam conta do ar, um por entre prédios e pôr do sol. Lugar frágil, um estar frágil.

Em um estado de transitoriedade, o encontro. Pessoas vão surgindo na paisagem vertiginosa, amigos de amigos, conhecidos e desconhecidos. Sutilmente a intimidade toma conta.

A intenção é de desorientação. Sem muitas explicações sobre a proposta da ação, busco uma provocação ao outro, para que se efetuem possibilidades múltiplas e imprevisíveis na incerteza que permite aberturas. Um pouco da minha sensação de trânsito nesse outro que se permite as trocas.

Deslocar-me de meu lugar geográfico e de pensamento para experimentar e perceber de outras formas, a partir de outros lugares, como o outro, com o outro e o outro. Não ser um intermediário, nem produtor, nem inventor de uma ideia, e sim um provocador, potencializar espaços de discussão por meio desse deslocamento desconstrutivo.

O convite aos corpos dispostos a se reinventar tem a ver com a aparência e a roupa, como dispositivo que aciona os múltiplos sentidos do trocar. Um styling desconcertante que desafia pensar a roupa em suas dimensões relacionais e instaurar novas sensibilidades, ao desdobrar os sentidos do vestir diário, assim como o poder de vestir o outro. O trocar como aproximação do intercâmbio, da permuta, da mudança, da inversão, do caótico.

A sugestão é trocar a partir da roupa e do(s) outro(s). Desconstrução e reconstrução é a proposta para a ação, mas a troca deve ter o ritmo e o tempo necessário de cada um; vamos sentindo juntos.

O registro, feito por uma simples câmera fotográfica que filma apenas alguns minutos, não só permite como obriga a constante repetição.

A ação começa. Pequena em minhas mãos, a câmera torna-se quase imperceptível no ambiente, se não fosse minha presença ali, meu corpo próximo ao deles, mas que logo percebo também fazer parte da ação, mesmo que sejam eles no comando e eu em silêncio absoluto. Mas por vezes sou eu quem troca do lugar do *voyeur* para a ação do trocar.

O repetir constante torna a ação confortável, ajuda a sintonizar os corpos, mesmo que fora de ritmo. A troca efetua-se então como processo, um ensaio infindável de si que nunca é o mesmo ao voltar do começo. Talvez por isso, o desejo de continuar e continuar e continuar...

5

Exercício de lógica, ordenar e não ter problemas com a repetição em alguns momentos. Lista para tudo, para frente, para trás, quem vai com o quê, como e quando. Tempo de ida, tempo de volta. Respeitar a continuidade da temática que se impõe como organização para o todo. Organizar ou desorganizar, o importante aqui é a leitura do outro ao final.

Hora da troca. Tenta esse. Melhor essa aqui. Acho que com ela é melhor. Muda tudo, volta para lista, reordena. Tentativa de alcançar o tempo, medo de não conseguir. É tanta experimentação que não adianta, sempre algo é esquecido, ou, ui, não deu. Troca. E o tempo? Foi! Foi? Foi, começou. Detalhes até o último milésimo de segundo. A música da frente embala a correria dos fundos. Gritaria, nervoso. E, como em um piscar de olhos, terminou. No embalo da adrenalina, abraços, beijos, palmas, gritos, parabéns para todos. Nunca vejo nada, fazer parte do processo tem esse porém. Enquanto guardam tudo em questão de minutos, vou tentando digerir, mas sempre me atenho às falhas. Atenção ainda é necessária, porque vem mais em breve.

6

A pele torna-se permeável e as roupas fluem como líquido, não se fixam no espaço-tempo, elas vazam, pingam, filtram-se no outro corpo e vice-versa.

Os olhos aos poucos se acomodam ao volume das roupas em movimento. As formas se fluidificam e atravessam a parede invisível entre um e outro, lá e cá, dentro e fora. Em uma troca de singularidades que não se esgotam, busca-se a contaminação do outro em si.

Os corpos desaconchegados compartilham sua memória com a saia, com a blusa. O vestir sopra singularidades de um momento que se deseja constantemente significar. A roupa é desenhada e redesenhada no corpo e pelo corpo, onde formas se subvertem para criar novos sentidos dessas vivências em processo, novas aberturas às experimentações em sua maior potência, por meio de sua própria roupa e da do outro.

####### artISTaSTYlist

 Camadas surgem a cada botão desabotoado, no zíper que abre, dando a sensação de que se trata de lugares estranhos, que se veem pela primeira vez e, no entanto, deixam uma memória que tenta recuperar vazios esquecidos.

 O cheiro, o ruído da roupa estranha. Movimento que promove outro movimento, rastros de si em um corpo outro. Quando tocado por outra presença em seu corpo, a ausência de si transforma-se no diálogo de uma mistura que não tem mais volta.

 Por vezes a sincronia entre um corpo e outro se quebra. Culpa da respiração. O cheiro, a sensação não da pele, mas da roupa-pele, que é casca, é fora, e agora atravessada por intensidades infinitas, confunde-se entre a pele e a roupa. A consciência corporal da experimentação ajusta a roupa a partir dos movimentos sutis. Desconforto. As peças chegam sem recusas e, por medo de não encontrar um lugar certo, logo se descobre na ajeitação, sujeitação/sujeição da mão do outro o desajeitado do inesperado.

 Nesse labirinto sensível formado por cavas, bainhas, tecidos, golas, uma verdadeira meada de difícil desenredo, há o embaraço em meio a caminhos que pedem por vezes a repetição e, por outras, a pausa em passagens sem saída. Trata-se de um desprendimento de si mesmo para com composições já conhecidas. O mapeamento da rota a seguir se faz na ação, no durante, e não há caminho privilegiado, todos são desvios. Ainda que algumas passagens sejam estreitas e outras sem escapatória para o pedaço de corpo que passa por um buraco de manga-ruela, uma gola-beco ou uma saia-rodovia. E, mesmo no acaso das rotas sem saída, há sempre uma consciência sensível de que é da ordem da experimentação parte do itinerário dessa viagem em que se compartilha com o outro a direção por caminhos que exigem errância e confiança na diferença.

 O percurso é por pedaços, ou melhor, despedaçado, para que a reconstrução seja palavra de ordem e promova rupturas e novas ramificações. E é nas diferenças mínimas de cada ínfimo intervalo que vai se desencadear multiplicidade. Depende da afinidade entre os que estão na ação para dar ritmo ao movimento da troca. No pormenor de cada peça de roupa, a expressão do movimento, do deslizar para fora de si e de sua reapropriação a partir do outro.

A vulnerabilidade também faz parte desse trocar. Em uma nova textura sensível, a ausência de um lugar fixo. A transparência dos corpos ressalta o excesso de exposição de suas camadas e extratos de universos subjetivos que, por consequência, provoca a estranheza de si mesmo e desse corpo que o invade. Mesmo trocando parcerias, há o medo de esvaecer em meio a tantas reconfigurações. Mas é impossível domesticar esse estranhamento.

7

Fotos espalhadas na mesa. Eu tiraria esse, esse e esse. Isso funcionou, isso pode ser menos. Que vocês acham?, ela pergunta. Todos reunidos de novo. Agora é mais rápido, já está tudo bem delineado. É tirar e colocar, continuando a configurar a história que criamos. Só que agora é muito mais, é de ficar zarolho. Cuidado para não ter a sensação de repetição e se perder no discurso que está a criar. Mas o olhar já está bem treinado, os movimentos são mais rápidos e decisivos. "A escolha final II" se faz com memória recente, entrosada no enredo dessa parte final.

Um dia eles, um dia elas. Horas até começar. Cada equipe cuidando de sua particularidade para que o todo aconteça. Fotos-mapas pelas paredes para organizar o caminho a seguir, mas, principalmente, por uma questão de tempo e agilidade. Começamos. Sempre algo muda de lugar ou é reconfigurado de alguma forma. Um depois o outro. Confere, troca isso por aquilo, faz uma opção com e uma opção sem, e assim vai o dia. Quando acaba, alívio de fim de trabalho, satisfação por realizar em conjunto. Tempos depois, chega pelo correio em papel. Sempre me surpreendo: a impressão traz o real, no concreto, no acabado. Orgulho de um pedaço meu ali, e lá, com eles também. Mas não acabou. Daqui a alguns meses recomeçamos. Recuperou o fôlego? Até lá.

8

É um desafio pensar o corpo em suas dimensões sensíveis, encarar mutações para então inventar novas possibilidades de trocas. Mesmo que tenha de se deixar escapar na assimetria da diferença desse outro que por vezes somos nós mesmos. Buscar tangentes, encontrar ou reencontrar o máximo de conexões possíveis requer toda uma ginga para mergulhos em experimentações sobre si mesmo e sobre a distância que nos separa.

BIBLIOGRAFIA

BARTHES, Roland. *Incidentes*. São Paulo: Martins Fontes, 2004.

_____. *O prazer do texto*. São Paulo: Perspectiva, 2006.

BLANCHOT, Maurice. *A conversa infinita: a palavra plural*. São Paulo: Escrita, 2001.

BORGES, Jorge Luis. *Ficções*. São Paulo: Globo, 1997.

CALVINO, Ítalo. *Se um viajante numa noite de inverno*. São Paulo: Companhia das Letras, 1999.

CORTÁZAR, Julio. *O jogo da amarelinha*. São Paulo: Civilização Brasileira, 1999.

DARDOT, Marilá & GUIMARÃES, Cao. "Correspondências". Em FERREIRA, Glória & PESSOA, Fernando (orgs.). *Criação e crítica*. Vila Velha/Rio de Janeiro: Museu Vale/Suzy Muniz Produções, 2009.

DELEUZE, Gilles & GUATTARI, Félix. *O que é filosofia?* Rio de Janeiro: Editora 34, 1992.

_____. *Mil platôs: capitalismo e esquizofrenia*. Vol. 4. São Paulo: Editora 34, 1997.

MESQUITA, Cristiane. "Ziguezague: dobras". Em *Dobras*, 3 (5). São Paulo: s/ed., 2009, pp. 48-50.

MORAIS, Fábio & DARDOT, Marilá. *Conversas: blá blá blá*. Florianópolis: Par(ent)esis, 2009.

ROLNIK, Suely. *Cartografia sentimental*. Porto Alegre: Sulina, 2006.

SANT'ANNA, Denise Bernuzzi. *Corpos de passagem*. São Paulo: Estação Liberdade, 2001.

STALLYBRASS, Peter. *O casaco de Marx: roupas, memória, dor*. 3ª ed. Belo Horizonte: Autêntica, 2008.

WENDERS, Wim (direção). *Cadernos de notas sobre roupas e cidades*. Anchor Bay Entertainment, 1989. 1 DVD (79 min.)

Sobre os autores

SOBRE OS AUTORES

Astrid Façanha

Autora, jornalista profissional, curadora e crítica de arte e moda. Mestre em Ciência da Informação pela Universidade Federal do Rio de Janeiro e pelo Instituto Brasileiro de Informação Científica e Tecnológica (UFRJ/IBICT), com orientação da Dra. Lena Vânia Pinheiro Ribeiro. Doutoranda em Estética e História da Arte pela Universidade de São Paulo (USP), sob orientação da Professora Dra. Lisbeth Rebollo. Membro do Grupo de Estudos em Estética Contemporânea da USP, coordenado pelo Professor Dr. Ricardo Fabrinni, e do *Costume Commission* no ICOM (International Council of Museums). *Image maker* para empresas, projetos culturais e terceiro setor.

Beatriz Ferreira Pires

Arquiteta, artista plástica, professora e pesquisadora do curso de Têxtil e Moda da Escola de Artes, Ciências e Humanidades da Universidade de São Paulo (EACH/USP). Tem pós-doutorado pelo programa Moda, Cultura e Arte do Senac São Paulo, doutorado em Educação, Conhecimento, Linguagem e Arte pela Faculdade de Educação da Universidade Estadual de Campinas (FE/Unicamp) e mestrado pelo Instituto de Artes da Unicamp (IA/Unicamp). Autora dos livros O *corpo como suporte da arte: piercing, implante, escarificação, tatuagem* e *Corpo inciso, vazado, transmudado: inscrições e temporalidades*.

Bernardo de Aguiar

Arquiteto formado pela Universidade Federal de Pernambuco (UFPE), pós-graduado em Criação de Imagem e Styling de Moda pelo Senac São Paulo e mestrando em Comunicação e Semiótica pela Pontifícia Universidade Católica de São Paulo (PUC-SP). Atuou como ilustrador para revistas e livros (didáticos e paradidáticos) e com direção de arte na área de internet para clientes como Audi, Arthur Andersen, General Electric e Governo do Estado de São Paulo. Atua como pesquisador e analista de tendências, com participação em projetos para empresas como Fiat, Unilever e Pepsico.

Biti Averbach

Trabalha como editora de moda desde 1988, com foco no mercado de revistas femininas. Colaborou com publicações como *Marie Claire* (na qual foi responsável pela editoria de moda durante sete anos), *Elle* e *Claudia Moda*, entre outras. Realizou catálogos de moda, desfiles e fotos publicitárias para várias marcas nacionais. Na internet, criou o blog www.modasemfrescura.com, em 2006, e editou o conteúdo de moda do *site* SPFW em 2010.

Carol Garcia

Mestre e doutora em comunicação e semiótica pela PUC-SP. Tem experiência internacional como *cool hunter* e, desde 2003, atua como *chief culture officer* na Modus Marketing e Semiótica, empresa da qual é sócia-fundadora. Entre seus clientes estão Banco do Brasil, Fiat Automóveis, Dryzun Joalheiros, Walter Rodrigues, Lolita, Trista, Inexmoda, Allegri e Bonduelle. É autora de *Imagens errantes: ambiguidade, resistência e cultura de moda* e coautora de *Moda é comunicação: experiências, memórias, vínculos*. Coordenadora da pós-graduação em Criação de Imagem e Styling de Moda do Senac São Paulo.

SOBRE OS AUTORES

Cristiane Mesquita

Psicanalista, doutora e mestre em Psicologia pelo Núcleo de Estudos e Pesquisas de Subjetividades Contemporâneas pela PUC-SP. Pós-doutorado em Artes pela Goldsmiths University of London (UK). Professora e pesquisadora no PPG Design (Universidade Anhembi Morumbi-SP). Líder do grupo de pesquisa do CNPq "Design e saúde(s): três ecologias entre Arte e Filosofia da Diferença". Coordena os projetos de pesquisa "Design e cuidado de si: processos de subjetivação e dispositivos para uma clínica ampliada" e "Design e conspiração: processos de criação, micropolíticas de resistência e cuidado", bem como o "Grupo de estudos ziguezague: Design e Transversalidades – GEzz @ziguezague.zz". É autora de *Moda contemporânea: quatro ou cinco conexões possíveis* e *Um livro de amor*, além de organizadora de *Moda em ziguezague: interfaces e expansões* e *Corpo, moda e ética*.

Cristina Frange

Fisioterapeuta com especialização em fisioterapia neurológica, também é graduada em Negócios da Moda pela Universidade Anhembi Morumbi, especializada em Fashion Advertising and Promotion pelo Fashion Institute of Technology, de Nova York, e tem MBA em varejo de moda. Mestre em comunicação e semiótica pela PUC-SP. Atuou na graduação, na pós-graduação e em cursos de instituições como Fundação Armando Álvares Penteado (Faap), Senac São Paulo e PUC-SP. Atualmente, pesquisa um sistema elástico na construção de vestimentas para a reabilitação neuromuscular em pacientes com déficit neurológico.

Cristina Zanetti e Fernanda Resende

Personal stylists e sócias na Oficina de Estilo de 2003 a 2018, especializada em atendimento pessoal e corporativo. Aplicam os princípios da consultoria de imagem também para grupos em workshops e palestras já realizados para Senac São Paulo, Hospital Israelita Albert Einstein, Mortari & Plantulli Advogados, Oficina de Marketing, Escola São Paulo e Triton. Executaram trabalhos para consumidoras e equipes de vendas de Alexandre Herchcovitch, Giselle Nasser, Isabela Capeto, VR, Spezzato, Paula Ferber, Cori, Forum e Alfaiataria Paramount.

Daniela Bracchi

Fotógrafa e mestre em Comunicação e Semiótica pela PUC-SP, desenvolveu pesquisa sobre as imagens de moda criadas pelo fotógrafo norte-americano David LaChapelle. Atualmente, pesquisa a influência da arte contemporânea nas produções de moda, especialmente as interfaces entre linguagens visuais da fotografia, performance e arte conceitual na fotografia de moda. É professora de Fotografia no Senac São Paulo e de Semiótica, Estética, História da Arte e Laboratório de Tendências no Istituto Europeo di Design.

Fabiana Ruggiero

Arquiteta formada pela Universidade Presbiteriana Mackenzie e pós-graduada em Criação de Imagem e Styling de Moda pelo Senac São Paulo. Atuou como profissional *freelancer* nas áreas de produção e styling de moda e design gráfico. Pesquisa e estuda Fotografia desde 1999.

Ilana Berenholc

Consultora de imagem internacionalmente reconhecida, tem entre seus clientes empresas, executivos e outros profissionais, aos quais presta assessoria sobre aparência, comportamento, comunicação não verbal e personal branding. Ilana ministra cursos e treinamentos em consultoria de imagem e já formou consultores de imagem no Brasil, na Europa, na América Latina e no Oriente Médio. Atua no *board* da Association of Image Consultants International (Aici), da qual também é membro certificado.

Kathia Castilho

Professora do mestrado em Design da Universidade Anhembi Morumbi. É doutora e mestre em comunicação e semiótica pela PUC-SP. Dirige o grupo de estudos em Corpo, Moda e Consumo (UAM) e o Museu da Indumentária e da Moda (Mimo) no CNPq. Pesquisadora convidada da Escola de Comunicação da Universidade Federal do Rio de Janeiro (ECO/UFRJ) e coordenadora da coleção de livros *Moda e comunicação*, em que é autora de *Moda e linguagem* e *Discursos da moda: semiótica, design e corpo*. Preside a Associação Brasileira de Estudos e Pesquisas em Moda (Abepem) e dirige a Estação das Letras e Cores, que publica a revista *dObra[s]*.

Luciane Adário Biscolla Robic

Diretora de marketing e professora do Instituto Brasileiro de Moda (IBModa), é especializada em marcas e varejo de moda. Formada em Comunicação pela Escola Superior de Propaganda e Marketing (ESPM), tem especialização em Visual Merchandising pelo Fashion Institute of Technology, de Nova York. Mestre em Administração e doutora em Comunicação e Semiótica pela PUC-SP. Atuou como executiva na área de marketing de várias empresas, entre elas Simonsen Associados, Porto Seguro e Johnson & Johnson. É professora há mais de 15 anos em cursos de graduação e pós-graduação.

Mariana Rachel Roncoletta

Stylist, professora e pesquisadora. Doutoranda em Design pela Faculdade de Arquitetura e Urbanismo da Universidade de São Paulo (FAU/USP), com pesquisa que discute o design de calçados para melhorar a saúde e a imagem pessoal da pessoa com deficiência física. É mestre em Design pela Universidade Anhembi Morumbi, professora da mesma instituição e da pós-graduação em Criação de Imagem e Styling de Moda do Senac São Paulo. Também atuou como stylist da *Vogue Brasil*.

Marilia Fanucchi Ferraz

Bióloga, mestre em engenharia das ciências ambientais pela Escola de Engenharia de São Carlos da Universidade de São Paulo (Eesc/USP), doutoranda em educação pela Faculdade de Educação da mesma universidade e professora de metodologia e projetos de pesquisa na pós-graduação Criação de Imagem e Styling de Moda do Senac São Paulo. Também é administradora do Parque Municipal Vila Guilherme – Trote, em São Paulo. Atuou como professora em escolas de São Paulo e foi coordenadora do Grupo de Trabalho de Educação do Instituto Samuel Murgel Branco.

Mário Queiroz

Atuou como estilista em diversas empresas e, desde 2000, participa da São Paulo Fashion Week com sua própria marca. Tem trabalhos relacionados a outras expressões de design, como o segmento de joias, no qual desenvolveu trabalhos para a Rommanel. Pesquisador e professor na área de moda, é também coordenador desde 2010 do Istituto Europeo di Design, em São Paulo, e ministra palestras e cursos em diversas instituições brasileiras. Graduado em Comunicação Social pela Universidade Federal Fluminense (UFF), é mestre em Comunicação e Semiótica pela PUC-SP.

Patricia Sant'anna

Doutora em História da Arte pelo Instituto de Filosofia e Ciências Sociais da Unicamp (IFCH/Unicamp), mestre em Antropologia pelo IFCH/Unicamp, especialista em Museologia pelo Museu de Arqueologia e Etnologia da USP e bacharel em Ciências Sociais pela IFCH/Unicamp. Líder do Grupo de Estudos em Arte, Design e Moda da Unicamp. Desenvolveu o diagnóstico sobre moda que introduziu o setor no Ministério da Cultura no Plano Nacional de Cultura (PNC). Diretora de pesquisa da Tendere – Pesquisa de Tendências em Moda e Beleza, consultora independente para o Itaú Cultural (área de design e moda), coordenadora da pós-graduação Negócios da Moda: da Concepção da Marca ao Desenvolvimento do Produto do Senac São Paulo e docente da pós-graduação em Criação de Imagem e Styling de Moda, também do Senac São Paulo.

Priscila Tesser

Gerente de marketing da Equus Jeanstyle desde 2004. Trabalhou como coordenadora de marketing da Carmim durante quatro anos. Graduada em Coordenação de Moda pela Universidade Anhembi Morumbi, atuou nas áreas de desenvolvimento de produto em confecção, coordenação de eventos e produção de moda. Tem MBA em Marketing de Moda e Design pelo IBModa. Foi docente da pós-graduação em Criação de Imagem e Styling de Moda do Senac São Paulo.

Rosane Preciosa

Doutora em Psicologia Clínica pelo Núcleo de Estudos e Pesquisas da Subjetividade da PUC-SP e autora dos livros *Produção estética: notas sobre roupas, sujeitos e modos de vida* e *Rumores discretos da subjetividade*. Professora do Instituto de Artes e Design da Universidade Federal de Juiz de Fora (IAD/UFJF), onde pesquisa os diálogos arte-moda e modos de subjetivação no contemporâneo. Assina a coluna "Moda na filosofia" da revista *dObra[s]*.

Suzy Okamoto

Artista visual e pesquisadora em moda. Mestre em artes visuais pelo Instituto de Artes da Universidade Estadual Paulista Júlio de Mesquita Filho (Unesp). Coordenadora do programa de pós-graduação em Criação de Imagem e Styling de Moda do Senac São Paulo. Professora dos cursos de Negócios da Moda e de Design de Moda da Universidade Anhembi Morumbi.

Thais Graciotti

Professora e pesquisadora do Centro Universitário Belas Artes de São Paulo. Mestre em Psicologia pelo Núcleo de Estudos e Pesquisas da Subjetividade da PUC-SP. Docente em cursos de especialização, graduação e pós-graduação em instituições como o Senac São Paulo e o IBModa. Colaborou de 2007 a 2010 com a curadoria e a elaboração da comunicação visual e inserções na mídia social do seminário "Ziguezague: desfiles incríveis, conversas transversais, oficinas transitivas". Participa do Grupo de Estudos Zigue-zague: transversalidade e design de moda (GEzz) da Universidade Anhembi Morumbi. Assina a criação e o design da linha de produtos ILHA.